U0524875

山东社会科学院出版资助项目

王润峰 著

生存——内心性的辩证法研究

中国社会科学出版社

图书在版编目(CIP)数据

生存—内心性的辩证法研究 / 王润峰著. — 北京：中国社会科学出版社，2023.11
ISBN 978 – 7 – 5227 – 2804 – 9

Ⅰ.①生⋯　Ⅱ.①王⋯　Ⅲ.①辩证法 – 研究　Ⅳ.①B015

中国国家版本馆CIP数据核字(2023)第238080号

出 版 人	赵剑英
责任编辑	刘亚楠
责任校对	张爱华
责任印制	张雪娇

出　　版	中国社会科学出版社
社　　址	北京鼓楼西大街甲158号
邮　　编	100720
网　　址	http://www.csspw.cn
发 行 部	010 – 84083685
门 市 部	010 – 84029450
经　　销	新华书店及其他书店
印刷装订	北京市十月印刷有限公司
版　　次	2023年11月第1版
印　　次	2023年11月第1次印刷
开　　本	710×1000　1/16
印　　张	14.25
插　　页	2
字　　数	276千字
定　　价	88.00元

凡购买中国社会科学出版社图书，如有质量问题请与本社营销中心联系调换
电话：010 – 84083683
版权所有　侵权必究

目 录

导 论 ·· 1

第一章　生存—内心性的辩证法的背景清源与兴起补遗 ········ 37
　第一节　从"真理是否可教"到生存—内心性的真理 ········· 38
　第二节　解构苏格拉底助产术 ·· 45
　第三节　黑格尔辩证法的性质、核心内容及其意义解构 ······ 59

第二章　生存—内心性的辩证法的接受过程与义理分析 ········ 72
　第一节　生存—内心性的辩证法的接受过程：形成与传播 ··· 73
　第二节　生存—内心性的辩证法的研究主体：生存的个体 ··· 80
　第三节　生存—内心性的辩证法的现世幻象：基督教世界 ··· 86
　第四节　生存—内心性的辩证法的精神内核：生存即奋斗 ··· 92
　第五节　生存—内心性的辩证法的双重反思：从概念到内心性 ······· 99

第三章　生存—内心性的辩证法之思维变革中的同时共在性 ······· 106
　第一节　生存—内心性的辩证法对思维
　　　　　与存在关系问题的再审视 ································· 107
　第二节　质的辩证法 ··· 112
　第三节　绝对的悖论 ··· 117
　第四节　不安全的辩证法 ·· 121

第四章　生存—内心性的辩证法之时间向度与未来哲学的建设 …………… 130
第一节　瞬间的辩证法与信仰之跳跃 ………………………………… 131
第二节　哲学辩证法与神学辩证法 …………………………………… 139
第三节　生存—内心性的辩证法的诗性与辩证性 …………………… 149

第五章　生存—内心性的辩证法的开放性
　　　　——个体的出场 ……………………………………………… 166
第一节　沟通的辩证法 ………………………………………………… 167
第二节　罪的辩证法 …………………………………………………… 176
第三节　断裂的辩证法与重复的辩证法 ……………………………… 185

第六章　生存—内心性的辩证法的实践进度与时代价值 ……………… 192
第一节　生存境界的八路角：主体的选择与现实 …………………… 194
第二节　个体性与个人主义 …………………………………………… 198
第三节　诚实的辩证法 ………………………………………………… 202
第四节　哲学治疗的可能性：忧惧的模棱两可性 …………………… 210

参考文献 ……………………………………………………………………… 216

后　记 ………………………………………………………………………… 223

导　论

生存—内心性的辩证法（Dialektik i Existents – Inderlighed）是索伦·克尔凯郭尔（Søren Kierkegaard）在其假名著作①《最后的、非科学性的附言》中明确推广的辩证法——在汲取了自古希腊到德国古典哲学时期的辩证法的合理内核的基础上——克氏无意去建构一种作为范式的辩证法，转而传递给读者一份生存论的指南。可以说，克氏借助认识论、道德论和基督论的"生存分析"方法指摘出理性和信仰的界限并发展出这一"神—人"差异基础上的辩证法。

当辩证法一词在中国变得过于熟悉甚至有陈旧得不能再陈旧、声誉不佳之嫌，给人以生存论的个体化之路也由此不了了之之感②，克尔凯郭尔的辩证法尚未被庐山全貌地还原出来。

首先，生存—内心性的辩证法作为一种质之辩证法，其主旨在于采取悖论的方式拒斥笛卡尔以来无限度的理性主义，通过厘清生存道路诸阶段的个体多样化的生存方式凸显出辩证法框架下的永恒和时间—现世之间生存张力。其次，克尔凯郭尔致力于对传统辩证法的改造也可以视为他开始从哲学形而上学向宗教形而上学过渡的一个标志，在这个意义上，基督教也因此被打上了新形而上学视野的烙印。再次，生存—内心性的辩证法代表了他构建的生存三阶段的生存沟通方式，尤其是在"伦理—宗教"阶段，因为假名著作

---

①　克尔凯郭尔的假名作品包括：《非此即彼》《重复》《畏惧与颤栗》《哲学片断》《忧惧的概念》《序言》《人生道路诸阶段》《对〈唐璜〉中一个细节的粗略观察》《最后的、非科学性的附言》《危机和一个女演员生活中的危机》《两篇伦理—宗教的文章》《致死之疾病》《基督教的训练》。

②　参见贺来《辩证法的生存论基础——马克思辩证法的当代阐释》（修订本），北京师范大学出版社2021年版，"自序"第1、92页。参见邹诗鹏《生存论研究》，北京师范大学出版社2021年版，"导言"第6、62—65页。

《畏惧与颤栗》描绘的救赎历史背景意味着生存事关在世个体自身有待苏醒的精神，事关从个体的内心性的角度重新界定个体的自由与决断，事关去打破体系哲学和教义学对于个体生命的束缚。克氏并未止步于一种批判哲学的思路，即一种康德式的（Kantian）信仰之划界，进而借由假名著作《哲学片断》及《最后的、非科学性的附言》中的同时性问题和"不可见的宗教"的设想拓展了现代基督教哲学、忧惧诠释学和忧惧现象学等新问题域。最后，克氏还指明一点，即凭借生存个体的想象、情感与激情，在基督教哲学视域下的生存—内心性的辩证法才能充分展露单一个体的主体性与内心性，深度聚焦于主体激情最为丰沛的不朽问题（Die Unsterblichkeitsfrage）与借助永恒的向度追问作为生存可能性（Existenzmöglichkeit）的信仰问题，进而实现个体的出场，发现作为个体的人的本质，从虚无深渊的边界拯救生存者还其本己的自由。

不难发现，超越论的、富有生命力却又基于现实的"生存—内心性的辩证法"追求个体的生成/新生（becoming），坚持绝对悖谬与人的理性之间的质之差异，以非"调和"① 的方式去激化个体生存境况中的张力。换言之，这一辩证法的实质在于个体尽己之力去成为主体、成为基督教徒，重新辨明个体在世的位置与在世生存的方向。克尔凯郭尔对于辩证法的探讨可以追溯到其博士论文《论反讽概念》，但是，在基督教哲学的语境下，诸如《非此即彼》《哲学片断》和《人生道路诸阶段》等假名著作中刻画着的生命、片断、境界无不透露着对于个体而言不可能存在一个生存的体系，恰恰相反，在世的生存个体需要在人生的三个阶段的某一阶段中经过双重反思才能从"概念"处夺回本己的在世生活与自我性的自由，在内心性中主动培育自我的灵魂。生存—内心性的辩证法无意化身世界历史的抽象化的合题，它为主体思想家而在，其本意是督促生存的个体勇于探索和扩写生存这本原著，借此对人类发展的可能性道路和人本身的自由实践给予指导。

---

① "调和"（mediere）是丹麦黑格尔主义者所使用的词汇，克尔凯郭尔常用 mediation，对应黑格尔哲学中的概念"中介"（Vermittlung 或 Versöhnung）。

一　何谓生存、何谓内心性

按照克氏自己的说法，生存—内心性的辩证法的雏形见之于假名著作《人生道路诸阶段》：

> 这个想象的试验（"有辜的？"——"无辜的？"）是所有假名著作中第一次尝试双重反思中的生存辩证法。不是以双重反思的形式进行的沟通（因为所有的假名作品皆然），而是生存者本身生存于此。因此，他没有放弃直接性，但他保留直接性却又放弃着直接性，保留了情欲之爱的欲望却又放弃着它。断然地看，这一试验与《诱惑者日记》的关系是以这样的方式——它就在诱惑者结束的地方开始，以他自己建议的任务开始："把自己从一个女孩身上诗化出来。"诱惑者是唯我主义的；在《重复》中，感情和反讽是分开的，各自有其代表：年轻人和康斯坦丁。这两个元素被放在一个人身上，即试验中的"某君"（Quidam），他就是同情心。勾引一个女孩表达了男性的优越感；把自己从一个女孩身上诗化出来也是一种优越感，但如果从男性和女性之间的关系而不是一个特别愚蠢的女孩的视角来看，就必须成为一种痛苦（受苦）的优越感。男性气质的胜利应该在于常胜；但女性气质的实在应该在于它变成关于一个男人的苦难的故事。正如试验中的"某君"在道德上不可能勾引一个女孩一样，诱惑者在形而上学和美学上也不可能把自己从一个女孩身上诗化出来，因为这是一个男性和女性之间的关系问题，每个人都有其力量，而不偏于一个特定的女孩。诱惑者的唯我主义在对他自己的台词中达到了顶峰："她是我的；我不曾向星星吐露心声……甚至不向考尔德丽娅倾诉，而是非常温柔地对自己说。""某君"在爆发时激情四射地达到顶点："整个事情看起来就像一个诱惑的故事。"对一个人来说是壮举，对另一个人来说则是伦理上的恐怖。①

---

① Søren Kierkegaard, *Stages on Life's Way*, ed. and trans., Howard V. Hong and Edna H. Hong, Princeton, New Jersey: Princeton University Press, 1988, pp. 654 – 655, Note for Postscript.

《人生道路诸阶段》承接了《诱惑者日记》的任务——生存者把自己从一个女孩身上诗化出来，在直接性①中保持自我的诗性。但因为辩证法的加入，《人生道路诸阶段》的"某君"多了一份诱惑者约翰尼斯（the seducer Johannes）所没有的辩证性，直接性与情欲之爱的欲望均不能单向度地操纵"某君"。"某君"通过双重反思意识到生存辩证法决定了生存是单一个体的生存，而把自己从一个女孩身上诗化出来却是男性与女性、自我与他者的关系问题，因此"某君"在形而上学和美学的意义上宣告了诱惑者游离于生存辩证法之外。

　　生存—内心性的辩证法的正式提出是在《最后的、非科学性的附言》（以下简称《附言》），与其说生存—内心性的辩证法是对柏拉图（Plato）、黑格尔（Georg Wilhelm Friedrich Hegel）等一脉相承的哲学传统的抗争与撼动，毋宁说克尔凯郭尔将辩证法的意义带回了个体的生存、生活之中，并竭力走出一条反对思辨、以生存论为导向、充满生命张力的道路。用"生存"去描述诱惑者约翰尼斯是可疑的，在《附言》中克氏/假名作者②约翰尼斯·克利马克斯（Johannes Climacus）却表示，《非此即彼》"上卷是未能赢得生存的一种生存可能性"，"它不是生存，而是朝着生存方向的生存可能性"。③克氏拒绝诱惑者约翰尼斯这种缺失生存辩证法的想象性生存，将其逐出了生存的疆域，并为感性—审美阶段的个体敲响了警钟。生存—内心性的辩证法显现着存在主义哲学的思维，并不像实践哲学和哲学人类学一样研究人应该如何公正地生存、生活的问题，而首先解答如何生存、怎样才算生存的问题。生存只是制定了一个规则，如果个体想承认自己的生活、生存是属于自己的，就必须根据这个规则来辩证地生活、生存。克尔凯郭尔意义上的生存并不是要

---

　　① 直接性最初是感性的—伦理的直接性，它可以被取消。但上升到信仰与死离尘世则不然，相对于感性的—伦理的直接性，信仰本身是一种新的直接性，它永远都不会在生存中被取消，因为它是至上的，取消它的人会化为虚无。参见［丹］克尔凯郭尔《最后的、非科学性的附言》，王齐译，中国社会科学出版社2017年版，第290页，注释①。

　　② 克尔凯郭尔创造的假名作者包括但不限于：康斯坦丁·康斯坦提乌斯（Constantine Constantius），沉默的约翰尼斯（Johannes de Silentio），约翰尼斯·克利马克斯（Johannes Climacus），哥本哈根的守夜人（Vigilius Haufniensis），尼古拉斯·诺特本尼（Nicolaus Notabene），安提-克利马克斯（Anti-Climacus）。

　　③ ［丹］克尔凯郭尔：《最后的、非科学性的附言》，王齐译，第210页。

与良好和公正的生活、生存的规范和格言相提并论。根据我们的理解，这条规则就是要小心翼翼地穿过生存的边界，甚至触碰虚无，向他者开放，这一点在列维纳斯（Emmanuel Levinas）的伦理学中尤为明显，自我甚至转变为他者的人质，以至于自我性的自由以他异性的自由为前提。通过他者，我们将找到一条重新识得自我的辩证道路（异化、拉平、离群）。我们的思考并非只针对列维纳斯的他异性自由的出路，因为它使我们准备好在我们的内心深处向一个开放性的邻人敞开着，正如克尔凯郭尔在《爱的作为》中从《福音书》的"邻人"着手对"单一者"展开辩证性的解读。生存—内心性的辩证法帮助我们知道，在缺乏真正自由和异化的处境下，我们既保有内在的自由，又是出场前的"无人"式的封闭，一如《重复》中那个陷入与无面面相觑的境遇并探问自己身处何方的单一者。生存—内心性的辩证法的功能在于证明个体在所处的生存情境中的整体性（个体的出场）和自由，反对因为精神的缺乏——无精神性（Aandløshed/Geistlosigkeit/spiritlessness）——而导致遮蔽自我、失去自我。

那么，何谓生存？王齐教授在丹麦学者佩尔·洛宁（Per Lønning）考证的基础上就克尔凯郭尔的生存概念展开五种情况下的释义[①]，不难让人联想到生存的多义性离不开克氏的生存—内心性的辩证法的影响。

但按照克氏的自白："生存就是无限和有限、永恒和时间所生的那个孩子，因此它持续地奋斗着。"[②]生存的双重性是加深克氏辩证法理解的关键，同时生存的双重性也呼应着人自身的双重性。克尔凯郭尔/假名作者安提-克利马克斯指出，"人是一个'无限性'和'有限性'、'那现世的'和'那永恒的'、'自由'和'必然'的综合"[③]。生存是人在辩证性的张力下的生存，不是以现成存在者（物）的形式存在着，而是持之以恒地"去生存"、向"将来"而在。生存意味着一种开放性、一种敞开性，或者克氏为生存者制定的时代之任务——

[①] 王齐：《走向绝望的深渊——克尔凯郭尔的美学生活境界》，中国社会科学出版社2000年版，第18—20页。
[②] ［丹］克尔凯郭尔：《最后的、非科学性的附言》，王齐译，第67页。
[③] ［丹］克尔凯郭尔：《畏惧与颤栗 恐惧的概念 致死的疾病》，京不特译，中国社会科学出版社2013年版，第419页。

个体的出场,一种知其不可为而为之的"永恒"视域下的生存。

生存及其意义是克氏叩问的第一道门,极具生命力之关切的内心性则是同一道门,只不过门的推向不同。因为克尔凯郭尔认为:"本质上说,生存就是内心性(at existere er Inderligheden),内心性的行动就是受难。"①在解释生存与内心性的同一性之前,有必要先行澄清何谓内心性。

"心性"(Inderlighed)的形容词形式 inderlig 在丹麦语中主要有两层意思:一是指"内部的",尤其是指"较深的"、"较内里的",也就是与"深度"有关;另一层意思关涉到情感,指"出自内心的"(fra ens hjerte),它往往与"严肃"、与"热情"有关,因而该词作副词使用的时候与"真诚地"、"真挚地"(hjertelight,oprigtigt)同义。这里之所以将Inderlighed 译为"心性",首先是考虑到二者都直接提到了"心","心性"与原文的意思更为贴切。其次,汉语中虽然有"心之官则思"的说法,但是在实际的语言运用的时候,"心"却不仅与"思想"有关,更与"内心"和"情感"密切相关,它甚至被提高到了"灵"和"诚"的高度。我们说"心灵",说"心有灵犀一点通",说"心诚则灵"等等,都表明了这种关联。"心性"离不开"诚",亦离不开"灵",也就是说,作为"心性"的"信仰"就是在"灵"的启示之下对"上帝"的"诚信"。②

内心性,或译为真挚性、内在真挚,英文译作 inwardness。③克氏认为,内

---

① [丹]克尔凯郭尔:《最后的、非科学性的附言》,王齐译,第359页。
② 王齐:《生命与信仰——克尔凯郭尔假名写作时期基督教哲学思想研究》,江苏人民出版社2010年版,第254页。
③ 本书参照1941年斯文森与劳瑞合作英译本、1992年洪夫妇合译本(英译《克尔凯郭尔著作集》第十二卷)、2009年阿拉斯泰尔·汉内的英译本,三者皆译为 inwardness。汉内在其英译本的"翻译笔记"中明确指出,inwardness 绝不是 Inderlighed 的一个完美的翻译,但至今82年间英语学界普遍采用 inwardness 的译法。而《最后的、非科学性的附言》译者王齐的"内心性"译法契合了内化的、心性的生存向度。内在性的译法更倾向于黑格尔意义上的解释。京不特在《非此即彼》等著作中还选用了"真挚性""内在真挚"等译法,sincerity 等词只是涵盖内心性的某一方面,我们还可以补充 inner warmth 等描述内心化、向内的情感性的语词,但均不及"内心性"。或参见[丹]克尔凯郭尔《克尔凯郭尔讲演集(1848–1855)》,京不特译,中国社会科学出版社2020年版,第166—167页,注释⑪。

心性是个体在上帝面前与自身的关系,也是对"神—人"关系的内心化的反思,痛苦正是这一内心性的运动的产物。也许许多不同形式的宗教活动,如冥想、祈祷以及沉默都可以从内心性的反复净化的意义上来理解,内心性意味着一种运动、力量或能量。事实上,这种净化的想法是克尔凯郭尔在成书于 1846 年的《清心志于一事》的重要论述的核心。① 克尔凯郭尔出于攻击黑格尔"内在性即外在性"的论断而强调了内心性和外在性之间的分离,但还是有一些实践上的考虑,即个体在空间和时间中做的事情是为了精神的建设或陶冶。

精神定性的引入,使得个体在生存中的思想的透明就成了内心性,这种实践的概念本身就意味着"重复"。在这种情况下,内心性和外在性之间的联系是什么?内心性的重复构成了克尔凯郭尔对重复概念的探究成果:他坚持纯粹的内心性,蔑视外向的运动,对普遍性缺乏兴趣,就个体而言,日常的宗教性"怎样"去培育仍然模糊不清。《重复》这本小册子采取了双重反思的沟通形式,可以归因于他对黑格尔哲学相当执着的论战态度,部分归咎于新教神学的紧缩性,部分归责于克尔凯郭尔本人对向他者开放与揭示自己的一种抗争。阅读克尔凯郭尔的著作可以教导我们,他作为哲学家和宗教作家要提出某些问题,以便让读者发现本来被掩盖的意义。其中一个问题正如克尔凯郭尔推崇的那个丹麦词 Gjentagelsen,问的是"重复"意味着什么。或者说,重复是可能的吗?个体面对永恒的重复是如何表达自己的?约伯式的生活是真实的重复吗?克尔凯郭尔借助内心性与重复的概念引出的运动问题甚至可能让人们追问:自我怎样才能改变,成为另一个人?自我怎样才能变得更接近至善、永恒福祉以及平等之爱?自我怎样才能夺回"为我的"生存——内心性的真理?克尔凯郭尔的"重复"范畴,基于他对"生成"涉及差异性和连续性的认识,可以促进对宗教的比较研究采取比单纯分析教义更有建设性的哲学方法。宗教教义和信仰被嵌入复杂的实践、传统和运动之中,自古希腊人认识到运动是惊奇的源泉,运动似乎是如此简单的日常事物,克氏却

---

① Søren Kierkegaard, *Upbuilding Discourses in Various Spirits*, ed. and trans. , Howard V. Hong and Edna H. Hong, Princeton, New Jersey: Princeton University Press, 1993, pp. 14 – 18.

提出了这些深刻而困难的问题。正如我们所看到的，克氏"四处制造困难"的主题显现于"对作为知识的真理的论战"（批判回忆说）和"一种根据爱的新评价模式"（邻人之爱）。尽管他的批评者可能将此等同于非理性主义，但困难的主题，特别是重复，不仅表明克尔凯郭尔写作的连贯性，也表明其哲学的完整性：诸如内心性和信仰等范畴植根于亚里士多德的运动概念，它们援引了一个具有自身形式的真理的运动平面，使个体的生存变得清晰。克尔凯郭尔的伟大成就之一是选择了一个重复观念下的哲学视角，从这个视角来审视爱所构成的基督教本质的教导。当然，这种对爱的意义和重要性的洞察力与一般的人类生活有关。

克尔凯郭尔的观点是，对知识的盲目追求可能会诱使我们远离真理，而且无论如何都不适合作为处理宗教问题的方法，这可能是极端的，但它仍然是令人信服的，至少应该仔细考虑。由于这个原因，被称为存在主义的哲学传统，在某种程度上可以由克尔凯郭尔写作中所体现的对作为知识的真理的反对来定义，时至今日仍然是宗教哲学家的重要灵感来源。现代存在主义思想在当前似乎特别有意义，克氏问"怎样"而不是"什么"的转变打开了对人类处境的新解释，对个体在世界中的生存的解释，可以帮助我们处理不同教义和信仰形式下所共有的问题。例如，克尔凯郭尔和尼采等思想家教导我们，不要把自由理解为一个抽象的概念，而是理解为解放和授权的任务。毋庸讳言，克尔凯郭尔对重复这一运动的描述照亮了存在主义的生存意义。成为/生成是生存的本质或真理。重复这一运动表达了力量：成为存在的力量，成为现实的力量。存在主义哲学从主体性的角度探索这个力量的主题。

克尔凯郭尔通过批判思辨哲学的方式向世界展示他的思想，他没有提到一个黑格尔式的（Hegelian）与内在"知识"相对应的外部"现实"的结论，犹如橱窗里那块"此处熨衣服"的牌子[①]，这将使他的思考具有现实的合法

[①] 谢林"启示哲学"讲座中的"现实"仍然脱离个体或单一者的生存，是一个抽象的逻辑概念。"此处熨衣服"不过是旧货店的一件商品，上面的文字并不能改变旧货店的现状，使之摇身一变成为现实的熨衣店。参见［丹］克尔凯郭尔《非此即彼》（上卷），京不特译，中国社会科学出版社2009年版，第19页。或参见王齐《〈爱的作为〉中的"现实"和"内心性"——兼论阿多诺对克尔凯郭尔爱的原则的批判》，《世界宗教研究》2022年第10期，第80—87页。

性。克氏尝试将"现实"还原到个体的生活世界,让生存在德国古典哲学的倾轧下重占一席之地。在生存—内心性的辩证法中,我们首先成为生活世界的学习者。通过已经接受内部和外部之间的差异作为我们生存的边界①,继续寻找内部和外部的第三方,引导我们在此时此刻摆脱它们的控制。与此同时,思维已经帮助我们平衡一个与另一个,以成功实现我们本己的个性化。以克尔凯郭尔为代表的存在主义思想家知道,如果他的思维不至于错在他思考过自己的生活,那么他自己必须出现在他的所思中。在这个意义上,存在意味着已经先于所有思考的东西,它首先敦促生存者进行思考。据此,思维,就生存—内心性的辩证法而言,与其说是面向生存,不如说是来自生存。换言之,在思维与存在的关系问题上,抛开笛卡尔式的(Cartesian)"我思故我在",而是"我在故我思"。

在生存—内心性的辩证法中,思维主体生存着。思维的内容包括"我"决定"我"想成为"谁"。当"我"已经找到了自己,"我"所决定的只是"我"想如何接受这个有着"谁"之身份的"我"。思维本身,在我们总是已经在思考并继续思考的意义上,就像不由自主地思考一样,既没有开始也没有结束,或者说只有我们的生存在维系着,思维才会随之而来。"我"首先在与自己的关系中延迟自己,以便经历"想成为自己"与"不想成为自己"的拉扯。假名著作《致死之疾病》很好地诠释了自我与自我的关系的失衡(imbalance)。然后,"我"重新将自己从"我"的桎梏中解放出来,在精神中保持自我与自我关系的平衡(balance)。通过这种方式,"我"在"我"的自我异化中能够辩证地认识自己、治愈自己最终成为自己。生存—内心性的辩证法强调的是个体在双重性生存和内心性沉潜中的生成哲学。世界作为人类生活、生存的"严肃场所",在其中个体不能用他或她属于哪一个物种来解释自身。而根据自我保护法则,个体又需要独自承担起成为他或她自己的任务。"我"构成"我"的自我,既积极又短暂,因为"我"必须一次又一次地走出自己,以便在"我"的极限边界体验自己,并在回到"我"自己时以一种深化的方式把自己重新聚合起来。为此《非此即彼》(下卷)留下了一个时

---

① 克尔凯郭尔对定义自我的内部和外部之间的差异的一种说法是"瞬间"。

间性的哲学形而上学疑难——"从永恒抽身"。生存是艰苦的,内心性又是受难的,"我们只有在'对于上帝什么都不是'和'在永恒的苦恼之中每一瞬间都从头开始但却无法开始'之间的那选择"①。生存者陷入两难的境地,一方面,个体的有限性使其在虚无深渊面前不得不眩晕;另一方面,个体并不否定过去、悬搁曾在,而是知其不可为而为之,在每个瞬间直面永恒的苦恼。瞬间问题的引入,即"永恒"切入"时间—现世"为克尔凯郭尔的宗教形而上学理下了伏笔。"我"将成为什么,"我"将从与万物的差异中挣脱出来,展开这种例外状态。因为"我"没有融入任何存在者整体,这个"我"必须进行语境化的处理,即把"我"的自我加入"我"所处的生存论圈子里。克尔凯郭尔以生存、内心性和辩证法对个体进行了语境化的唤醒,在他的基督教哲学思想中,清醒就是"有/成为"精神的标志。

二 主体性、永恒福祉与信仰之跳跃

据此,生存、内心性、辩证法不仅要被理解为走向客观性的思维的结晶,而且要被解读为一种思维的流动行为,这种思维已经而且总是只在主体性上出现,因而永远不会达到其最终的客观结论,让人误以为生存—内心性的辩证法只包括正题与反题,却忽视了成为主体。生存的双重性还体现在主体通过思维实现了自由的自我性(selfhood);在一个思想获得普遍有效性之前,它必须经过思想家的主体性。通过一个想法,"我"不仅表达了一个想法,也表达了自己。在这样做的时候,"我"表达的与其说是"我思"的自我,不如说是"我"作为一个主体思想家通过决定"我"的内心性和外在性的差异(通过瞬间)而行动。"我思"在通过"我"的主体性时,"我"已经寻求把"我在"留在身后;走出"我"自己,"我"把"我在"暴露出来,把"我在"变成某种模版的东西,某种可以从外面看到的存在者(物),好比任意一个在路上的"公众"。"我"寻求一种走出自我封闭的方式,以便使自己被他者所理解。通过"我思","我"追随一个内部和外部之外的第三方(如精神),其差异决定了"我"向一个从内部和外部拥抱着"我"的第三方敞开

---

① [丹]克尔凯郭尔:《非此即彼》(下卷),京不特译,第440页。

自己。但"我"的思维根本无法把握自己,"人是精神"的定位决定了这个第三者是一种有待实现、有待转移、有待安放:就像内部和外部在"我思"过程中交换位置一样。与人不同,上帝代表永恒的、不变的精神。

个体遭遇的第一个辩证难题存在于当他/她面对基督教时自身的主体性状态。克氏提出了"主体性是真理与非真理(谬误)"这一更为内心化的论断。①客观真理对于生存者而言只是抽象化的永恒,主体性应该显现伦理的生存主体,因为主体思想家的任务就是在生存中理解自身。此举显然不会重回黑格尔宣扬的客观性真理,克氏一面以思想试验超越苏格拉底(Socrates)的主体性,即以激情的、悖谬的方式将自我与永恒相关联;另一面将个体的人定性为谬误/罪人。不难发现,罪的介入首先带来了一种自我与永恒之连续性的断裂,而断裂正是内心性的标志。断裂为个体提供了双重反思的一个契机,个体的出场或者说个体的具体化,使个体的生存更为突出而非一掠而过。经由个体的出场,他/她首先变成了非真理,或者以基督教哲学的理解——一个罪人。生存—内心性的真理为个体精神的苏醒以及内心性的沉潜而设,使得个体置身在罪的意识与罪的宽恕之间,保持自我的开放性。

第二个辩证特征关涉着永恒福祉。永恒真理与生存者的并置超脱于世界历史性的范畴。当激情被定性为一种对永恒福祉的操心时,它是无限的。而永恒福祉的问题既是情致性的,也是辩证性的,因而主体思想家需要激情与思想的碰撞。面对悖谬所迸发的内心性(真挚性)与客观不可能性,唯有信仰可以胜任。生存—内心性的辩证法背后是谁的声音?是克尔凯郭尔吗?那么他也在宣讲,甚至"剽窃"。换成假名作者呢?虚构的人物发生的话语,让读者自行判断。抑或只能是读者?克氏的间接沟通的写作方法也不单是把读者骗入真理,而是让读者也进入这一探索道路之中,成为"思想试验"的一部分,以便让读者从"群""教众集体""公众"等非个体化的形式中脱颖而出,重拾个体意义上的本真性。生存—内心性依据"永恒福祉"这一术语预设了该问题;辩证法则依据真理将其与"时间—现世"中的决定放在一起,这就变为永恒福祉的决定。辩证性的困难在小册子(即《哲学片断》)中得

---

① 参见[丹]克尔凯郭尔《最后的、非科学性的附言》,王齐译,第167页。

到了特别强调,此为克氏思想试验的代表作。克尔凯郭尔/假名作者约翰尼斯·克利马克斯指出"我的永恒福祉是在我掌握真理的进程中反向地给予我的"①。针对克尔凯郭尔的永恒福祉的问题,我们必须首先注意到,上帝或永恒的观念本质上是多元的。即使是发生在"时间—现世"中的神迹——以及瞬间的辩证法②——也只能通过嵌入世界观和生活方式的多种语境中来获得其主旨,在这些语境中,相互竞争的元素被铭刻下来。对立的元素之间存在着合理预期的分歧,在此,辩证法作为翻译者③,只有当它以一种启蒙的方式出现在信徒、异教徒和非信徒的实质性生活设计的合法多样性中,而不是作为无所不知的竞争者,才能促进生存与信仰的和谐。在这个解释者的角色中,它甚至可以帮助更新感性审美、自由思想和权力动机,这些因素虽然来自其他资源,但如果不通过哲学概念的工作将其引向现代基督教世界,就会一直被包裹着、私有着。通过"永恒福祉",克氏的生存—内心性的辩证法为以下两方面设定了标准,即划定信仰的"质"与"量"的边界,以及对封锁在特殊语言中的那些特殊语义进行潜在的哲学治疗。

第三个辩证特征体现在双重反思之后的跳跃。我们向前生活,我们向后理解,后者即反思。伴随着个体思维轻盈地一跃,"信"与"不信"的鸿沟便形成了。跳跃出现在瞬间的决断之中,信仰者"死离尘世"④,即通过死的形式离开这个世界,脱离"时间—现世"的直接性,为了在精神的世界中复活,达到另一种直接性(即信仰),凭借精神性中的爱、生命与希望再次回到自我。"关于上帝的或者自身的永恒福祉的观念在一个人身上是这样发生作用的,即他要据此改造自己的整个生存,这种改变就是从直接性出离。"⑤ 克氏认为双重性的生存乃无限深刻的精神,追寻"(人)是精神"的

---

① [丹] 克尔凯郭尔:《哲学片断》,王齐译,中国社会科学出版社 2013 年版,第 11 页。
② [丹] 克尔凯郭尔:《哲学片断》,王齐译,第 62 页。
③ 塔克文·苏佩布在其花园中借助罂粟花果所说的东西,他儿子是明白的,但信使却不明白。参见 [丹] 克尔凯郭尔《克尔凯郭尔日记选(1842 – 1846)》,王齐译,中国社会科学出版社 2020 年版,第 64 页。或参见 [丹] 克尔凯郭尔《畏惧与颤栗 恐惧的概念 致死的疾病》,京不特译,《畏惧与颤栗》扉页。
④ Afdøen fra Verden,或译"死离出现世""弃世而死"。
⑤ [丹] 克尔凯郭尔:《最后的、非科学性的附言》,王齐译,第 394 页。

禀赋。首先，跳跃代表逻辑论证过程中缺失的环节。其次，跳跃意味着从"不信"到"信"是一个质的辩证性的决断的行为而非近似的过渡，但跳跃本质上发生在此世，在大地上而非纯然将信仰寄希望于彼岸、来世或末世，跳跃只是暂时的。"信仰也对此生抱有希望，但须凭借荒谬之力，而不是属人的理解力，否则就不过是生活智慧，而不是信仰。"① 再次，生存—内心性的辩证法通过"信仰之跳跃"澄清了"时间—现世"与"永恒"的关系。在基督教哲学的时间性语境下，永恒即未来。可以说，永恒与生成的结合不是安宁而是未来。② 对于生存者的视角而言，脱离大地之后，是无法企及的永恒，还是布满希望的未来，这是一个问题。生存的内心性包含矛盾的认识：连续性与非连续性，后者是瞬间的决断（信仰之跳跃）。克氏却坚持时间—现世与永恒之间"无限的、质之差异"。时间—现世对应着肉体与罪过，永恒却必然是灵魂与称义（自由）。最后，在生存—内心性的辩证法中，瞬间问题终究是个体的生成问题。

在选取主体性、永恒福祉、信仰之跳跃三项生存—内心性的辩证法的切入点之后，笔者有必要澄清几个关键问题。

第一个问题在于厘清克氏辩证法的形成期的具体论述，即按照克尔凯郭尔在日记中的说法，从《人生道路诸阶段》中生存—内心性的辩证法的萌芽到《附言》的正式提出之间有何转折和点睛之笔。内心性从"伦理—宗教"阶段的加入扩充了生存辩证法的定位与指向，克氏借助"生存就是内心性"的定性将内心性与生存的相同定性（痛苦）推至现实的高峰。痛苦是生存情致与隐秘内心性的本质表现，也是人神关系的标志，在基督教哲学语境下，痛苦的现实性体现在它持续地被理解为与宗教生活——特别是作为绝对目的的永恒福祉——之间充满情致的关系。

第二个问题呈现在克氏辩证法在假名作品中的多重声音与日记等非实名出版物之间的关系如何。或者说，假名著作和日记是否就代表克氏本意，以及他对于传统辩证法的严肃看法有哪些。依据克尔凯郭尔在《附言》"最初的

---

① ［丹］尤金姆·加尔夫：《克尔凯郭尔传》，周一云译，浙江大学出版社2019年版，第186页。
② 参见［丹］克尔凯郭尔《最后的、非科学性的附言》，王齐译，第259页。

和最后的说明"的阐释，他可以被认作一系列假名作品的作者，从创作本身出发，他只是自称一个提词人，一个将自己推出作品之外的读者。"这些假名著作中没有一个字出自我本人"①，克尔凯郭尔如是说。但在生存—内心性的辩证法的观点上，假名作者们意在运用辩证法让事情（如毁弃婚约）变得尽可能地可怕，我们认为这种多声部的存在是他的思想试验的一部分，即便演奏者不是他，也并不妨碍多音调的乐章谱写于克尔凯郭尔本人之手。

第三个难点还体现在"何谓克尔凯郭尔文艺复兴"及其之后为何辩证法问题在克氏研究界几乎销声匿迹了。过时、虚无主义、消极厌世等说辞甚嚣尘上，但皆未触及该事件的核心。休谟（David Hume）之后无人清除怀疑论的泥沼，提供一个客观不确定性意义上的选择。克尔凯郭尔通过批判无限的怀疑背后的虚无主义，借助无限的激情与客观不确定性之间的张力来抵抗虚无的侵袭。之所以忧惧者在虚无深渊前变得眩晕，是因为虚无与忧惧无法被根除。本书的一个目的就是让生存—内心性的辩证法变得困难，却不比它本身之所是更困难。

最关键的是厘清克尔凯郭尔如何理解、解释和应用生存—内心性的辩证法。在克尔凯郭尔复调式的假名作品人物和话语中，"辩证法"这个词不断出现。然而，它是作为一个具有可变的几何形状的术语出现的，具有多种方法论的用途甚至可能超出了方法论本身。因此，"辩证法"这个词似乎成了理解这位丹麦思想家的一个关键概念，但对于想要清楚地看到它的人来说，提出一些分类或者在某种程度上对辩证法含义进行叙说也许更有裨益，否则可能会遗留过多的思想陷阱。

三 克尔凯郭尔辩证法的四个源泉

面对克尔凯郭尔使用"辩证法"一词的多义性难题，从克氏日记与著作重合之处的四段文字开始进入更能直观地展现其中的辩证性，可以让我们更贴近克氏写作策略的动机与思路的历程。四段文字的选择对应着克尔凯郭尔哲学的主要源泉，即苏格拉底哲学、怀疑主义、德国观念论（包括浪漫派美

---

① ［丹］克尔凯郭尔：《最后的、非科学性的附言》，王齐译，第530页。

学和黑格尔思想）以及新教路德宗等。

第一段 苏格拉底的辩证法不遗余力地让人看到，没有什么东西是这样固定的。相反，苏格拉底把固定点放在后面。他的出发点在于他自己和神明。①

在这一点上生存—内心性的辩证法是向贴近人的生命的古希腊时期的辩证法的一种复归。一方面，在柏拉图笔下的对话，特别是苏格拉底参与其中的对话中，往往代表辩证法的本来意义，用来披露智者宣扬的智术/诡辩之计。辩证法与诡辩的差异在于，前者以以退为进的方式始终保持对话的张力，而后者却将对话中心固着在己方自证，无视对话中的冲突。前者是循循善诱，后者是故步自封。在 X "是什么" 的问题中②，前者陷入两难，后者原地踏步。克氏赞同生存者以自我为出发点和阿基米德点，使自己近神般地掌控自身的主体性。生存—内心性的辩证法正如柏拉图式的（platonic）从洞穴逃脱的过程，它呼吁个体从"群"中找回自己的眼睛并以透明的方式置身于上帝面前。不过克氏也不能把自己作为榜样介绍给人们，不仅因为直接的沟通难以服众，而且因为别人的榜样永远不能帮助其余人作为一个基督教徒存在。就像苏格拉底只想为人们提供思想上的"助产服务"，使真正的个人能够在他们自己身上诞生；与之相近，克氏的间接沟通方法也就通过生存—内心性的辩证法付诸实践。个体被迫进入他/她自己的生活、生存之中。克氏推崇苏格拉底式的（Socratic）反讽生活态度③，是对这种"间接沟通"形式的必要补充；而且这种形式本身恰恰

---

① Søren Kierkegaard, *Letters and Documents*, trans., Henrik Rosenmeier, Princeton, New Jersey: Princeton University Press, 1978, p. 263.

② X 代表美、正义、智慧等理念，克尔凯郭尔的辩证法同样面临《大希庇阿斯》篇"美是难的"的窘境，没有最终的结论或合题并不一定是一种残缺，克氏辩证法如断臂维纳斯一般，重在持守生存中的张力。

③ 苏格拉底的态度区分为修辞上的讽刺与作为立场的反讽。克尔凯郭尔揭示出反讽是在让人看见虚无，与无面面相觑，但又受困于虚无状态，然后，他在最后指向了超越虚无的方向——信仰，也就是他一生著述中的不懈努力。在《论反讽概念》中，反讽夹带的无给人以病树前头万木春之感、一种比无更多的可能性。

表达了他的中心意识，即人要个体化地寻找"为我的真理"。

第二段 在约翰尼斯看来，这世界仿佛是在谈话过程中才形成的，仿佛他父亲就是我们的主，他自己又是最受他宠幸的，被许可将自己最漫无边际的狂想与幻念嵌入这世界，因为他从未被拒绝过，他父亲也从未不耐烦过——一切都包含在里面了，而且全都称约翰尼斯的心。①

青年约翰尼斯（Johannes）辩证性的灵魂在他父亲的影响下发展。想象力和忧郁是通过不可抗拒的辩证法加入的。事实上，约翰尼斯指出，在他的天性中接受了有力的训练，那是他对突发事件的感觉、对惊奇的感觉。作为实例，他的父亲总是让对手讲到最后，作为预防措施，在对手开始回答之前问对手是否有什么要补充的。约翰尼斯一直非常紧张地关注着对手的发言，仿佛对结果有极强的个人兴趣。对手暂停补充之后，父亲的回答接踵而至，看！转眼间，一切都变了。怎么会这样呢？这对约翰尼斯来说始终是个谜，但他的灵魂为这一景象感到高兴，为辩证法的魅力所折服。在其父与对手之外，另一个人又说话了，约翰尼斯加倍注意，以保留一切有力的证据。当对手展开了他的演讲，约翰尼斯几乎能听到自己的心跳声，他是如此迫不及待地想知道会发生什么。当辩证法发生时，转眼间一切都被颠覆了，可解释的变得不可解释，确定的变得可疑，相反的变得明显。父亲这个角色在这里以不言自明的苏格拉底的面目出现。和苏格拉底一样，约翰尼斯之父的辩证法是一种语言的游戏，是一种反思的方法，是一种推理的形式。它既依赖于严格的顺序，也依赖于突然的逆转，而这种逆转的辩证法②已经宣告了它的重要性。逆转辩证法可以用来表达悖论、信仰之跳跃和定义为突然的决定，即个体的生存诸相。然而，克尔凯郭尔也非常清楚地看到逆转辩证法缺乏一种保障：

---

① ［丹］克利马科斯（克尔凯郭尔）：《论怀疑者》，陆兴华、翁绍军译，上海人民出版社2006年版，第15页。

② 西尔维娅·沃尔什（Sylvia Walsh）认为，逆转辩证法的概念提供了一种形式，可以鞭辟入里地澄清克尔凯郭尔对积极和消极之间的关系以及伦理—宗教和基督教之间的关系的理解。参见Sylvia Walsh Utterback, "Kierkegaard's Inverse Dialectic", *Kierkegaardiana*, Vol. 11, 1980, pp. 34 - 54。

防止它只是一种"感性—审美"的辩证法，防止它成为一种自我范围之内的小把戏，即缺乏"对自己的回报"，且由于缺乏生存的严肃性，仍然纯粹是一种语言的游戏。

  第三段 一切都取决于对量的辩证法和质的辩证法的绝对区分。整个逻辑学就是量的辩证法或者模态辩证法，因为万物存在，而且万物归一且相同。质的辩证法隶属于生存。①

当克尔凯郭尔谈到量的辩证法时，他显然指的是黑格尔逻辑学中所反映的辩证法，它使人们能够接触到世界历史性的模态，这意味着，例如伦理的决定，从定义上说是个体的决定，实际却不再是他们真正的决定，因为个体被抽空了，归入总体、一般、属和种的定量范畴中。另一方面，质的辩证法考虑到了改变一切的决定的冲击，因此，在另一个阶段的更高程度的决定在这里要被绝对拒绝，如同《畏惧与颤栗》中的"伦理的悬搁"。克氏作品中的卓越的品质意味着：单一个体的个体性总是以自由、决定、跳跃和断裂为标志，然后被这样一种质的辩证法所尊重，这将在下文中进一步详细去论证。此刻，在上段文本中，克尔凯郭尔通过在辩证法方面标志着对黑格尔的彻底反对——这种反对是他拒绝整个黑格尔体系的征兆——进而强调了"生存"这一范畴。辩证法在克尔凯郭尔要么是生存论的，要么就什么都不是。朝着克尔凯郭尔辩证法的路径，至少得沿着重读辩证法思想史的方向发展，并在苏格拉底和黑格尔的对弈中得到一例典型的总结，这似乎是克尔凯郭尔的辩证法所重点关照的两个对象，我们也必须对其中的关系进行界定。为什么克氏的辩证法要添加"生存"和"内心性"这两个前置术语呢？回到生存—内心性的辩证法，克尔凯郭尔在《瞬间》第九期中声称"人类的精明在于窃取了生存的秘密"，"一个人只需要越来越多地贬低自己，贬低作为一个人的意义——那么生活就会变得越来越容易"。② 做一个平淡的人，随之一切困难都

---

 ① ［丹］克尔凯郭尔：《克尔凯郭尔日记选（1842–1846）》，王齐译，第201页。
 ② Søren Kierkegaard, *The Moment and Late Writings*, ed. and trans., Howard V. Hong and Edna H. Hong, Princeton, New Jersey: Princeton University Press, 1998, p.318.

消失了！多么熟悉的《附言》话语，而牧师则如同《论反讽概念》中的智者遭到了克尔凯郭尔的无情鞭挞，一个相似的现象体现在智者和牧师与对方（学生或信众）是一种金钱关系。当克氏在《观点》中直言"整个基督教世界都是一个巨大的幻影"①之时，牧师则裹着长袍缠在这个幻影之中。在当今时代，生存—内心性的辩证法并不会清除世俗化和人性化的土地，它在个体的绝望中包含着自我在基督教中的双重意识，即一种排斥和吸引并存的辩证法。阅读假名作品或遵循克氏所言的"间接沟通"方法，无疑是不可或缺的，也是艰巨的，它提供了信仰之路的辩证情节，是在自然和历史的非理性力量的吸引力下获得救赎的唯一途径，这些力量掩盖和忽视了死亡问题，而死亡问题对基督教的克尔凯郭尔来说反而是始终存在的。同样不可缺少的是阅读那些构成所谓"直接沟通"的闪烁和感动，但当下仍被忽视的陶冶性作品。

> **第四段** 这就是我总是回到的辩证法：基督来到世界，为了拯救人类，使他们得到恩赐。天使在他出生时唱道：荣耀归于最高的上帝、尘世的和平与对人的善意。然而，基督本人却教导说，从人道角度，一个真正的基督教徒是最悲惨的；从人道角度，基督教使一个人变得前所未有地悲惨。②

基督教的显著标志在于福音（好事将近）和它的主（降临或再临），福音就是报告好消息的话语，这就涉及听者与消息传达之后的可理解性，而假名著作《畏惧与颤栗》开篇便是以赫尔墨斯式的短故事指出"间接沟通"的可靠性与超拔之处。令人愉悦的暗语、弦外之音是有益的，任何出于直接沟通的误解在此都是多余而失效的。塔克文·苏佩布和他的儿子成功运用了"秘密的辩证法"③，信使却无法理解。秘密的辩证法或沉默的辩证法可能意

---

① Søren Kierkegaard, *The Point of View*, ed. and trans., Howard V. Hong and Edna H. Hong, Princeton, New Jersey: Princeton University Press, 1998, p. 41.

② Søren Kierkegaard, *Kierkegaard's Journals and Notebooks*, Volume 5, Journals NB6-10, ed., Niels Jørgen Cappelørn, Alastair Hannay, David Kangas, Bruce H. Kirmmse, George Pattison, Joel D. S. Rasmussen, Vanessa Rumble, and K. Brian Söderquist, Princeton and Oxford: Princeton University Press, 2011, p. 374.

③ 例如亚伯拉罕与上帝的密谋：献祭以撒。

味着什么？秘密是可以被揭示的，即使并不总是成功的，有一些公开的秘密只在话里有话的情况下被谈论。但也有一些秘密仍然如此，关于它们，人们只能做出假设，特别是在赫尔墨斯式的文学的脚步声中。这是一种神秘主义，在普通的拒绝交流中并没有穷尽其意，而是辩证地构成有待解释的秘密。秘密的辩证法中的沉默（如亚伯拉罕）应该被理解为一种标志、一种最广泛意义上的公共表现。基督教哲学体现在（克尔凯郭尔的意义上）基督教在西方历史中的衍生和变形，最终结果是确立一种内心性的层面上作为精神、作为"生存矛盾"与"生存沟通"的基督教。克尔凯郭尔一生专于阅读两本原著，一本叫作《圣经》，一本名为"生存"①。耶稣基督，作为传道的实际主体，用他的福音书宣称自己反对各种律法主义或热情的倾向，这些倾向可能也存在于圣经典籍中。但对于基督教而言，宗教的本质就是痛苦，但信众所盼的却是永恒福祉或至善，阅读克氏的作品总让人重思"罪"的概念，即由罪到恩典再到永恒福祉的可能性。②当激情被定性为一种对永恒福祉的操心时，它拥有无限的力量。永恒福祉的问题既是情致性的，也是辩证性的，因此需要激情和思想的双向碰撞。说到罪，神性和人性之间存在着碰撞，被拉得这么高，对一个人来说是最大的痛苦。福音教义的共识如何实现，不仅是一个神学、训诂学和教义学的问题，还是一个教会秩序的问题，它是否要求、促成、允许甚至阻止这种同意，这个问题是否作为教会秩序形式的问题（可见的教会与不可见的教会），也是错综复杂的。仅仅是历史性的训诂，而没有将所解释的文本应用于当下的意愿，是脱离基督教哲学语境的。同样，历史神学也应该注意教条式陈述的这一功能，特别是如果它把教会历史理解为"解释上帝之言的历史"，并试图在这一方面进行追踪，那么它已然偏离克尔凯郭尔的生存—内心性的辩证法的焦点：生存个体。信仰完全可以发生在起居室、在日德兰的荒原、在不可见性之中。生存个体要么在凝视虚无深渊的眩晕中迷失，要么在宗教性的本质（痛苦）中得到无限的拯救，也就是说，他们必须

---

① 参见［丹］克尔凯郭尔《最后的、非科学性的附言》，王齐译，第533页。
② 克氏主张清心志于一事（至善），但在《附言》的使用上，至善与永恒福祉几乎可以无差别地替换使用。但根据叶秀山先生的康德哲学的解释，至善一方面指单纯意志方面的，是最高的道德的善；另一方面更进一层为"完满"的意思，并引向宗教的领域。

通过个体化的信仰"成为基督教徒"。

四　辩证法的另一面或辩证法的辩证法

辩证法的确是令人喜爱的有力法宝，它能发现并协助寻找令人崇敬的绝对，它本身无法看见绝对，却能带领个体到达绝对。克氏辩证法往往只显露两个步骤：正题（thesis）和反题（antithesis）。一正一反的论题终极证明为上帝的绝对概念，在基督教哲学的意义上，上帝则为至上的合题。①克氏对于辩证法的重视绝非偶然，与生于新教路德宗家庭的背景息息相关，在其遗作《武装的中立》（*Armed Neutrality*）中，他声称"作为基督教徒的每一个决定性的条件都是根据辩证法或者辩证法的另一面"②。这个名为"武装的中立"的小册子显现了作为基督教作家的他在基督教世界中预谋的策略。事实上，武装与中立是相对而言的两种状态，武装抑或中立均可唤起一种关注的态度，在合一的状态下，两种张力之间没有干扰，但也没有冷漠。在这个意义上，克尔凯郭尔有时将自己定义为基督教的间谍、便衣警察甚至牛虻，他觉得自己的使命是向基督教世界展示基督教的真正内涵，但不是以直接沟通的方式，以便他的同时代人能够在自我与自我的关系中审视自己是不是实际性的基督教徒。这也暗合《哲学片断》③这本小册子的要旨，在基督教世界言说着众人皆明了的圣经故事，不顾那些"剽窃之作"的质疑声音，以熟知来鉴别真知。克氏认为甚至辩证法都可以是自身的辩证法，因为正如他在1847年夏天出版的《女演员的危机》中阐述了一种积极的忧惧力量，"任何张力都可以，这是辩证法本身的辩证法，具有双重作用；它可以让努力变得明显，但也可以反其道而行之，他可以隐藏努力，不仅隐藏它，而且不断将其转化为和解释为轻松"④。

---

① 王齐教授认为，新教路德宗背景下个体或单一者直接面对上帝的主张不单界定了个体与上帝的关系问题，更是将个体与上帝间的中介全部取消，从而确保这一绝对关系下个体与个体的平等，以区别于拉平导致的人的"平均化"。参见王齐《克尔凯郭尔的生存境界论》，《江苏行政学院学报》2005年第3期，第12—17页。

② Søren Kierkegaard, *The Point of View*, ed. and trans., Howard V. Hong and Edna H. Hong, Princeton, New Jersey: Princeton University Press, 1998, p.130.

③ ［丹］克尔凯郭尔：《哲学片断》，王齐译，第19—20页。

④ Søren Kierkegaard, *Christian Discourses ; The Crisis and Crisis in The Life of An Actress*, ed. and trans., Howard V. Hong and Edna H. Hong, Princeton, New Jersey: Princeton University Press, 1997, p.62.

辩证法践行着的最高的方法论就是辩证法本身也始终需要葆有张力,既可以是可视化的张力,也可以是遮蔽性的张力。克氏提炼出生存—内心性的辩证法的辩证法,既预告克氏对于古希腊辩证法和黑格尔辩证法的一种回声,又将他那句响亮的信仰宣言回荡开来——让一切变得困难起来。

正因为克尔凯郭尔是一名基督教徒(尽管他塑造的假名作者或诗性人物常常矢口否认这一身份),在他的生存—内心性的辩证法结束时,他发现自己处在与上帝面对面的直接关系之中;而一个无神论者,在他/她的生存—内心性的辩证法结束时,会发现自己处在与虚无面对面的漂浮无据之中。这一点符合他的博士论文《论反讽概念》的形而上学旨趣——与无面面相觑,适用于假名著作《重复》,同样也被海德格尔(Martin Heidegger)化用于《存在与时间》和《形而上学是什么?》(1929)等著作中。克氏于生存的边界处发现了虚无深渊,给人以未完待续的警示。虚无的形象若隐若现,在《论反讽概念》中是一个暗喻,在《重复》中则是一个明指。他认为一个人实际上必须通过生存—内心性的辩证法做一次额外的移动;移动到自己之外,回到理性,回到普遍真理,回到一种现实主义。克氏生存—内心性的辩证法的内在价值还在于引发悖谬。《非此即彼》中以感性—审美阶段对比伦理阶段,又以伦理阶段对比宗教阶段。在《致死之疾病》中,以陷入有限的绝望对比无限的绝望、经由绝望的负面特质导向正定,从而通过信仰与绝望的辩证关系,治愈"精神"意义上的疾病。那么,是绝望构成信仰的开端,还是《畏惧与颤栗》点明的无限放弃?克氏的辩证法的逻辑表现为经由正定之物提醒其反面,透过反面点出"那绝对的",这种由悖谬指向最高存在(上帝)的手法,是生存—内心性的辩证法的基本要素之一。最后,上帝与虚无的组合邀请我们重新考虑辩证法的叙事情节以及生存和内心性的具体交织。在双重性生存之中,人被设计为实现精神的一种灵与肉的结合体,那好比一栋带有地下室的房子,原本被设计好让人住在地面上的房子,如果一个人只过感性审美生活而遗忘了他/她的精神,蜗居在地下室而让楼上全部空着,倒是件可笑的事。克尔凯郭尔对黑格尔体系的批判亦是如此,作为生灵,人看着整个世界,人在自身中拥有秩序,并在其中理解自己。如果不看到自己的有序性和安全性,同时看到自己的有限性和不安全性,他/她就无法意识到自身生存的双重性。因为暴露在有限的变化、腐败和错误中，所以人仍然看向一个保护和引导他/她并让他/她能看到的无限的真理——永恒真理。对永恒真理的接受从一开始就排除了人对自己的绝对性的反思。生存—内心性的辩证法让人警惕一种"去世界化"（Entweltlichung/ deworldization）的后果。绝对的主体性的去世界化不仅将主体性从其"偶然的有限性"中拉向虚无深渊，而且同时从深渊那里彻底丧失了世界的"味道"和永恒真理的方向。因此，有限性变成了偶因，不再是双重性生存的关键要素，因为它不再能在一种生存—内心性的真理中被理解。在绝对的主体性的框架内，除了坚持不懈的努力（生存）和最为极致的痛苦（内心性）之外，没有任何东西是可能的。这种悖谬性是生存—内心性的辩证法的内在必然结果。王齐教授指出："克尔凯郭尔的思想中存在着一股巨大的思想张力：ّ此世'和'彼岸'之间的张力，捍卫'上帝'存在的绝对超验性的理性信仰和以'道成肉身'为标记的历史主义信仰之间的张力。"[①]关于道成肉身的思想试验，另一篇假名作品《哲学片断》中神/教师的降世还可以通过《马太福音》（11：3）得到解读，"那将要来的是你吗？还是我们等候别人呢？"[②]"永恒"进入"时间—现世"是再临还是重复的事件？依据历史学的方法论，即从流传下来的证词中重建过去的事实性，被暂时中止了。评价性的主体性取而代之，历史学想通过传承物找到信仰的权威性，这一想法在生存—内心性的辩证法中是缺乏支撑的。如果思想试验中的元素被孤立起来，并在这种孤立中成为基督教哲学的研究对象——无论是在其出现的孤立情况下的文本，还是作为信仰层面真理看似永恒地表述着的教条式声明——那么基督教世界的统一性也会崩溃。只有当基督教研究者允许自己受到挑战，相信圣言，神学的不同学科才能找到它们应有的统一性。一个合宜的名称应该是"作为/有"精神的个体。

信仰者越是认真地在基督身上认识到"理想"——然而，理想的意思是把"时间—现世"和"永恒"的统一作为每个信仰者的任务——就越要把信仰的服从关系（接受审判和恩典）转变为同时共在性或模仿性的关系。在生

---

① 王齐：《面对基督教：克尔凯郭尔和尼采的不同取向——兼论尼采对克尔凯郭尔的批判》，《世界哲学》2012 年第 2 期，第 23—31、161 页。

② 或参照平行福音——《路加福音》（7：19）。

存—内心性的辩证法的范围内,同时共在性的含义无非作为精神的存在,即与神/教师同处绝对的悖论的生活之中,克尔凯郭尔已经得出了这个"瞬间"。宽恕的教诲作为一种"符合人的利益的基督教"出现,低于"符合上帝利益的基督教",但爱让信仰者作为精神通达与上帝同在的同时性。在基督教哲学语境下,这样的精神存在是更高层次的人类,因为它克服了精神和肉体之间的矛盾;正如克尔凯郭尔所说,它是"烧成了精神"的尘(dust)。这种更高层次的精神存在使基督教第一次成为真实;它们从教义中引出了生存—内心性的真理。克氏还以律法的方式解释了自己的生存论的辩证框架(成为"精神"的进展是由努力实现理想的不懈要求所激发的,而不是在恩典中得到一劳永逸的安宁)。《哲学片断》的思想试验假定信仰者在今生成为"精神"的过程中可以而且应该取得进展,但人并不因此而称义;进展并不在于越来越接近理想,而是在于加深对自己需要恩典的认识。这与克尔凯郭尔对宗教功利与基督教世界的不断否定相呼应。

学界已有的克尔凯郭尔的生存—内心性的辩证法的论述准确性不足,按照笔者的标准,迪姆(Hermann Diem)推介的"生存辩证法"是最早且最贴近主题的一个,而邓宁(Stephen Northrup Dunning)的"内心性辩证法"偏于克尔凯郭尔的自我概念与生存三阶段的结构分析,并将生存三阶段诠释为内心性的三种模态——感性—审美阶段、伦理阶段和宗教阶段。

五 生存三阶段与克尔凯郭尔文艺复兴

克尔凯郭尔从《非此即彼》开始构建他的生存三阶段理论,但克氏认为《人生道路诸阶段》显然区分得更明显,即感性—审美阶段、伦理阶段与宗教阶段。三个阶段可以具象化为三种生存规定性:享乐—沉沦,行动—获胜,痛苦。[①] 以《重复》为参照,克氏通过三个具体人物诠释了三个阶段的不同样式的重复,即假名作者康斯坦丁·康斯坦提乌斯(Constantine Constantius)复刻感性—审美阶段的重复、年轻人困于伦理阶段的重复、约伯忍受宗教阶段的重复。具体说来,《重复》打着"心理学试验"的旗号,假名作者意在

---

① [丹]克尔凯郭尔:《最后的、非科学性的附言》,王齐译,第239页。

通过不同时间的柏林之行完成上次的、同一地点的甚至同一内容的重复，但感性的即刻欲乐并不等候他，处处碰壁之后，他最终选择放弃了"重复是可能的"这一执念；年轻人承接了《诱惑者日记》中的诱惑者约翰尼斯的任务——将自己从女性之中诗化出来，他在婚姻面前临阵脱逃了，而正当他困扰于道德的谴责、情人的伤心、自我永恒性的丧失之时，那个姑娘突然结婚了，这让他遭遇思维的闪击，虽然他没有与那个姑娘达成"重复"，但最终辩证性地迫使他重新拿回了自己；约伯将有形的绝望带向无形的绝望，他渴求永恒的重复并且在信仰的道路上发现了真正的重复——永恒之中的重复，这是信仰之悖论的直接体现，也复归了《非此即彼》结尾处的艰难处境——在永恒的苦恼之中每一瞬间都从头开始却无法开始。总之，生存三阶段理论与重复具有一个共同的形而上学旨要，即个体怎样处理自我与自我的关系、怎样理解"永恒"以及怎样对待重复的不可能性。

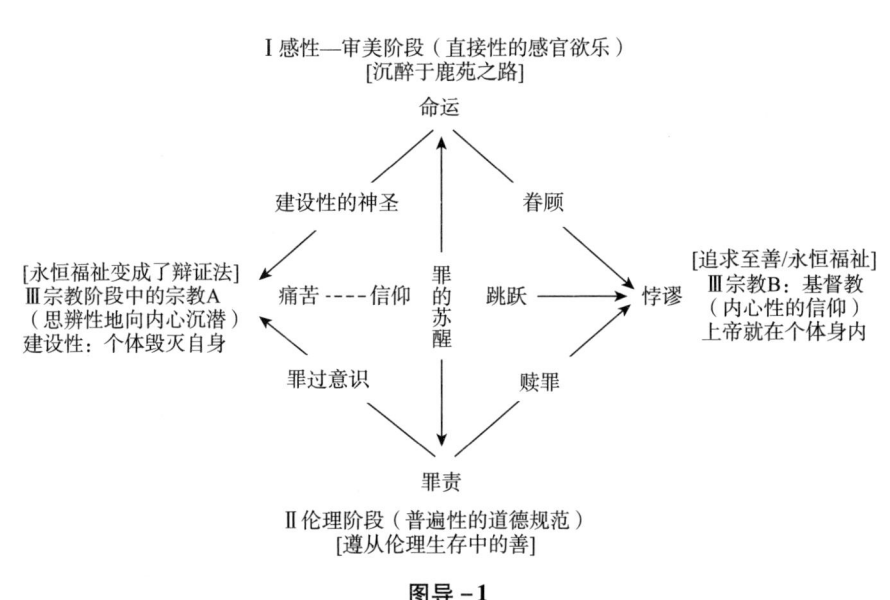

```
                    Ⅰ感性—审美阶段（直接性的感官欲乐）
                         [沉醉于鹿苑之路]
                              命运
                              ↑
                建设性的神圣          眷顾
                       ↙                ↘
[永恒福祉变成了辩证法]                         [追求至善/永恒福祉]
Ⅲ宗教阶段中的宗教A    痛苦----信仰   罪   跳跃   悖谬   Ⅲ宗教B：基督教
（思辨性地向内心沉潜）              的           →      （内心性的信仰）
建设性：个体毁灭自身              苏                    上帝就在个体身内
                                 醒
                       ↖                ↗
                    罪过意识          赎罪
                              ↓
                              罪责
                    Ⅱ伦理阶段（普遍性的道德规范）
                         [遵从伦理生存中的善]
```

图导-1

图导-1可以补充展示生存三阶段之间的辩证性的一些关联。克尔凯郭尔文艺复兴的辉煌成就在很大程度上缘于生存三阶段理论的流行。

1929年赫尔曼·迪姆（Hermann Diem）出版了《索伦·克尔凯郭尔的哲

学与基督教》①。这本书的写作和出版时间大致与卡尔·巴特（Karl Barth）开始重塑自己的神学基础的时间一致，身为巴特的弟子，两者都特别强调神学方法。作为他的处女作，迪姆想凭借这本印刷品在图宾根大学获得博士学位。遗憾的是他在口试中两次失败，但这丝毫没有减少该著作的分量。迪姆在其中已然设置好了克尔凯郭尔生存辩证法的定位（Ort）——一种根本的、整体性的研究方法论。直到1951年，他获得了哥廷根大学的名誉博士学位。其间，迪姆一次又一次地处理克尔凯郭尔的哲学与神学问题。而我们要重点分析的他的名著《克尔凯郭尔的生存辩证法》就在此间酝酿着②。一个关键节点在1950年，新版的《克尔凯郭尔作品集》出版事业在德国开始启动了，它给知识界和学术界关于克尔凯郭尔的辩论带来了强大的推动力。但我们却不忘旧人，众所周知，出版商欧根·迪特里希（Eugen Diederichs）有一个令人难忘的优点，就是在克尔凯郭尔不为人知的时候，敢于出版第一版。如果没有这个初版的开疆扩土，克尔凯郭尔在欧洲知识界的突破就不会发生。因为只有德语化的克尔凯郭尔才有可能让读者——无论是罗马人还是盎格鲁-撒克逊人——接触到丹麦语。笔者认为，如果说20世纪初德译本的初版《克尔凯郭尔作品集》为后来的克尔凯郭尔文艺复兴奠定了基础，那么恰恰是1950年《克尔凯郭尔的生存辩证法》的出版与新版的《克尔凯郭尔作品集》的启动造就了克尔凯郭尔文艺复兴的第一个高潮。

迪姆强调，克尔凯郭尔应被理解为一位存在主义思想家，而存在主义或存在主义思想的哲学方案（在无神论的意义上）却远离克氏的思想。具体而言，迪姆列举了辩证法的四重含义：逻辑、事关思想者生存的辩证法、沟通的辩证法以及上帝的自我揭示这一历史事实中的沟通的辩证法。遗憾的是，迪姆他在《克尔凯郭尔的生存辩证法》中提出了第四种含义却未能回应启示（revelation）的事实性依靠什么来保障③。不止如此，创造者和被造物、那神

---

① Hermann Diem, *Philosophie und Christentum bei Sören Kierkegaard*, munich: Kaiser, 1929.
② Hermann Diem, *Die Existenzdialektik von Sören Kierkegaard*, zollikon-zürich: evangelischer verlag, 1950.
③ Hermann Diem, *Die Existenzdialektik von Sören Kierkegaard*, zollikon-zürich: evangelischer verlag, 1950, S. 89.

圣的和那世俗的（profane）、无限的和有限的、存在和非存在、永恒性和时间性—现世性等术语的辩证组合皆未得到深入的剖析。

对迪姆来说，克尔凯郭尔的统一方法论观点就是"生存辩证法"（Existenzdialektik），这同时保证了他的假名作品之间的不同观点的整体统一，以及假名著作与克尔凯郭尔本人之间的统一。换言之，由于他们之间都有一个基本的和战略性的"方法论"，不再需要区分他们和克尔凯郭尔自己的"观点"。迪姆认为黑格尔处理的是启动辩证法的问题，是去探究一个负载经验的自我如何转变为纯粹思维的主体，而持续辩证的运动的问题则指向调和的过程。在这一点上，整体结构逻辑是黑格尔对未来哲学的使命。来到克尔凯郭尔这里，辩证法成为生存的思想家如何进入存在意识之流的问题，使其潜能释放于有机实体之中。[1]辩证法的过程转化为个体生成的过程，包括做出选择或决断，也是个体向内地思考并正视生存的动力的过程。

关于克尔凯郭尔的作品，迪姆的回答是，它们绝对不是神学，而是在适当的意义上对"基督教哲学"的尝试，实际上是一种令人印象深刻的表现。因此，它们证明了哲学和基督教之间深刻而深远的吻合或一致。这种吻合是基于这样一个事实：克尔凯郭尔在一个连续的（生存）辩证法中掌握了整个哲学和基督教思想。从基督教的启示作为先决条件开始，研究内在的思维的可能性，以便最终回到启示。这些都在启示的预设下，但启示本身是为了明确预设而思考的。因此，启示需要一个教会的权威，虽然它只有作为一个真正的教会的事情才可能首尾呼应。相应地，克尔凯郭尔不能声称，事实上也从未声称自己是一个神学家。由于这种思维方式必须以内心性沉潜的同样手段作为思考内心性的限度，我们也可以称之为基督教哲学思维。迪姆拒绝将具有约束力的教条溶解为对神学历史的完全客观的介绍，从而拒绝将教义学传统转入思想史的新教派方案。另一方面，他也同样与将教条主义思想转化为对生存经验的单纯描述以及转化为生存辩证法保持距离。这就是迪姆的立

---

[1] Hermann Diem, *Die Existenzdialektik von Sören Kierkegaard*, zollikon-zürich: evangelischer verlag, 1950, S. 25.

场特点，他工作的核心是澄清教义学和训诂学之间的关系。他一次又一次地反思诸如传道中的圣经问题、教规问题、圣经的统一性问题以及解释学在圣经解释中的任务等议题。他认为，解经是教条主义思维的神学场所。至于说信任圣言，可能这个挑战甚至在赫尔曼·迪姆生活的那个神学时代的动荡时期也显得过时了。

在英语世界却是另一番景象，当克尔凯郭尔著作、思想伴随着克尔凯郭尔文艺复兴传到美国时，史蒂芬·N. 邓宁（Stephen Northrup Dunning）因其《内心性的辩证法》而获得学界的关注。邓宁认为，克尔凯郭尔首要的辩证关怀是主体与客体的关系，而非客体的本性这类基本的概念。克尔凯郭尔的辩证法是一种"内心性的辩证法——在意识（consciousness）中发展的概念"①。邓宁进一步指出了对立概念的四种联系方式：一是通过矛盾的辩证法，其中"否定了消极关系的救济"；二是通过互惠的辩证法，其中第三个环节肯定了"相反两极之间的互惠关系"；三是通过悖论的辩证法，其中"实现了真正的统一，但这种统一强调而不是取代两极之间的矛盾"；四是通过调和的辩证法，其中第三个环节被视为"不仅仅是互惠的僵局或两个矛盾极的矛盾性统一"。调和是一种结合，在这种结合中，第三者将对立面纳入自身，成为一个新现实中的各个方面或环节。在这个过程中，每一个极点都失去了它相对于另一个极点的消极特性，从而在它的真实性质中得到正向满足，因为它与另一个极点有着积极的联系。最重要的是，新的第三方"现在可以踏上自己的道路"。尽管克尔凯郭尔因悖谬的辩证法而闻名，而黑格尔则凭借调和的辩证法而闻名，但邓宁在两人之间求同存异，表示克尔凯郭尔拥有黑格尔辩证法的非凡才能。② 的确如此，比如在黑格尔术语稍显饱和的《致死之疾病》中，克尔凯郭尔/安提－克利马克斯对人的自我的分析不能脱离黑格尔的否定论来理解。克尔凯郭尔和黑格尔的辩证法问题的关系异常复杂。在下文中，笔者只想提示读者注意他们各自的"精神现象学"之间存在的对应关系。每个人

---

① Stephen Northrup Dunning, *Kierkegaard's Dialectic of Inwardness: A Structural Analysis of the Theory of Stages*, Princeton: Princeton University Press, 1985, p. 7.

② Stephen Northrup Dunning, *Kierkegaard's Dialectic of Inwardness: A Structural Analysis of the Theory of Stages*, Princeton: Princeton University Press, 1985, p. 263, N. 9.

都追踪自我意识的进展，在这一过程中确定类似的论题（正题或反题），即使过渡的机制（"跳跃"与"调和"）也是不同的。通过"生存—内心性的辩证法"，笔者想到了现有的个体精神的"伊利亚特"（Iliad）与"奥德赛"（Odyssey）。

邓宁遵从克氏在《附言》中所做的生存限定①，明晰地区别了真实的生存—内心性与想象的内心性（一如想象的生存那样），并主张从伦理阶段的代言人威廉法官②入手审视内心性。而作为宗教阶段的切入点，邓宁从无限弃绝这个术语展开了对《畏惧与颤栗》的作品定位，即以伦理的方式解读了宗教阶段何以异于伦理阶段。最重要的是，邓宁认为有一种"自我的辩证法"在贯穿了克氏的假名著作的同时，又保留了克尔凯郭尔对个体生存图像的描画。但笔者认为，简单地将生存界定为感官性、内心性再到精神性的演变及跳跃过程略显苍白无力，因为主体性不单单关乎一种邓宁坚持的自我指认，它在与上帝的悖谬性的神—人关系中更是承担起不可或缺的责任。

克尔凯郭尔著作的阅读并不总是给人以温和的、中庸的、明晰的感觉；生存—内心性的辩证法在其行文中悄然布下迷阵。然而，他的辩证法将试图在一个迄今为止，据笔者所知，很少被探索的领域提供一些研究的途径。通过尝试一些历史性的视角，笔者的目的确实是要把隐藏的重要性还给基督教哲学话语的逻辑，把哲学与宗教的一些元素交到读者手中，使克尔凯郭尔能够以一种自主的方式通过辩证法构造他的生存论。然而，在这样做之前，有必要先行练习"进入"与读者的可能性的辩证对话。正如克尔凯郭尔在1846年3月19日给他哥哥彼得（P. C. Kierkegaard）的信中写道："我几乎花了一整天，除了练习生存辩证法无所事事……帮助假名作者成为作者。"③他的写作不是说教与规训，不讲权威，而是一种复调式的探索或思想试验。正所谓

---

① 克氏在《附言》表明感性—审美阶段的想象性生存简直算不上生存。参见［丹］克尔凯郭尔《最后的、非科学性的附言》，王齐译，第210页。

② 王齐教授在威廉法官的形象中区分了哲学的、思想的世界与现实的生活世界，前者是理性和逻辑至上的"必然"的世界；后者则围绕着贯穿始终的矛盾和"混沌"而成为可能性的世界。参见王齐《克尔凯郭尔的生存境界论》，《江苏行政学院学报》2005年第3期，第12—17页。

③ Søren Kierkegaard, *Letters and Documents*, trans., Henrik Rosenmeier, Princeton, New Jersey: Princeton University Press, 1978, p. 189.

事实本身自证（resi ipsa loguitur），克氏践行着他的间接沟通策略，在阅读"生存这本原著"的同时做着生存—内心性的辩证法这本习题册。在他身上，我们很容易看到形而上学经验论和浪漫主义情感论的结合。生存—内心性的辩证法即进入生存、跃入信仰的内心化的辩证法。不同于黑格尔的逻辑学，生存必须经由人的自我意识辩证产生。克氏的辩证法是指向生成，准确地讲，即主体性的、内心性的生成。克氏生存—内心性的辩证法是一种朝向彻底的、概念之外的、活生生的生活、生存过程，与之相应，生存—内心性的真理同样不会有完成和终结。相应地，克氏所使用的方法论范围也从思想史和哲学话语延伸到文本修辞、思想重构的互文性与中介性。

六　存在哲学断想

沿着存在主义思潮的流变，我们不妨试着去激活与生存—内心性的辩证法的思想对话。

海德格尔在《哲学的终结和思想的任务》一文中提出了"沉思的尝试"，作为传统哲学追求真理的替代方案，该文最初是为克尔凯郭尔的纪念会议"不朽的克尔凯郭尔"而写成的，尽管文中并未出现克尔凯郭尔的名字抑或他的哲学片断。这种"沉思的尝试"始于对未知事物的对抗，并因此通过质疑和追问来进行延伸。我们可以尝试在克尔凯郭尔的生存—内心性的辩证法的背景下看待这个问题，如果我们认识到克氏对生存—内心性真理的描述是面向未来的，就不可避免地要面向未知的客观不确定性。从克尔凯郭尔的基督教观点来看，未来是由上帝占有的，并通过上帝对存在的不断赐予成为一种礼物，当然也包括亚伯拉罕献子事件式的"死亡之礼"。对于海德格尔和克尔凯郭尔而言，未知的东西（客观不确定性）对于真理来说是至关重要的，因此知识（体系论、回忆说等）对于追求真理则是一种不恰当的方法。尽管海德格尔版本的未知的对象属于一个据说比上帝概念更原始的真理事件，即本有（Ereignis），但他质疑的沉思以及该文首先来自20世纪30年代"转向"期间"尝试更其源始地去构成《存在与时间》的课题"。于是海氏直言要对《存在与时间》问题的出发点做一种内在的批判，即对作为存在问题出发点的此在进行批判。《存在与时间》的续作未再问世以及此在在海德格尔形而上学之思中的黯然退场,都无声地宣告了他在20年代着力建构的此在形而上学失败了。在《尼采》(GA 6)等著作中,此在(Dasein)被此—在(Da-sein)取而代之,这种相当神秘的思考在于从如"此"(Da)存在到此之"在"(Sein),这种可能性的真理轮廓仍然是模糊的,存在的面目仍然是似是而非的。到了《面向思的事情》(GA 14),《哲学的终结和思想的任务》一文体现了海德格尔后期思想的转变,即对"超越"人(即此在)的认识偏离了《存在与时间》的视域而选用了更具尼采特色的视角。"哲学即形而上学。形而上学着眼于存在,着眼于存在中的存在者之共属一体,来思考存在者整体——世界、人类和上帝。"[1]尽管存在者(物)尚未完全从存在问题中暗淡下去,但海氏越来越多地将"存在"解释为一种被给予的东西——作为一种澄明所呈送的礼物——这与克尔凯郭尔对于存在的超越性来源的关注重新联系起来。然而,对海德格尔来说,这个源头不是通过信仰之跳跃来领会的上帝,而是通过真理之光来领会的那些不可解决的存在者整体的空隙。他在文章的结尾追问道:"但澄明从何而来,如何有澄明?在这个'有'中什么在说话?"[2] 虽然克尔凯郭尔追溯到上帝的存在力量对海德格尔来说仍然是个谜,是个以现象学方法悬搁的对象,但他还是主张建立一种与克氏"成为或生成"的关系相类似的信仰的接受活动。他把"思考"描述为感谢、描述为泰然任之(Gelassenheit)、描述为对真理事件的开放与明敞。这些品质在海德格尔的另一篇文章中得到了强调,发表在《乡间路上的谈话》(GA 77)。在这里,海德格尔反思了"泰然任之"的概念,即一种允许(Zulassen),并提及了赫拉克利特的残片"接近",作为对思考和寻找真理的描述。除了思想家们穿越林地的动态象征意义之外,我们还发现了这样的暗示:澄明意味着进入开放地域,投身敞开域或自由域,不仅是一条无蔽的道路,而且是一种境域性质的东西。对开放地域的泰然任之的最终表述即"域化"。

后期海德格尔从存在的拓扑学角度解释了"形而上学的终结"。终结代表了处所(Ort)的变动,从此一位置到彼一位置,从哲学的第一开端到哲学

---

[1] Martin Heidegger, *Zur Sache Des Denkens*, Frankfurt am Main: Vittorio Klostermann, 2007, S. 69.
[2] Martin Heidegger, *Zur Sache Des Denkens*, Frankfurt am Main: Vittorio Klostermann, 2007, S. 90.

的另一开端,从 Da 的聚集到 Sein 的聚集。或言之,此在形而上学并未公开地承认它的失败,此在在形而上学的位置上做出了自身的调整。"终结作为完成乃是聚集到最极端的可能性中去。"①此在最初是存在问题的优先性最高的、特殊的存在者,在形而上学终结的过程中,此在聚集到了作为最极端的可能性的存在那里。此在归隐了,此在形而上学寂静无声了,此在的生存与向来我属性都转移至哲学的另一开端。此在形而上学被解构了吗?"它看似哲学的纯粹解体,其实恰恰是哲学之完成。"②此在、生存甚至克尔凯郭尔在海德格尔Ⅱ的笔尖逐渐消失了,但恰恰是以哲学之完成的姿态宣告了此在、生存与不朽的克尔凯郭尔是海德格尔Ⅰ与海德格尔Ⅱ一直持守的开端。③《哲学的终结和思想的任务》全篇未现克尔凯郭尔其人其言,在克尔凯郭尔的纪念会议上显得不合时宜,但加以深思,克尔凯郭尔作为海德格尔哲学的基石的现实却从未改变,此在形而上学的终结意味着:海德格尔把此在的生存带向了另一开端,克尔凯郭尔生存之思的任务退而不休。

海德格尔认为,依照黑格尔思辨哲学的观念,"存在向它本身的生成是在思辨辩证法(der spekulativen Dialektik)中进行的"④。我们可以用一种模仿克尔凯郭尔的口吻争辩:"个体向它本身的生成是在生存—内心性的辩证法中进行的。"思辨辩证法需要一种植根于某个敞开之境、自由之境的光亮,生存—内心性的辩证法需要一种植根于个体的出场、成为主体、成为基督教徒的去生成。光亮依赖于让显现(Scheinenlassen)、让在场(Anwesenlassen)的敞开状态,即澄明(Lichtung)。去生成却来源于单一个体依靠主体性与内心性在有限与无限、"时间—现世"与"永恒"的张力中连续性的生存,即"向将来而在"。

澄明允诺了光亮,个体"向将来而在"同时就是去生成。"但决不是光才创造了澄明。光倒是以澄明为前提的。"⑤澄明延续了黑格尔思辨辩证法的思维

---

① Martin Heidegger, *Zur Sache Des Denkens*, Frankfurt am Main: Vittorio Klostermann, 2007, S. 71.
② Martin Heidegger, *Zur Sache Des Denkens*, Frankfurt am Main: Vittorio Klostermann, 2007, S. 71.
③ 海德格尔Ⅰ与海德格尔Ⅱ的分界点在于海德格尔20世纪30年代的"转向"(die Kehre)。
④ Martin Heidegger, *Zur Sache Des Denkens*, Frankfurt am Main: Vittorio Klostermann, 2007, S. 77.
⑤ Martin Heidegger, *Zur Sache Des Denkens*, Frankfurt am Main: Vittorio Klostermann, 2007, S. 81.

方式，光与澄明仅仅是穿越而过的关系，向将来而在的生存向来所是地去生成。海德格尔认为存在之澄明被忽视了，主张面对澄明应该知其白守其黑，更重要的是通过解释存在之真理脱离黑格尔《逻辑学》语境的不妥之处转而把无蔽思为澄明。在这一点上，存在的澄明比存在的真理更能贴近无蔽的本义。

存在哲学始于克尔凯郭尔对基督教信仰的描述，但当上帝——所有存在者（物）层面的力量的源泉——被夺走时，或尼采式的"上帝死了"发生了，人与上帝的关系会发生怎样的断裂呢？当自我从其神圣的起源中被切断时，作为权力中心的自我会发生什么？谢林在《论人类自由的本质及相关对象》（1809）一文曾经尖锐地质疑过核心的移离，但我们已经看到尼采（Friedrich Wilhelm Nietzsche）是如何确认这一点的：他以狂放的文风在《快乐的科学》中借疯子之口宣称"地球移离太阳照耀的距离之外"①，他高兴地把根据问题抛在一边。根据律的失效使得自我一手遮天、唯我独尊，这一意志的活动很难再被称为自我。尼采更倾向于从生命的角度来思考，日神精神和酒神精神是尼采哲学中最重要的两个概念，它们表明了尼采崇尚的生命活力。我们也看到了海德格尔虽然追随尼采提供了一种"上帝死了"的哲学，但在某种程度上又偏离了克尔凯郭尔的存在主义视野。海德格尔重新点燃了尼采所熄灭的形而上学以及自我，尽管他拒绝了传统哲学中早已固化的"主体"（包括人），但《存在与时间》强调了此在的个体性——它的死亡以及最极端处的死亡所赋予存在的意义与时间性的、生存论—存在论上的自我性（selfhood）。这个文本提出了一种此在的本真性（authenticity）的模式，它对未来的定位和它的先行的决心，明确地让人想起克尔凯郭尔的重复范畴。对克氏来说，重复这一运动或力量的问题与存在的基础问题密切相关，"对于生存者而言，运动的目标就是决断和重复"②，而这个问题对海德格尔来说再次出现，从《存在与时间》的存在论筹划到他后来更加诗意的思考。海德格尔对存在论差异的援引，从某种意义上说是对尼采的背离，却浸透了尼采的自然主

---

① ［德］弗里德里希·尼采：《快乐的科学》，孙周兴译，上海人民出版社2022年版，第186页。
② ［丹］克尔凯郭尔：《最后的、非科学性的附言》，王齐译，第263页。

义：大地本身向世界凸显；林中空地；问题是找到穿过莽森的路径。我们可以感觉到其中的因果关系与因果性解释，位于克尔凯郭尔和尼采思想之间的海德格尔很容易受到两人的引导，我们可以将这种引导追溯到克尔凯郭尔与尼采的自我问题。在上帝死后，在历史的至暗时刻，存在者整体是漂浮无据的。对于克尔凯郭尔和尼采来说，生存个体所面临的关键问题不是对根据律的抽象探究，而是寻回本真的自我，让自我变得更强大、更具生命力。

让－保罗·萨特（Jean-Paul Sartre）提供了无神论的存在主义的第三个版本，他在《存在与虚无》关于忧惧与自由的阐释最忠实于克尔凯郭尔的哲学立场。与海德格尔不同的是，萨特明确而积极地参与了克尔凯郭尔的"重复"试验，萨特可以被解读为描述一个与上帝脱节的、世俗化的克尔凯郭尔本人的情况，无论在作品中还是生活中。个体的存在没有理由是一个残酷的事实，"虚无"揭示了生活是荒谬的，兼具喜剧与悲剧的意义。当个体在自我的层面作为一个没有根据的权力中心，萨特强调了其根本的、无法逃避的自由，即人不得不自由，自由的偶然性被抹去。这意味着权力成为一种评价原则，正如克尔凯郭尔/沉默者约翰尼斯（Johannes de Silentio）对信仰之骑士的力量、勇气和内心性的强度的赞美所表达的那样，萨特将权力统揽于人的自由的必然性——人不得不承担起责任。除了他的哲学作品，萨特还在《恶心》等小说中把这种对人类处境的看法戏剧化。《恶心》先于《存在与虚无》五年发表，主人公罗冈丹（Roquentin）不稳定状态中的辩证性是萨特在预演一个《存在与虚无》式的主题——"它是它不是的东西，它不是它是的东西"，熟悉克氏《致死之疾病》的读者会觉得有些亲近。在晚上六点钟的公园的著名场景中，"恶心是我"①思想一直在那里，无以名之。罗冈丹盯着他坐着的长椅下面的一棵栗树的根部，被存在本身的密度和不懈的突起所湮没，一种黝黑多结、完全野性的庞然大物让他畏惧。《恶心》关于"树根"的重复言说是一次与尼采式的权力意志的相遇，但略过了克尔凯郭尔式的（Kierkegaardian）生存竞争、信仰或勇气的理解。个体性再次通过权力的词汇来阐述，但萨特

---

① ［法］让－保罗·萨特：《萨特文集》小说卷Ⅰ，沈志明等译，人民文学出版社2019年版，第156—166页。

强调了空、懦弱无力、荒谬。罗冈丹看到了没有起源的生命，存在并非必然性，树根消失了，没有理由，没有意义，但他无法唤起尼采式的英雄们的乐观和肯定（"再来一次"）：那么多的存在者（物）失败了，又顽强地开始，再一次失败，就像一只昆虫笨拙地努力，它已经瘫倒在了自己身上？正如克氏在《忧惧的概念》中描画了因自身的有限性而陷入眩晕继而瘫倒在虚无深渊边界的某个人，看似"存在从虚无中诞生"给人以希望的印象，远非如此。奇幻的事件在《恶心》中发生了，树在飘浮，脱离了大地，向天空推去并在权力中心之外倒塌。存在者整体不想存在，只是它们无能为力，这就是问题所在。存在者（物）太脆弱了，无法死亡，因为死亡只能从外部降临到它们身上。每一种存在都是无缘无故地诞生，因软弱而延长自己，因偶然而死亡。萨特笔下的人物有一种无能（即缺少海德格尔式的"能在"）的气息，一种虚无感和无边无际的冷漠感，一种尖锐的无聊感——那种虚无主义被概括为"这不是一个烟斗"。尽管这些图象显得有格调（咖啡馆、侍者、杏子鸡尾酒等），但他们同样没有解释获得自由意味着什么：他们沉郁、异化、反社会，极度的不自由，无法通过爱的关系来转化他们的痛苦；甚至也无法享受他们的现世生活。不同类型的人再次呈现了力量与幸福、无能与厌世之间的辩证关系，有助于进一步阐明存在主义对虚无问题的关注。

现在，我们可以从克尔凯郭尔的生存—内心性的辩证法那里学到什么？萨特关于"存在先于本质"的说法明确了存在主义的信念，即真理存在于力量而非意识形态中，存在于行动中而非知识中。这个问题可以为基督教哲学提供一个真理问题上的出发点，即生存—内心性的真理并不自缚于"回忆说"之中，而是在永恒的视角下向未来敞开着，这里重提《附言》的说法：生成与永恒的结合就是未来。为了理解精神信仰和实践对个体的意义，我们必须把个体融入建构未来哲学的任务中去。克尔凯郭尔对爱的强调提醒我们，成为宗教的人涉及内心性的净化以及增加单一个体的生成力量，而这需要不断地接受自我之超越。除了以知识的方式询问特定教义的内容，并试图评估这一内容的"真理"之外，还可以学习从基督教哲学上思考如何提供自由和教化的技巧。与此相关的是克尔凯郭尔的重复主题所明确的事实，即生存的特点是去生成，因此是未知的、激活的、不间断的重复。克尔凯郭尔可以教我们从这种对生命本质上是动态的和无止境的理解来处理真理、自由和生存意义的问题。我们已经看到这如何适用于基督教是生存矛盾与生存沟通的解释：基督教徒不是徒劳地试图通过将概念强加于流变的生存来克服变化，而是寻求一种基于重复的永恒性。基督教哲学认为上帝的爱是不间断地重复，因为它不断地被更新。爱的稳定不是来自不动声色，而是来自构成真爱的热情忠诚。信仰使基督教徒能够接受并肯定不断变化的可见世界是以上帝的不变性（changelessness）为基础的。在信仰的语境下去反思克尔凯郭尔的写作如何将我们作为生存的个体，引导我们从"成为精神"的角度质疑我们的知识反思的能力，不难发现，这种质疑会汇聚于忧惧分析以及潜在的哲学治疗。

《附言》中对《忧惧的概念》的评价表现为，克尔凯郭尔认为"忧惧就是受目的论悬搁的人在那种令人绝望的免于实践伦理之时的灵魂状态"①。在忧惧的绝对瞬间，单一个体的世界里的一切都沉入无意义了吗？虽然忧惧自然地带有一种压迫性的体验，在这种体验中，世界被人感觉为陌生的存在，如同《重复》中不知自己身处何方的那个人，但说我们周围的事物被剥夺了所有的意义，这是否正确呢？忧惧并没有揭示出世界上的一切都被剥夺了所有的意义，而是揭示出世界缺乏关于个体的人本身的自在的意义。在忧惧中人们面对的事实是，世界呈现给"我"的意义并不是完全基于这些事物本身，而是基于我自己的解释活动（例如胡塞尔的前谓词经验理论）。在这个观点上，忧惧并没有揭示世界是完全没有意义的，而是揭示了世界的意义是依赖于单一个体本己的、无根的、被抛的解释。正是在被显示为缺乏了"我"的基础的意义上，世界不再给予"我"任何有效信息，如气味、方向、"我是谁"，世界崩溃了，形而上学终结了。但这何曾不是开始？《忧惧的概念》的一个关键标志体现为克尔凯郭尔开始将忧惧的概念与对自由的认识和体验联系起来——"忧惧是自由的眩晕"②。《忧惧的概念》是一篇关于人类自由本

---

① ［丹］克尔凯郭尔：《最后的、非科学性的附言》，王齐译，第 222 页。
② ［丹］克尔凯郭尔：《畏惧与颤栗 恐惧的概念 致死的疾病》，京不特译，第 240 页，译文有改动。关于 Angest/ Angst/ anxiety，笔者选用"忧惧"作为译词，替换"恐惧"。"畏惧与颤栗"与"恐惧战兢"本质上是一致的，为了避免混淆，书中涉及术语 Angest 的文本将采取统一的处理方法。

质的论文，但确定本质（即自由）不是作为一种现成在手的物质，而是作为对自己的选择的回应。更深入地讲，人类的自由既是不可避免的，又是模棱两可的。一方面，忧惧的现象学即自由的现象学，它不仅展露单一个体在自我有限性前提下的生存决心，而且还随时警示了失去自我的可能性。另一方面，在生存—内心性的辩证法之中，人的不自由也是一个自由的问题。因此，克氏这篇忧惧论文有一种挽回困难的哲学潜力——哲学治疗的可能性。例如，不自由怎么可能是一个自由的问题？克尔凯郭尔如何把"我"的不自由定义为自由的现象。在不自由之中，有一种自由，并且在不自由的现象中显示出来。不难看出，潜在的自由是如何在缺乏自由的情况下显示出来的，而缺乏自由的情况却没有消解；相反，这种情况只是被确定为缺乏自由，或被称为自困的自由。略显说教性的"忧惧论"的读者必须在忧惧的模棱两可性之中做两件事：一是意识到不自由的现象是多么复杂，二是进一步区分自由和不自由的概念。在本质上，"人们不会通过'忧惧'思考段落的意义，而会思考生存和内心性"①。从忧惧出发经由个体的生存并能够正确地回到忧惧（辩证性的自由），这也是笔者为生存—内心性的辩证法提供的一个思想方案。

---

① ［丹］克尔凯郭尔：《最后的、非科学性的附言》，王齐译，第221—222页。

第一章　生存—内心性的辩证法的
　　　　背景清源与兴起补遗

纵观克尔凯郭尔的写作，呈现出假名著作与署名作品近乎平行的交替出版状况，而这种"刻意"的安排则出于克氏本人间接沟通的思想观念。平行而交互的作品给人以正题和反题并存的感觉，在克尔凯郭尔的思想中，出现了一种对于辩证法之适用对象的深刻反思，进而这一反思又揭示出个体在世生存的空间与时间限度。根据这位存在主义先驱的观点，辩证法的根本特性表现为单一个体在世界之中生存时透过自身境况而呈现的最大限度的张力，实际上，这种张力同时持续推动着个体面对永恒与时间—现世的交错状态（即瞬间）而做出一种自我的决断。关于个体置身于瞬间的决断而保持去生存的状态的辩证法就是克尔凯郭尔在其拟定的假名封笔之作《最后的、非科学性的附言》中声明的生存之严肃的论断①。既然导论断言克尔凯郭尔哲学中的辩证法完成了对古希腊哲学与黑格尔哲学的一次超越，那么还原克尔凯郭尔生存—内心性的辩证法的原意和进一步挖掘区别于上述两种哲学的新意就是接下来的研究目标。然而可惜的是，克氏并未像《忧惧的概念》一样以专著的形式完成关于"生存—内心性的辩证法"的整体性的严密论述，那么在开放式的、推进式的解读和论证中，不妨让我们先尝试回顾西方哲学史上辩证法的两个标志性的形态。

克尔凯郭尔的同时代的人多数沉醉于黑格尔哲学体系，以逻辑学基础上

---

① 笔者认为，克尔凯郭尔在其一生中两次做出（或尝试）公开声明对其作品归属的彻底清算。严格意义上而言，第一次即《附言》的出版，第二次则是日记中提及的 1848 年的硕果，以新的假名"安提－克利马克斯"的两本著作出版而未能实现实名意义上的直接沟通。一以贯之间接沟通并非克氏唯一承认的写作方式，他本人也一直在直接沟通和间接沟通、实名作品和假名著作之间运筹帷幄，这种两极化的延伸不曾被彻底解构，甚至在 1880 年出版的遗著《武装的中立》中仍能发现克氏从未将辩证法张力的一面移除他关于生存思想的主线。

的辩证法为准绳，这一现象在丹麦黑格尔主义者的圈子中尤为严重，甚至将古希腊时期的辩证法源初意义置之脑后。同时更糟糕的是，尽管两次世界大战期间克尔凯郭尔以"存在主义之父"享誉寰宇，但20世纪中叶小高峰过后，"克尔凯郭尔文艺复兴"（the Kierkegaard renaissance）已显疲态，伴随存在主义风潮①的热度降温，克氏研究者对于辩证法的研究似乎在国内外都出现了断层期。那么，首要任务是让我们专注于去照亮克氏对于生存、内心性和辩证法的思想道路建设。尽管说克尔凯郭尔文艺复兴在20世纪90年代再度真正引发了世界范围内的研究兴趣，包括出版、翻译、论坛和会议等形式指数式增长，但更为重要的原因不如归纳为经典的存在哲学的传承。② 或言之，克尔凯郭尔文艺复兴已然润物无声般地理解并化用了生存—内心性的辩证法，将其思想精粹汇聚在存在哲学的整体发展之中。但回到辩证法的溯源问题，古希腊哲学自始至终讲授着启蒙的一课。

第一节 从"真理是否可教"到生存—内心性的真理

毋庸讳言，克尔凯郭尔收获了"多产"的一生，这归功于他选用的间接

---

① 在现代西方哲学潮流中，存在主义是唯一一个将自己作为一种文化氛围或文化气质的表达的流派，或者致力于形成这种氛围或气质，其思想中的悲观因素被消极地描述为浪漫主义的危机。以德国浪漫派为例，就是建立在对一个无限原则（理性、绝对、精神等）的承认上，以无限原则构成世界的实质，因此统治和支配着世界，就像它统治和支配着人一样，保证了无限原则的基本价值。存在主义则被引导认为人是一个有限的实体，一方面承认人的能力和力量是有限的，处于一种"被抛"在世界之中的孤独状态（参见克尔凯郭尔的《重复》和海德格尔的《存在与时间》），甚至被抛弃在一种使他的可能性失去效用的决定论中；另一方面存在主义却坚持内在的超越，即立足有限性甚至极端的有限性（死亡），从死亡出发保持生存的张力，并与可能导致他/她失败的任何情况进行不断的斗争。

② 略举三例，2016年Peter Šajda的专著 *Kierkegaardovská Renesancia: Filozofia, Náboženstvo, Politika* 与Charlie Cahill的博士毕业论文 *Rescuing the Individual: The Kierkegaard Renaissance in Weimar Germany* 无疑仍在推进这一复兴。考虑到克尔凯郭尔文艺复兴与其生存—内心性的辩证法的关联性，笔者推荐选取2015年《克尔凯郭尔年鉴》（*Kierkegaard Studies Yearbook*）中有着提纲挈领的解释并附加"阴影"层面的解释的 Keisuke Yoshida 的 *Der Schatten der Kierkegaard – Renaissance. Eine rezeptionsgeschichtliche Studie über die dezisionistisch-irrationalistischen Kierkegaard-Interpretationen zwischen den Weltkriegen in Deutschland* 一文。就以往的接受史研究而言，"克尔凯郭尔文艺复兴"这个词本身并没有明确的定义。不过，目前这个词可以理解为指国际上对克尔凯郭尔哲学的重新发现和重新评价，主要是在第一次世界大战后的德语国家开始，以及由此产生的克尔凯郭尔思想在英语世界以及其他语种国家广泛传播的时尚现象。

沟通的写作方式，而间接沟通的灵感则获益于苏格拉底的助产术，或是更大层面上古希腊哲学对话中的辩证法。但克氏本人写作的动力奇异地来源于他一生诸多痛苦中的张力——身体、家庭、爱情等。基于此，他声称自己作为一个诗性—辩证性的天才和悔罪者，终身致力于"尝试以诗意而非权威的方式将基督教介绍到基督教世界中去"①。诗性，即通过感性—审美或情感流露等方式具有或展现诗化的特性。克氏在日记里写道："我与我的作品一直保持着绝对的诗性关系，这是我采用假名的原因。"②在《附言》中，克氏直言"我以诗化的方式创造出了作者"③，即假名作者亦是间接沟通的诗性显现。辩证性，从字面义讲，一开始就决定了对感官层面的直接性的疏离。古希腊哲学意义上的辩证法首先强调的是对话中的人关于真、善、美等宏大概念的主观判定，其中古希腊哲学家把真理定义为宇宙构成或宇宙秩序遵循的根本原理。与之相异，黑格尔视真理为体系的产物。④我们选取先刚教授列出的"一切的关键在于，不仅把真相理解和表述为一个实体，而且同样也理解和表述为一个主体"，"真理，作为一个实存，其真实的形态只能是一个科学的真理体系"以及《法哲学原理》的"哲学里面的真理意味着，概念和实在性相契合"一言作为真理与真相之差异的参照。黑格尔的真理变现为意识与真相的一致性，克氏则强调一种生存—内心性的真理。作为一个小结，叶秀山先生从哲学史的角度将辩证法定义为"哲学揭示真理的方法"，辩证法中的真理"是'关于''真实'的'道理'，它不仅不回避'矛盾'，而且'揭示'被日常经验现象掩盖着的'矛盾'"⑤。这也就是为何本节要将真理问题放在辩证法的界限内加以讨论。

考虑到克尔凯郭尔选取生存—内心性的辩证法的初心在于重新思考现代

---

① Søren Kierkegaard, *Kierkegaard's Journals and Notebooks*, Volume 5, Journals NB6 - 10, ed., Niels Jørgen Cappelørn, Alastair Hannay, David Kangas, Bruce H. Kirmmse, George Pattison, Joel D. S. Rasmussen, Vanessa Rumble, and K. Brian Söderquist, Princeton and Oxford: Princeton University Press, 2011, p. 158.

② ［丹］克尔凯郭尔：《克尔凯郭尔日记选（1842 - 1846）》，王齐译，第99页。

③ ［丹］克尔凯郭尔：《最后的、非科学性的附言》，王齐译，第530页。

④ 先刚：《黑格尔〈精神现象学〉中的"真相"和"真理"概念》，《云南大学学报》（社会科学版）2016年第6期，第5—12页。

⑤ 叶秀山：《哲学的三种境界》，《江苏行政学院学报》2004年第1期，第5—12页。

哲学的批判性、历史感和真理观，悬置顶礼膜拜式的宗教虔信（包括迷信）与不信，通过"生存就是去生成"的行动来诠释"生存即内心性"的人生观，我们有必要首先厘清他的真理观。

在克氏这里，真理是信仰的一个标记。按照他的划分，宗教A和宗教B（基督教）无一例外都转变为内心性。一方面，内心性是个体在上帝面前持守自我与自我的关系。或言之，个体与上帝真正的精神关系正体现在个体的人通过自我与自我的关系对"神—人"关系进行双重反思①，亦即个体尝试在"时间—现世"的生存中达到在上帝面前自身的透明的生存状态。另一方面，内心性指向不可见的宗教、内在的宗教，主张信仰者脱离教众集体那种虚张声势的共在"幻象"，在生存的悖谬性、绝对性和超越性中以单一个体的方式与上帝持续进行着生存—沟通。沟通是真理的实现方式，而他善用的间接沟通方法的秘诀在于间接地解放他者，把他者骗入真理，去重新发现自我反思中的"为我的真理"与宗教性。

真理是生存中的真理，克尔凯郭尔对于生存境界或生存阶段的划分可谓闻名遐迩，他推崇的生存的三个阶段/境界表明了生存个体自我建设的具体过程：由自我实现的感性—审美阶段、由邻人之间的道德关系完成的伦理阶段和由自我与上帝的直接关系而达成的宗教阶段。关于生存三阶段的发展过程抑或它们的进阶步骤表现的是一种质的辩证性的过渡，不单单是以前者消失于后者的方式进行的。换句话说，克氏并未明言三阶段之间相互的辩证关系。分列两端的感性阶段和宗教阶段都可呈现活跃的生活、生存方式，个体在其中以不同的自我形式存在。试想从感性阶段开始的生存者最终若发现了宗教真理，并在宗教性的舞台上实现了真正的自我，这将是多么令人惊奇的转变过程。在这里，自我关系已经转变为个体与那绝对的（即上帝）之间的关系。在宗教阶段，自我不仅维系与自我的关系，而且还扎根于与上帝的神圣和内在力量的关系之中。在"神—人"的辩证关系中，自我最后成为一个新的创造性的自我，亦即克氏在其"思想试验"中点明的自我之生成——一个新

---

① 双重反思的关键不在于全然摒弃黑格尔式的逻辑思维，而在于从抽象的思辨出发途经个体的生存现实而占有思维的一种方式，它强调逻辑复归于生存，归根到底是一种生存论层面上的"为我的反思"。

我。克氏总结这个思想试验的构成包括"一个新的器官，即信仰；一个新的前提，即罪的意识；一种新的决断，即瞬间；一个新的教师，即时间当中的神"①。这意味着生存者/信仰者因自我（即谬误、非真理）陷入自我迷失并且自我平衡（通达真理）的过程。思想试验还意味着抛开"回忆说"，通过对上帝的绝对信仰，模仿上帝的出场而实现真实的自我出场。

在克氏的思想试验中，基督教术语中的真理既能表达理论的判定又能表达实践的立场，正因如此，内容充足的主体性、无限丰饶的内心性都可以重新描绘古希腊"认识你自己"的箴言。②但克氏对自己的要求更为严格，他在日记里点明"问题的关键在于寻找一种为我而在的真理，寻找一种我将为之生、为之死的观念"③。到了对《非此即彼》的沉思时，他还在日记中重温了下卷的这个观念——"只有建设性的真理，才是为你而在的真理。"④ 要言之，按照克氏本人对真理概念的设定，有必要先行区分一种异于克氏生存阶段的苏格拉底式的生存阶段。在前者中，真理是由上帝从超验的宇宙或世界中给予的；在后者中，真理是个体生存境况中基于主体性的体悟。尽管克氏发现了苏格拉底身上的一种魔力——助产术，但按照苏格拉底（本人或作为对话人物）在柏拉图著作中的说辞，以《美诺》篇为例，真理是学习者自身所固有的，所以真理的获得无非知识的回忆而已，这一点否认了生存者的所有努力。

在生存之中，克尔凯郭尔/约翰尼斯·克利马克斯在拒斥真理符合论的同时发现了"回忆说"中的时间疑难，即时间的流变在"回忆说"中失效了。它以过去作为真理的唯一向度，从而个体的生存被抽象为对过去的复写，继而割裂了个体与"时间—现世"的同时共在性的互动。倘若将"回忆说"放置在基督教哲学的语境中，那么《哲学片断》的"间奏曲"的标题也就不得不修改为"过去比未来更必然"。克氏断然否决了这种说辞，"'过去'并不是必然的，因为它曾是生成的"⑤。一方面，生存者/信仰者的努力在"回忆

---

① ［丹］克尔凯郭尔：《哲学片断》，王齐译，第138页。
② ［丹］克尔凯郭尔：《论反讽概念》，汤晨溪译，中国社会科学出版社2005年版，第140页，译文有改动。
③ ［丹］克尔凯郭尔：《克尔凯郭尔日记选（1842–1846）》，王齐译，第3—4页。
④ ［丹］克尔凯郭尔：《克尔凯郭尔日记选（1842–1846）》，王齐译，第33页。
⑤ ［丹］克尔凯郭尔：《哲学片断》，王齐译，第94页。

说"的界定里将毫无意义,因为过去已然决定某种结果,这是一种宿命论的延续;另一方面,当代弟子与再传弟子之间产生了无法弥合的信仰的断裂,过去具有更强的必然性,导致个体之生成不再有任何可能性。"回忆说"的焦点始终挺立于"过去",过去作为时间的组成部分,是贴近和反思个体生存现状的重要一维。真理问题的时间化表述区分了"回忆说"和生存—内心性的辩证法关于个体生存的预期与定位。生存—内心性的辩证法以"将来"的向度为第一选择,而"回忆说"将向前生存的人禁锢在"过去"的既定牢笼中。生存—内心性的辩证法以"神—人"关系为真理问题的切入点,"回忆说"则因为真理(生存者自有)的傲慢姿态陷入唯我论之中。生存—内心性的辩证法凸显"当今时代"(这里指19世纪以来)个体在生存处境的辩证性的张力下枕戈待旦并为实现"个体的出场"这个时代使命而不懈奋斗,而"回忆说"却独一自满地将个体的生存意义偏置一隅。

让我们用一个问题回到克氏的思想试验的开端——真理是否可教呢?真理的传授过程需要教师和弟子的共同参与,而"回忆说"剥夺了神/教师的存在,以弟子天然掌握着真理为准绳,最终将生存者/弟子的奋斗与生成一并抹灭。

思想试验将罪的概念作为一把开启克尔凯郭尔真理概念的密匙,与"回忆说"同样存在不可调和的矛盾。"回忆说"强调生存者自身就是真理,克尔凯郭尔却在《附言》中辩证性地提出主体性是真理与非真理(谬误)的统一。克氏反对所有将真理转移到尽可能地从思想家的主体性存在中抽象出来的客观化、对象化的企图,他认为:"真理就是主体性";反之亦然,"主体性就是真理"。这可能首先要归功于克尔凯郭尔对占用的理解,它以一种特殊的、内心性的方式包容并渗透到生存者的思想、生活(生存)和信仰中。在"真理是否可教"的陈述与阐释中,克尔凯郭尔依据基督教话语将生存者/学生优先定性为谬误与罪人。这种对生活、生存的基本哲学实践的主张无可辩驳,以至于克氏的占有/挪用概念不仅对其作品的内容,而且对其形式都有决定性的影响。最后但并非最不重要的是,在"回忆说"和生存—内心性的真理意义上的生存—内心性的辩证法之间,生存者自己的生活、生存以及在自己的思想与信仰之中都渗透着辩证性的主题。差异在于,克氏意在促使主体思想家揭开现实中的受难者的面纱,他的许多提振人心的陶冶性的作品(如

《原野里的百合和天空下的飞鸟》)都是着意于此。

要言之,克尔凯郭尔通过将真理的诠释转移到生存(Existenz/ existence)中而给传统的真理问题带来的巨大转折:这不是一个认识真理的问题(die Wahrheit zu wissen),而是一个生存于真理中的问题(der Wahrheit zu sein)。生存—内心性的真理呼求一种更为内心化的、个体化的生存之中得见自我生存于其中的真理。

以真理概念为轴,克尔凯郭尔对生存者层面的主体性充满了兴趣,早期海德格尔对生存的关注丝毫不亚于克氏,但海氏并不满足,他额外地在主体性中搜寻着客观性。当然,海氏是凭借"存在论差异"的命题发生立场转变的。他对此在的生存结构的阐释与克尔凯郭尔的作品(如《忧惧的概念》)有关,除此之外,后者为他提供了丰富的存在论材料来发现存在论中存在与存在者的共属一体性。然而,海德格尔对生存的理解是以他的存在问题为砝码的。海氏坦言,克尔凯郭尔确实以一种时间性的表达方式抓住了个体实际生存状态上的生存问题(das Existenzproblem als existentielles),并以一种坚持不懈的方式思考它,但"存在问题"对他来说是陌生的,因此,除了《忧惧的概念》之外,人们可以从他的教化性著作中学到更多的哲学知识,而不是从他的理论性著作中。①因此,海德格尔很坚决地表态,他在主体性中仍争取客观性的存在哲学的努力与克尔凯郭尔哲学相去甚远。

在克尔凯郭尔文艺复兴时期,他的真理概念同样遭到了误解,这最初不可避免地被理解为与哈拉尔·霍夫丁(Harald Höffding)所言的一样,"因为真理只能居住在与现实斗争并从现实中学习的自由主体性中——而不是居住在通过正式的、禁欲主义的练习,强迫自己服从于以违背自然和敌视生命为内容的主体性中"②。霍夫丁显然遗失了克氏讲求的"个体在永恒之下的生存"③ 这一前提,因为永恒既可以是《忧惧的概念》中的"将来"向度的生活,也可以是《论怀疑者》中黑格尔式的概念化的普遍性的领域,克尔凯郭尔

---

① Martin Heidegger, *Sein und Zeit*, Tübingen: Max Niemeyer Verlag, 2006, S. 235, note 1.
② Harald Höffding, *Kierkegaard als Philosoph*, Stuttgart: Fr. Frommanns Verlag (E. Hauff), 1896, S. 73.
③ 王齐:《生命与信仰——克尔凯郭尔假名写作时期基督教哲学思想研究》,江苏人民出版社2010年版,"作者的话"第1页。

并未自然地将真理转移到主观（心理）的一极，使其成为个人感觉的对象。作为小结，在《附言》中穿针引线的"生存—内心性的真理"应该获得一个简洁的概述。

克尔凯郭尔认为对作为内心性的真理的每一种直接沟通都是一种误解，并重点要求澄清特定的沟通形式，即间接沟通，甚至把该形式认定为内心性的体现，通过内心性发现"为我的真理"。克尔凯郭尔/假名作者佯装自己也无法确知作者的本意，因为他只是一名读者。恰恰相反，假名作者们可能已经意识到了与作为内心性的真理的间接沟通的关系，他们自己没有给出一个关于真理的结论，没有一种权威的真理诠释摆在那里，读者完全可以自己决定。与日记中明确表达的生存—内心性的辩证法的雏形有所出入，生存—内心性的真理并未揭示于《生存道路诸阶段》。《附言》评论了《非此即彼》："该书没有得出任何结论和最终的决断，这正是对作为内心性的真理的一种间接表达，或许以此方式还是对作为知识的真理的一种反驳。书的前言就此说了点什么，但不是以说教的方式，因为那样的话我就会确切地知道点什么；相反，它采用令人愉快的玩笑和假设方式。该书没有作者，这是一种距离化的手段。"① 下卷同样有着点睛的真理论断——只有那种建设的真理才是为你的真理。这是对作为内心性的真理的一次根本性断言，由此，其决断性的规定性——建设性的"为你"，标志着作为主体的每一个人都要抓紧自我，厘清与所有基于客观知识的真理的本质区别，亦即笃志于主体自身成为可能性的真理的标记而做出生存判定。

生存者之间的关系也是如此，当沟通涉及作为生存—内心性的真理的时候。就我的引起异议的沟通观念而言，有时我会想，关于间接沟通之事能否直接地被表达。虽说苏格拉底通常对于发问和回答之事（这就是一种间接的方法）十分严格，因为那种冗长的谈话、说教式的演说以及背诵只能导致困惑，但我看到，有时他自己也在滔滔不绝地讲话，而且认为其根

---

① ［丹］克尔凯郭尔：《最后的、非科学性的附言》，王齐译，第209—210页。

源在于，在对话能够开始之前，他与之进行对话的人需要某种启迪。①

但是，对于生存中的内心性的真理而言，对于生活、生存中不受腐蚀的快乐而言——不同于感性审美的快乐与无聊所生的寻欢作乐——有效的却是相反的法则：相同的东西，做出改变，没错，仍是相同的东西。看吧，这就是游乐园的爱好者对永恒评价甚低的缘故，因为永恒的本质在于它总是相同的；但在信仰的语境中，"清醒冷静的精神的标志是说，它知道外部的改变只是转移注意力的假象，在相同之中的改变才是内心性"②。什么是相同中的改变呢？怎样改变才不会让想象的生存蒙蔽信仰的眼睛？《附言》承接了《哲学片断》生存者的生成/新生的问题，自我看似改变了，实际却仍是自我。这个自我严守《忧惧的概念》与《致死之疾病》等著作中克氏预设的个体有待成为清醒冷静的精神。要言之，学会正确地忧惧可以保持改变却又恒是精神性存在——自我，忧惧情绪与虚无之境使得个体透过信仰的眼睛寻得信仰中的永恒真理。永恒真理在个体内心性的沉潜中不受外在性的干扰，它连接了"永恒"与"时间—现世"中的生存个体，但它不是权威式的结论，它持存于永恒视域下的生存个体的生成之中。

第二节　解构苏格拉底助产术

如果"辩证法"这个词始终保留着辩证法的原始含义，那么把苏格拉底的形象放在克尔凯郭尔思想中的最好方式就是把它自己放在一个被理解为辩证性的对话（辩证法）的背景中。因为通过辩证法独有的技艺特性，苏格拉底设法把问题的事实颠倒过来，从一个概念转到另一个概念，在意义起初似乎很清楚、不言而喻的地方显示出若干暧昧性的解释，他并不关心最终的、科学的、确定的结论。克氏显然不想停留在对辩证法的概念史的眷恋之中，从克尔凯郭尔的苏格拉底角色中出现的第一个图像是"苏格拉底历史实际的、

---

① ［丹］克尔凯郭尔：《最后的、非科学性的附言》，王齐译，第227页。
② ［丹］克尔凯郭尔：《最后的、非科学性的附言》，王齐译，第233页。

现象学的生存"①。苏格拉底实际是作为一个使用辩证法来嘲笑智者（狡猾的、诡辩的、封闭的教师）的思想家。以苏格拉底为榜样，克尔凯郭尔称自己是苏格拉底传统中的"诚实的智者"。

辩证法在古希腊是一种语言武器，是一种论证、反驳与反思的方法，其目的是"追求增进、追求永恒与真理"②。同时，辩证法与反讽有关：它也将是克尔凯郭尔式的反讽者的主要辩论武器。但真正的苏格拉底式的反讽者——克尔凯郭尔称之为"合法的反讽者"——并不是在与自己保持距离的情况下玩修辞游戏，而是以自己为诱饵，利用反讽和辩证法的工具来引出真相，开始对存在进行反思。这就把我们带到了苏格拉底辩证法的第二个构成性形象："认识你自己"，这不需要在柏拉图式的"回忆说"的意义上理解，而是作为对生存的严肃性和对自己生存的反思性责任的激励而进入生存。换句话说，辩证性的反讽必然导致伦理学的介入及其对"我"自身的认真对待。然而在克氏的伦理阶段，进一步透露着反讽只能以辩证的方式构造存在的现实（威廉法官的自我剖析）。③克氏从知识学范围之外将现实解读为"信仰因此也期望此世的生活，但是请注意，是借助荒谬，而非借助人类理智，否则它就只是世俗智慧，而不是信仰"④。一般而论，辩证法在主体手中是一种话语的和认知的武器。它通过特定的观察开始搜集信息，导出一个个一般性的陈述，而这些陈述将不得不被纠正，以便整合其他不能立即整合的特定观察并进行统一归纳。一些对话，如《泰阿泰德》，向我们表明辩证法或助产术不一定会导致"一个确定的定义、立场或位置，一个确定的知识"，却关心对话者的"灵魂的生育"，并敢于承认"我们还处在怀孕和待产期"。⑤威廉法官非常重视"培育自己的灵魂"，哪怕是在远离教堂的家庭中的起居室甚至日德兰半岛的荒原，信仰的严肃性丝毫不减。概言之，苏格拉底的思想是一种不间断的"从特殊到一般，从一般到特殊，

---

① ［丹］克尔凯郭尔：《论反讽概念》，汤晨溪译，导言第3页。
② ［丹］克尔凯郭尔：《论反讽概念》，汤晨溪译，导言第3页。
③ ［丹］克尔凯郭尔：《非此即彼》（下卷），京不特译，第153—155页。
④ ［丹］克尔凯郭尔：《克尔凯郭尔日记选（1842-1846）》，王齐译，第60页。
⑤ ［古希腊］柏拉图：《柏拉图全集》（增订版）（中卷），王晓朝译，人民出版社2018年版，第360、445页。

第一章 生存—内心性的辩证法的背景清源与兴起补遗

从具体到抽象,从抽象到具体"的圆圈式推进。作为推进的动力,第三者的形象使我们能够认识辩证法学家苏格拉底,包括"他的一生和世界历史之间的关系"①。由此描绘出一个不断拉扯思想"脐带"的产婆形象。思想在不可调和的两极之间的来去,应该说,这与前面两个形象并非毫无关系。事实上,这是因为苏格拉底思想的对象是存在,因此是个别的,是特殊的,是具体的。辩证法在这里是——而且是以一种基本的方式——在具体与抽象、特殊和一般之间的辩证法,而且它尚未变成对一般、整体、具体的思辨的工具。

克尔凯郭尔从不掩饰他对辩证法的热爱与喜好。在他早期的一个故事(约翰尼斯·克利马克斯②)中,当谈到这个年轻学生的外出见闻时,克尔凯郭尔/假名作者注意到这个年轻人对他父亲的辩证法艺术的钦佩之情。父亲的介绍接踵而至,让约翰尼斯满脑子地接受得招架不住,但这种谜一般的景象抓住了他的灵魂,所以他很快就学会了他父亲这一神奇的法术。约翰尼斯几乎能听到自己的心跳声,世界仿佛是在他的谈话过程中才形成的。在父亲与对话者驳论、反诘之时,他急切地想看到最终的结果。但刹那间一切又都变了。可理解的变成了不可理解的,确定的变成了有疑问的。易言之,辩证法引发了接踵而至的"怀疑",并且让"普遍怀疑"变得不可遏制。

如果我们把这个年轻的学生与克尔凯郭尔本人相提并论,或许他描述了自己的一些年轻时的记忆,就不难看出他对这种最终导致奇迹的对话形式的钦佩之情是如何产生的。或许他将苏格拉底对于"灵魂的生育"的渴望置于约翰尼斯身上,以约翰尼斯的父亲(如同苏格拉底那样)的辩证法来揭示"灵魂生出的狂喜"。因此必须进一步撇清,在苏格拉底思想的各种范畴之下,不论他的生活投射出来何种道德观、价值观,辩证法的主要特征必须在他提出的具体问题的"自知其无知"中寻找。

苏格拉底承认自己的无知,也因"自我觉知的无知"而成为惊奇(哲学的起源)的制造者。因为在古希腊,惊奇似乎是知识的最高表现;"一种想成

---

① [丹]克尔凯郭尔:《论反讽概念》,汤晨溪译,导言第5页。
② [丹]克利马克斯(克尔凯郭尔):《论怀疑者》,陆兴华、翁绍军译,第15—17页。

为非知识的知识"①；一种只有通过无知才能成为知识的知识。苏格拉底的助产术，在反讽的面具下，在克尔凯郭尔的头脑中留下了它们难以磨灭的印记，并在生存—内心性的辩证法的道路上产生了深刻的影响。

苏格拉底的基本疑惑可以简要地借助一个问题表达：我们是知道什么还是什么都不知道？正是以这个问题（"美诺悖论"）为标靶，辩证法携带的张力被表述为苏格拉底助产术的靶心，这并不意味着要刻意调查苏格拉底——以及哈曼（Johann Georg Hamann）或保罗·马丁·缪勒（Poul Martin Møller）等人——对克尔凯郭尔哲学形成的影响，也不必被强迫回到色诺芬（Xenophon）、柏拉图所描述的"苏格拉底"。克氏指出，色诺芬止步于苏格拉底的外在直接性、缺乏看见处境的眼光，而柏拉图刻画了高尚、理想的意义，甚至是诗意的表达②。我们要尝试的目前只是通过克尔凯郭尔的眼睛勾勒出克尔凯郭尔的苏格拉底。

人们普遍认为，苏格拉底在这位丹麦哲学家的哲学教育中起到了不可忽视的作用。生存—内心性的辩证法作为克氏的思想在一定程度上可以归功于"苏格拉底的创造"。人们仍然普遍认为，克尔凯郭尔为了摆脱黑格尔体系的僵化和抽象的要求，为了在所有的简单、便易、轻松中重新发现他所关心的问题，即如何让生活、生存和信仰变得困难、让成为基督教徒变得困难等问题，他转向了哲学的来源，特别是古希腊思想，即转向了非基督教领域的思想。在雅典和耶路撒冷之间踱步是很了不起的尝试。事实上，在克尔凯郭尔因假名著作《非此即彼》初露头角时，丹麦乃至世界范围内的哲学圈子已经被最伟大的名字（黑格尔）照亮了。然而克尔凯郭尔却意外地选择了苏格拉底③为他的榜样，因为他在苏格拉底身上发现了卓越的辩证法家的形象，也就是说，发现了对于人的存在意义的捍卫者形象。因为正是苏格拉底通过反讽表达了哲学问题与作为存在者的人之间的亲密关系。

苏格拉底的区分方法——真正的理解（知道什么）和不理解（不知道什

---

① ［古希腊］柏拉图：《柏拉图全集》（增订版）（中卷），王晓朝译，人民出版社2018年版，第404页。
② ［丹］克尔凯郭尔：《论反讽概念》，汤晨溪译，第7、11页。
③ 假名著作《忧惧的概念》的扉页解释道：苏格拉底区分了自己知道什么以及自己不知道什么。

么)之间的区别——并不仅仅是对无知的忏悔与体认,同样被哈曼、缪勒与克尔凯郭尔采纳。克尔凯郭尔从助产术中挖掘出更深层次的预设,恰恰是主体的内化①,他意识到自己是生存着的,同时也是一个认识的主体。作为存在者(物)、生存的人,自笛长尔以降的近代哲学家习惯把自己设想为一个认识的主体。相反,苏格拉底认为生存者应该意识到自己是一个无知的人。恰恰是这种无知使他比任何其他想成为客观知识的"容器"更接近"精神";但苏格拉底助产术不是让对话者成为精神,不曾完全地转向精神,在外表上明显地保持着一种"精神"的缺失,仅是一种触及所有精神性却又缺失精神的简单性的表达。苏格拉底不曾以"精神"的名义说这些话,"克尔凯郭尔的苏格拉底"却有可能。

但"谁"是克尔凯郭尔的苏格拉底?这个问题将指导我们试图按照这位丹麦哲学家的看法解构和重新建构苏格拉底的助产术。苏格拉底的形象,通过克尔凯郭尔的著作,就是一个苏格拉底不断被"质疑"的形象。在对话者提问的过程中,对话中的苏格拉底总是求助于他忠实的伙伴——反讽。反讽,不停地在对话之间涌流回来、到处跟着他。但是,如果苏格拉底通过反讽的态度,通过这个绝对无法解释的、看不见的、不可分割的伙伴(反讽)而四处"行骗",那么对于苏格拉底来说,助产术的秘密就在于他掌握了无知和无限性的真正含义,无知使人能够接近神性。苏格拉底带着他的反讽伙伴坚持寻求对话者之间相互理解的"方式",但他未能进一步触及对丹麦哲学家而言人之为人最基本的东西,在所有其他范畴中最沉重的可能性的范畴。正是在对苏格拉底助产术的解构中,克尔凯郭尔又增加了一项"变脸"技艺(间接沟通),在辩证法的"行话"或"黑话"中,克尔凯郭尔/假名作者依然尝试将读者骗入生存—内心性的真理之中。

想要清晰地呈现克尔凯郭尔对苏格拉底的画像并非易事,按照哲学诠释学的观点,事实上也不可能没有"偏见"("前见")。这位丹麦哲学家对古代朴素的四大圣哲之一的苏格拉底的钦佩是不言而喻的,而对他的任何判断也

---

① 内化指内心性的方向,克氏将内心性与严肃性以及永恒的向度相结合,并确信内心性一旦消失,精神也就贫瘠了。在这个意义上,内心性即永恒。换言之,内心性可以从精神性、符号学和心理学等层面得到不同的解释,而不再拘泥于黑格尔式的(那内在的与那外在的)同一性的表达。

是不加掩饰的。重要的不是检查苏格拉底的形象是否忠实于历史上的苏格拉底，因为色诺芬的做法已然失败了，我们的设想只是去检查克尔凯郭尔是否忠实于他所解释的这个苏格拉底形象。

苏格拉底在反讽中发现了形而上学中的惊奇，对他来说，辩证法是人存在的应有之义，他被那些从未停止过辩证性的对话的人吸引。在苏格拉底身上，克尔凯郭尔发现了对话在助产术的运用中的深刻含义。于是，他在《论反讽概念》中指出，苏格拉底的基本特征是说话、对话。对话，甚至更多的是仅仅停留在对话的可能性，是比说话更深层的东西。依照伽达默尔（Hans–Georg Gadamer）的说法，更多的解释实际存留于尚未说出之中。相反，智者式的谈话以雄辩裹挟着自私性以及空洞的辞章、响亮的无稽之谈。让我们以《美诺》篇里的教师和学生之间的对话为例，这里的对话意味着对于对方辩者的披露。在"回忆说"的解释之中，对话揭示了一种卓越的真理，因为学生在自我的"回忆"深处拥有它，而教师只不过帮助学生在他自己身上再次发现自有、已有的真理。

这里我们淡化"回忆说"和生存—内心性的辩证法的区别，而选取教师作为学生的牛虻这一图像，刺激学生回忆起自有、已有的知识。在苏格拉底助产术的解构中，克氏发现苏格拉底到达了辩证法这个理念，但还不具有理念的辩证法。[①]之所以强调苏格拉底这个形象总是在"提问"，是因为每一次的提问的最终想法表现为被问的人应该自己通过回忆拥有真理，并为自己找到自有、已有的真理。此处的真理是"回忆说"意义上的真理，并非间接沟通思想所酝酿着的生存—内心性的真理。

克尔凯郭尔试图揭示苏格拉底和那些自诩为教师的智者之间的冲突，现在可以理解苏格拉底在区分说话、对话和高谈阔论的无知时，所批评的正是智者无休止地扩展所有话题的习惯，而没有掌握"自知其无知"的意义，这是所有对话在助产术中的秘密。

尽管如此，没有什么能阻止人，即使精神上最贫穷的人，与苏格拉底一起宣布他的无知。这是苏格拉底和克尔凯郭尔的苏格拉底之间最简单的自白。分歧在于，苏格拉底没有看到精神性的个体所具有的永恒性的基本特征，而

[①] ［丹］克尔凯郭尔：《论反讽概念》，汤晨溪译，第134页。

这个特征是作为辩证法语义下（人是精神）的综合而被提出的，是"永恒"与"时间—现世"的分野与综合。在对苏格拉底助产术的解构中，克尔凯郭尔的苏格拉底却完全转向了精神，但苏格拉底不知道那种内在的、瞬间的、悖谬性的"绝对的悖论"中的接触。通过这种接触，精神才苏醒过来；换句话说，苏格拉底不知道永恒的意义，因而也不知道瞬间与自困的自由的意义。

我们看到，克尔凯郭尔对苏格拉底的解释，慢慢地织出了克氏眼中的苏格拉底的形象。这个形象以两种形式出现，这让我们在克尔凯郭尔的作品中已经谈到了苏格拉底和克尔凯郭尔的苏格拉底。苏格拉底站在智者和众人面前，站在市集和道路之侧，他知道如何以交谈帮助他者（体验助产术）——在交谈的高度上，在反讽的面具下——他感受到了一个只看到了部分真相的人的无限悲伤。与他相对的是克尔凯郭尔的苏格拉底，他总是与那些使人在上帝面前成为"孤立的人"的东西保持距离。究其原因，多神论的苏格拉底保持着与精神的外部关系，却不曾进入内在的精神之中，他失去了与精神的真正联系，这种联系是通过罪和忏悔实现的，这是宗教 B（即基督教）意义上每个生存个体带有的基本定性。克尔凯郭尔正是通过罪的概念来责备《忧惧的概念》中的无知性或无辜性。因为无知者虽然像其他人一样对待真与善的问题，但苏格拉底没有看到善与恶的质的区别，他把恶看作一个与世界和人的无因论相协调的范畴，恶这一概念充斥着整个希腊哲学，但没有罪的引入，这种恶并不是克尔凯郭尔赋予信仰者的精神定性。

通往苏格拉底的两张面孔引申出的两条道路由此被勾勒出来：一边是反讽、对话、外化；另一边是罪、否定性、内心化。在内心深处，克尔凯郭尔既不责备苏格拉底严格意义上的恶的概念，也不责备他的多神论，还不责备他对与谈人的爱的自私。克氏责备苏格拉底的是，他没有通过罪过把握住人类自由的真正含义，这当然在于真理的误认（根源在于"回忆说"），但主要在于自己知道恶的情况下，让他者有能力去作恶。自由的感觉并没有逃离苏格拉底；苏格拉底通过他的反讽，在他的提问和质疑中，感受到了自由。苏格拉底做到了不等待任何答案，他在本质上从任何确定的对象中解放出来。正是在这里他发现了反讽的解放性，而不是道德主体被约束的自由抑或《忧惧的概念》的自困的自由①，这主要与人的自由意志有关。

在这里，让我们尝试连接对话的苏格拉底和内心化的苏格拉底的线索。指导我们的概念依旧是无知。无知体现在提问中，而提问在任何事情之前，都是针对提问者自己的。这是理解人们所说的苏格拉底的问题不是一个具体的问题的唯一方法，因为它不以一个具体的答案为目的。我们确实可以为了得到一个完全满意的答案而提问，这样，我们问得越多，就越能把我们引向深入，答案就变得更加重要。但我们可以不为了得到答案而提问，而是为了通过提问，穷尽表面的内容，从而让空洞的、虚无的、无意义的一面显现。

克尔凯郭尔成功地抓住了苏格拉底的主要特征：他的反讽并不具有认识论的特征；然而，它确实照亮了苏格拉底的人格。对克尔凯郭尔来说，苏格拉底的反讽不是一种关系的范畴，而主要是一种存在的事实。

当克尔凯郭尔要求看看"谁"是真正的苏格拉底，而不是色诺芬或柏拉图的苏格拉底，当他回答说"苏格拉底的存在是一种讽刺"，那么他就把柏拉图理想化的、色诺芬剥离过的苏格拉底引入他的思考中，使他成为字面意义上的人。因为通过克尔凯郭尔的解构与分析，苏格拉底作为卓越的个体出现，这就是他与智者的本质区别。

界定这种独特个性的苏格拉底的新视角不是别的，正是反讽面纱后的助产术。但我们该如何理解这种独特个性呢？克尔凯郭尔的答案让人看到他是如何解释苏格拉底的助产术的。当苏格拉底作为一个反讽者，宣布他的无知并提问和追问时，他期望没有最终的答案。然而，在迷惑了他的对话者之后，苏格拉底远离了最初的想法，在触及抽象的最高点时，发现自己面对的是空虚。这就是为什么反讽是"构成苏格拉底生活的一个特征"，因为反讽带着对话者回到个人生活、生存并遭遇对话中的虚无撞击，这也正是《论反讽概念》这篇博士论文的一条有价值的隐藏线索。

说苏格拉底式的反讽没有留下任何东西是不合适的，反讽的空虚恰恰在于它让我们面对一无所有，因为它本身就是绝对的否定。克尔凯郭尔会坚持认为，持相反观点的黑格尔误解了反讽。克氏还会说，反讽是一个否定性的

---

① ［丹］克尔凯郭尔：《畏惧与颤栗　恐惧的概念　致死的疾病》，京不特译，第205页。

第一章　生存—内心性的辩证法的背景清源与兴起补遗

范畴，所有通过苏格拉底方法而进入实践的概念——美德、恶、死亡本身，都被还原为否定性的确定性。此外，当苏格拉底想被人称为"无知者"时，他追求的是一个明确的目的：他首先想撼动、干扰他的对话者，让对方放弃平静和自满，在那里，对话者变得头昏脑涨、思维疲乏，于是反讽变成了生存的事实性的态度，也变成了克尔凯郭尔所说的一种新的观点。

不该被遗忘的一点，当苏格拉底假装他什么都不知道的时候，他知道一些东西，只要他知道他的无知；但另一方面，这种知识并不是关于某件现成存在之物（事）的知识，也就是说，它没有具体的内容。这就是为什么苏格拉底的无知是反讽性的，它总是在与虚无相伴。因此，与黑格尔的论点相反，支配苏格拉底生活、生存的运动规律并不单方面包括从抽象到具体的运动，还涉及从具体到抽象的运动，而且是以持续的方式触碰虚无之境。

然而，我们不要忘记，苏格拉底的助产术具有特殊的性质——"回忆说"的预设。从提问者没有什么可以教给被问者的事实来看，难道不是苏格拉底在向别人表明他们不需要他吗？解构苏格拉底助产术的同时，苏格拉底也一同被还原为一个提词人。提问者对被问者，弟子对老师没有任何亏欠，必须从这个角度来理解苏格拉底所说的主体间的关系以及与真理的接触。

在老师和学生之间有一种亏欠，本质上又不是亏欠，因为他们都不欠对方什么，但这种亏欠是相互作用的：问题允许每个人在自己身上展开，而这是（教与学）所有知识的目标。任何人的自我实现首先意味着自我意识，而自我意识正是只有个体的人才可以实现的目的，对自己的认识先于所有其他的知识。克尔凯郭尔打开了折叠在自我中的苏格拉底的观点，即每个人都是自己的中心。毕竟，人所能做的就是把自我的生存意义带到世界上。

我们必须指出，无知有其积极的一面。因为正是通过无知，我们才达到了对自己的认识，即意识到我们必须在与无限的接触的可能性中寻找自我，寻找克氏在生存—内心性的辩证法中强调的永恒视域下的生存个体。但这种接触对苏格拉底而言是不可能实现的。因此，肯定性会自动转化为否定性。人自身的有限性决定了人不能忍受无限的现实形式，有限的个体在虚无深渊面前变得眩晕，这是克尔凯郭尔的苏格拉底的潜台词。因此，无知被呈现为智慧和激情的标志。承认无知，就是承认不可能摆脱这种无知的状态，就是承认人类的有限性给人以迫在眉睫之感，同时，在我们放弃接近无限的尝试时，反而会与无限接触，并了解每一个有限内容的负面特性。无知的双面特性促使苏格拉底折服于自己的助产术中的智慧，使他把寻求内心化的有知作为最终目标，以之作为无限知识的起点。

克尔凯郭尔希望强调苏格拉底的无知，在他看来，伦理—宗教阶段的两个基本要素是固有的：一方面是所有客观的不确定性；另一方面是内心性的激情。而且，由于苏格拉底用他所有的激情放弃了知识的观念，正是由于这个原因，个人才在反讽中发现了最高的内心化的表达方式。苏格拉底的反讽在为个体性开辟道路的意义上作为存在的确定或存在的事实。从字面上看，恰恰揭示了苏格拉底内心化的方式与这种方式不对外表达的事实之间存在的矛盾，让我们在客观不确定性与激情这一对概念上多停留一会儿。这种不确定性的一个典型例子是苏格拉底对死亡的概念：死亡完全基于绝对的不确定性。克尔凯郭尔是如何分析苏格拉底的死亡观呢？

《忧惧的概念》中的所有段落都显示了苏格拉底强调的不确定性。让我们注意，并不是说这种不确定性让苏格拉底担心；相反，这种置身事外、玩弄生命的方式、这种眩晕感，即死亡看来是无限重要的东西，现在看来又什么都不是，它正是苏格拉底所喜欢的辩证性。那么，苏格拉底就在审判的前台；他没有轻率地放逐死亡的念头，而是欢喜地敞开自己的视线，去看生存与死亡的边界，当它几乎同时显示出拂晓或者黄昏的景象，亦即真实的虚无和无的无限性。

所以我们看到，苏格拉底的无知连接着从苏格拉底的助产术到克尔凯郭尔的苏格拉底这条线路的两端。克尔凯郭尔将把苏格拉底的道德特性建立在这一内心化上，因为克氏在其中找到了他所说的"信仰的类似物"和死亡意义上的自由，从生存的视角看遍了苏格拉底助产术的图景。一般来说，苏格拉底的助产术表明，认识主体是一个存在的主体。在普遍意义上的无知是不确定的，无知开始内心化是在真理之中，但什么是真理？克尔凯郭尔的答案消除了任何可能的误解：它是一种建立在绝对的悖论之上的真理，而这个悖论指出，当我们指涉在世的生存者时，我们掌握了永恒的真理。当苏格拉底宣扬他的无知时，苏氏宣扬了他作为生存个体无法逃避的客观不确定性。克尔凯郭尔进一步指出，悖论是表达内心性的至上激情的同时，接受客观不确定性。

让我们回顾一下"所有知识都是回忆"这一论题。留在思维领域的柏拉图在"回忆说"中看到了知识的内在性特征的想法，这丝毫不矛盾。然而，理论思维与哲学家自身的存在可以毫无关系。苏格拉底助产术的无与伦比的价值恰恰在于它照亮了这样一个事实：对话者首先是一个生存者，而生存先于本质，才使苏格拉底的内在性具有激情的特征。克尔凯郭尔因此为我们提供了一幅苏格拉底在字面意义上注解的"生存"。这位古典伦理学的倡导者仍然处于最前沿，在那里存在的因素不断被表达出来，在那里当下总是被表达出来，没有遵循固定的体系。克氏对此予以赞同，"人们并不总是需要书写体系的"①。

接下来有必要将克尔凯郭尔对苏格拉底的解读发挥到极致，以便充分理解这两位哲学家之间的距离。现在从苏格拉底这个悲剧英雄和辩证法家开始，在他身上，反讽是一种真正的"宇宙的力量"——这种力量使他在面对死亡时，能够在无限放弃中克服它——我们将尝试对苏格拉底这个辩证法家进行"畏惧与颤栗"式的解读。在这里，苏格拉底的另一面也将被揭示出来，在克尔凯郭尔似乎已经达到了"苏格拉底主义"的顶峰的时候，它就投射出来。的确如此。这位丹麦哲学家认为他在苏格拉底身上发现的信仰的概念，只是类比地存在。有与信仰相当的等同物，但不是实际的信仰。正是这种意义上的类比，将苏格拉底这个伦理性的人与基督教徒这种精神性的人区分开来。在《哲学片断》和《忧惧的概念》中，克尔凯郭尔会指责苏格拉底错过了可能性的范畴。在《致死的疾病》中，他将指责苏格拉底误解了恶的定义，因此也误解了罪与信仰。在此回顾一下我们的观察并不是无用的，即要避免克尔凯郭尔对苏格拉底的钦佩或偏见并不容易。克氏责备苏格拉底对于世界的和谐观念，在那里罪与恶没有立足之地。希腊人的思想过于"简单化"、过于乐观，只看到命运的必然性而看不到绝望。如果苦难触动了希腊人，它是在命运的幌子下进行的，在那里，必然性和偶然性分庭抗礼。基督教所理解的罪的痛苦，对古希腊人来说是不存在的，甚至对苏格拉底本人来说也是如此，

---

① [丹] 克尔凯郭尔：《克尔凯郭尔日记选（1842–1846）》，王齐译，第23页。

尽管他是在这个方向上走得比别人更远的人。通过将罪定义为对罪的否定，苏格拉底扭曲了任何关于恶的概念。苏格拉底没有看到，罪、谬误并没有被还原到知识的领域，而是被还原到意志的领域，但《哲学片断》却通过信仰即意志的行为的定性澄清了罪的位置，所以苏格拉底没有掌握罪的真正本质。苏格拉底给罪下定义时，他缺少的那个定义是什么？那就是意志，就是冒犯。希腊人的思想太快乐、太天真、太讽刺，这是一个沉重的责备。在苏格拉底对罪的定义中，《忧惧的概念》中的可能性①没有位置。在苏格拉底看来，行动不是建立在可能性之上，而是建立在必然性之上，而这又是建立在知识之上、建立在"回忆说"之上。苏格拉底将恶视为善的缺失，将无知视为不公正的基础，这意味着他被置于认知的领域中。克尔凯郭尔的观点截然不同，无知表达了人与神的关系，意味着与神性对立。从伦理—宗教这个角度看，克尔凯郭尔虽然承认苏格拉底无知的真实特征，但坚持认为苏格拉底错失罪的概念的辩证性。古希腊的世界里，如果我们时刻牢记，罪不是信仰的反面，而是美德的反面，这一点就可以理解了。辩证的因素出现在拒绝理解罪的可能性、拒绝对善的意愿被提出的那一刻。

  克尔凯郭尔关注的是他与苏格拉底在信仰与自由方面的距离，他将再次坚持知识与悖谬、认识和选择之间的区分。苏格拉底与克尔凯郭尔同为主体思想家，苏格拉底推崇知识与认识，但对克氏来说，悖谬与选择更胜一筹。当信仰与自由不在苏格拉底的邀请之列时，那么个体就遗漏了恶和忏悔的问题。在这里我们有一个选择站在真理一边的行为，苏格拉底并不想逃避这种选择。差异无非在于，克尔凯郭尔所说的选择是指去绝望、去绝对地选择，绝对地选择自己并以透明的姿态站在上帝面前；而苏格拉底对绝望之中的信仰很陌生，尽管他的英雄主义是悲剧性的，但最重要的是他被这个世界的和谐与秩序之美所迷住了，在苏格拉底关于世界的构想中，没有罪及其可能性的位置。对克氏来说，罪意味着犯"罪"的可能性，也就是自由的可能性。即便苏格拉底已经完全掌握了善的无限方面，他总是把它还原为具体的东西，但他只强调了善的外部方面。黑格尔也曾分析苏格拉底辩证法如何以善本身

---

① ［丹］克尔凯郭尔：《畏惧与颤栗 恐惧的概念 致死的疾病》，京不特译，第284页。

这一空洞的共相为代价摧毁了善的所有具体规定。根据克氏的观察，苏格拉底没有把自由与恶联系起来。通过提出与道德相关的真实和与宗教相关的绝对之间的区别，克尔凯郭尔把他对苏格拉底的批评诉诸绝对的精神，而不是绝对的美德的想法上。苏格拉底几乎触及了伦理学的极限，却没有超越它们，半途而废了。在克氏的理解中，只有当苏格拉底抓住了忧惧，才会有跳跃的行为，即通过忧惧与精神的绝对的关系，把忧惧提升为可能性的可能性的自由之现实性。这是《忧惧的概念》对于忧惧与自由的现实转化。

让我们在结束描摹苏格拉底的肖像时，跟随克尔凯郭尔把注意力转向苏格拉底的现实。当客观真理似乎是一个既定的原则占据了整个思想领域时，当克尔凯郭尔感叹我们需要更多的苏格拉底而不是新的社会秩序或可见宗教时，他的意图难道不是提出回归伦理学的想法，再塑苏格拉底的助产术，把美德变成一种可能性，变成一种实践，变成一种存在，亦即把美德变成一种生存性的给予？克尔凯郭尔在苏格拉底身上发现了超越哲学体系的存在维度，它标志着每个真正的哲学家与自我对话的可能性，亦即能够与自我对话。这里有一个词——自我，对克氏来说也是一种催化剂，因为所有的功用终究要在生存者的自我中得到回应。

> 在色诺芬那里，功用是苏格拉底讲学的出发点之一。而功用正是那个对应于善的内在无限性的多角体：这种内在无限性起始于自我并终结于自我，对它自己的各个环节均不漠视，搏动于所有环节之中，搏动于整个之中而同时又搏动于各单个之中。功用具有一种无限的辩证法，一种无限的恶性辩证法。也就是说，功用是善的外在辩证法，是其否定，就其自身而言不过是海市蜃楼，其中无物常住，而万物扑朔迷离、生灭无常、变幻不定，一切相对于观察者神情不定、浮浅表面的眼光，其中每一个单独的生存只是永恒流转中的一个可无限分割的断裂生存（功用中介、吸收一切，甚至非功用，恰如没有什么绝对有用，也没有什么绝对无用，绝对的用处只是岁月沧桑中仓促的一刻）。①

---

① [丹] 克尔凯郭尔：《论反讽概念》，汤晨溪译，第13—14页。

不难发现,"苏格拉底在整个柏拉图哲学的肥沃地域中流淌,在柏拉图思想中他是无处不在"①。反讽和辩证法是柏拉图哲学的两大主力,严格意义上,柏拉图思想发端于辩证法,以《巴门尼得斯》篇为例,辩证法已经开始尝试登上理念的王位。但在苏格拉底的助产术的背面,一种仍未生产任何肯定性的否定性支撑着苏格拉底,由此证明反讽催促、推动主观性;在苏格拉底那里,反讽实际上是一种具有世界历史性的激情。②在我们看来,苏格拉底的助产术并不在于提问形式中的辩证因素本身,而在于由反讽为出发点并归回反讽的、由反讽所持恒支撑着的辩证法形态。在《普罗塔哥拉》篇,苏格拉底和智者们最后与无面面相对,"就像两个秃子在争吵很长时间之后终于发现了一把梳子一样"③。以辩证性的运动为主题,蜻蜓点水般地任性点题、离题,沉醉于细枝末节,这就直接导致结论的缺失与虚无的侵入。

关于克尔凯郭尔与苏格拉底的辩证关系,可以参照克尔凯郭尔最后一期《瞬间》杂志,其中还介绍了克氏的任务与信仰观。事实上,克氏从未声称自己是一名基督教徒。在该书的前揭他的真诚自白说明一切:

> 我面前唯一的同类就是苏格拉底;我的任务是一个苏格拉底式的任务,即审查一个定义:什么叫成为一名基督教徒——我不把自己称为基督教徒(我让理想保持自由),但我能证明其他人更不是。④

事情是明摆着的。克氏对苏格拉底的认同是一以贯之的,苏格拉底选择反讽而没有进行深入思辨,"他乐此不疲地与每一个个体重复同一程序"⑤。在苏格拉底的对立面,个体收回主体性的努力,"由于反思动摇了一切,智术就出面解决一时的困难"⑥。不仅是智术,黑格尔也在他的辩证法中延续了否

---

① [丹] 克尔凯郭尔:《论反讽概念》,汤晨溪译,第20页。
② [丹] 克尔凯郭尔:《论反讽概念》,汤晨溪译,第169页。
③ [丹] 克尔凯郭尔:《论反讽概念》,汤晨溪译,第41页。
④ Søren Kierkegaard, *The Moment and Late Writings*, ed. and trans., Howard V. Hong and Edna H. Hong, Princeton, New Jersey: Princeton University Press, 1998, p.341.
⑤ [丹] 克尔凯郭尔:《论反讽概念》,汤晨溪译,第138页。
⑥ [丹] 克尔凯郭尔:《论反讽概念》,汤晨溪译,第164页。

定性并保留了反思在辩证法中的要位。黑格尔在《小逻辑》中也明确了辩证法和反讽的应用范围。①方法把生活错综复杂的组合归结为越来越抽象的简略形式,因而它不过是一种对生活的简化。对此,我们将来到黑格尔的科学体系一探思辨辩证法的虚实。

第三节　黑格尔辩证法的性质、核心内容及其意义解构

不同于苏格拉底对于人及其自我的重视,黑格尔犯了一个在存在哲学看来不可接受的错误,他将哲学意识、将本身是异化的抽象的人的形象设定为异化的世界的尺度。正是这种观念论式的逻辑模型,以病态的严肃态度将人的生存从辩证法中连根拔起,自我意识沦为异化的世界的一种障碍。纵使在世界与自我的关系维度上黑格尔预设了意识的实在论,但几乎没有给生存的个体留有内心化的空间。相反,即使对人的外在化的自我复归也首先、通常会经历一种异化着的扭曲。考虑到《精神现象学》的旨趣,精神（Geist）代表了人的真正的、终极的本质,但精神不得不以思维着的精神、逻辑的、思辨的精神的形式存在着,与此同时,自然与社会层面的世界亦转变为抽象化的精神的产品,个体的人无权通过生存与内心性将其占为己有。黑格尔辩证法虽然从实体形而上学典范转向了精神哲学典范,但其转向并不彻底,精神的定性并没有回到人本身。黑格尔辩证法的性质即绝对理念（absoluter Idee）的外在性、异化为他异性的人性的启示或世界性的显现,亦是绝对精神的内在性、返回到自我性的"人性的升华"②或超越性的合一。黑格尔辩证法作为体系哲学的建构思路揭示了绝对精神对于有限性的主体的呈现方法,以及绝对精神或主体建构其所思的方法过程。

否定之否定的概念是黑格尔思辨哲学的核心要素之一,或称第二否定性,

---

① ［德］黑格尔:《小逻辑》,贺麟译,上海人民出版社2009年版,第175—178页。
② 按照科耶夫的黑格尔式的解释,人只有被扬弃、在被保存与升华之时才能存在,即人属于自我扬弃的一切有限的实体。参见［法］亚历山大·科耶夫《黑格尔导读》,姜志辉译,译林出版社2021年版,第533页。

也是黑格尔的《精神现象学》《逻辑学》及其最后成果（辩证法）的理论支点。黑格尔辩证法作为德国观念论的思想高峰，也是现代西方哲学辩证法思想的根源。黑格尔真正开始论述辩证法是在《精神现象学》，黑格尔在《逻辑学》的第一版序言中声称自己在《精神现象学》中开始用辩证法解释意识的发展，带着独特的方法论构思出一种事关发展的或理念的辩证法。在人的生存层面，黑格尔把人的自我生产看作一个彰显劳动之本质的过程，马克思发展了这一观点。尽管黑格尔由于观念论的概念演绎的束缚而未能成功地从"公众"中解放"个体"、从"常人"里抓住"此在"的本真性，他在体系哲学的框架下严守科学内容的必然性而冷漠地略去了生存者的自由（从自我意识的发展看），但他还是通过否定之否定原则把劳动的本质和对象性类存在的自我实现的结构规约到了概念的层面。科耶夫（Alexandre Kojève）批判道，只有人在其存在中，在其生存中和其"显现"中包含否定性的因素，人才是"完全的"或"综合的"，甚至是"辩证的"，人才"自为地"或有意识地存在，人只有在说话时，才是"精神的"或真正人性的。①科耶夫在继承古希腊辩证法的基础上确证了辩证法的否定性因素，他没有迁就黑格尔，但他对人本身的关注如同走马观花，更多关注的是《逻辑学》中的存在的结构。

黑格尔在《逻辑学》中指出，逻辑思想就其形式可分为抽象的（知性）阶段、辩证的阶段和思辨的阶段。②具体到辩证的阶段，怀疑主义作为运用辩

---

① ［法］亚历山大·科耶夫：《黑格尔导读》，姜志辉译，第512页。
② 从黑格尔早在1808年对逻辑学的态度中看出，逻辑学是通过纯知性（Verstand）和纯理性（Vernunft）运作的科学。于是，从两种能力出发，黑格尔发现了逻辑思考的领域的三个侧面，即抽象的或智力的一面（die abstrakte verständige）、辩证的或消极的理性方面（die dialektische oder negativ vernünftige）和思辨的或积极的理性方面（die spekulative oder positiv vernünftige）。这种程序有双重的可疑之处：第一点，在基础上，承认知性的产物（抽象概念）的逻辑反映，黑格尔曾在其中看到早期哲学的主要缺陷。第二点，理性"分裂"为两个侧面或环节，其一是消极的，其二是积极的。但在这里可以问：理性的否定是如何先于理性的肯定并因此建立起来的？那么，理性的第一环节的否定是基于什么？理性的否定必须跟随而不是在理性的肯定之前。因此，作为黑格尔方法的关键时刻的辩证否定，是一个没有"父亲"的虚假环节，是一个无状态的、缺少开端与第一者的东西。黑格尔试图解释，辩证法表现在它们（概念）的消逝和消解中。但是，这种概念，只要它们产生并被理智所接受，就仍然象征着它们必须象征的那种僵硬和片面的内容；因此它们既不能消逝也不能消解：如果它们消逝了，它们就不再是作为开端（Anfang）的概念了。

证法的一种后果而被揪了出来，即辩证法原则被知性孤立应用时的误用。"怀疑"一词与克尔凯郭尔《论怀疑者》及其相关日记的内容关联紧密。怀疑首先是一种否定，而否定是辩证法的实质与灵魂。作为对古希腊哲学中辩难之术的提升，辩证法被黑格尔定性为一种"内在的超越"，由此显明了知性概念的自身否定性。不止于此，在黑格尔体系哲学的建构中，辩证法可谓举足轻重，"只有通过辩证法原则，科学内容才达到内在联系和必然性，并且只有在辩证法里，一般才包含真实的超出有限，而不只是外在的超出有限"①。黑格尔主张辩证法需要突破传统形而上学的矛盾律之基本原则，他没有停留在一种"美是难的"这种认知之中，而是向前推进一步，以中介的方式通过体系哲学的正题和反题获得一个合题。这种辩证性的三元归一的框架有着各异的名称：花苞—花朵—果实、同一性与非同一性之同一性、统一性与繁多性之统一性、正—反—合以及克尔凯郭尔在《非此即彼》《畏惧与颤栗》与《附言》中化用过的"一、二、三"，等等。

在随后的存在主义思潮、马克思主义发展史和批判理论之中，这位声名赫赫的德国教授俨然凭借"辩证法"的合理内核而成为一个批判的参照对象以及一个无法回避、摆脱和抹去的"影响的焦虑"的根源。值得肯定的一点，黑格尔指明了辩证法的至高性质——"辩证法是现实世界中一切运动、一切生命，一切事业的推动原则。"②黑格尔将辩证法自有的推动原则具体区分为：人的主体性与世界的关系，自由与自然相统一的渴望，个体和社会之间，个体和天命之间。这四组概念伫立于黑格尔辩证法中，为我们提供了进入思辨辩证法的棱镜。

马克思（Karl Marx）在《资本论》第一卷第二版的跋中指出："辩证法，在其合理形态上，引起资产阶级及其空论主义的代言人的恼怒和恐怖，因为辩证法在对现存事物的肯定的理解中同时包含对现存事物的否定的理解，即对现存事物的必然灭亡的理解；辩证法对每一种既成的形式都是从不断的运动中，因而也是从它的暂时性方面去理解；辩证法不崇拜任何东西，按其本

---

① ［德］黑格尔：《小逻辑》，贺麟译，第174页。
② ［德］黑格尔：《小逻辑》，贺麟译，第174页。

质来说，它是批判的和革命的。"①马克思尽管延续了黑格尔否定之否定的概念，但直指资本主义必然灭亡的预言；马克思虽然坚持了辩证法是一切运动的推动原则的观念，但专指人和社会发展的暂时性或"时间—现世"的维度；马克思即使抛开了尼采式的锤子的理念，但特指破除思想上的偶像崇拜并凸显辩证法蕴含的不破不立的本质。辩证法不仅作为一种哲学的方法论，而且将其批判性与革命性带入了它的对象域之中，特别是人置身其中的生活世界。马克思对黑格尔辩证法中的本质和现象做了颠倒，将黑格尔辩证法的理性内核彻底地显露出来。黑格尔借助逻辑学体系的建构将人的类存在彻底异化，克尔凯郭尔与马克思却坚持去除理性的神秘化，并解放禁锢其中的人本身。

马克思"跋"的后两个论断放在克尔凯郭尔的辩证法中同样适用。但到了黑格尔口中的思辨的阶段或肯定理性的阶段，黑格尔辩证法与克尔凯郭尔的生存—内心性的辩证法就一拍两散了。黑格尔直言"辩证法具有肯定的结果，因为它有确定的内容"②。克尔凯郭尔坚决反对黑格尔在内的体系论者的"结论"优先，反对观念论式的叙述方法，反对黑格尔独断地排除客观不确定性。黑格尔强调思辨首先是一种超越，即强调辩证法要求的"内在的超越"，从主观性到客观性的过渡。基于此，黑格尔坚持思辨的真理，包含并扬弃知性所坚持的主观与客观的对立，是一种完整的、具体的真理。或言之，理性的思辨真理即在于把对立的双方包含在自身之内，作为两个观念性的环节。③从一面看，理性的至上统治将以对立统一的合题宣告一次终结；但从另一面它也是一次正题的再度开始，果实也可以是种子，继而转化为下一个反题、下一个合题。

克尔凯郭尔与黑格尔在辩证法上的分歧主要体现在"中介""（有）结论"与对立统一的合题等方面。对立的力量往往能够相互补充，甚至相互吸引、产生融合，最后进入统一的合题。王树人先生以"美是理念的感性显现"为例展开了对黑格尔辩证法的分析，最后的结论"美是难的"显示了黑格尔

---

① Karl Marx, *Das Kapital: Kritik der politischen Ökonomie*, *Erster Band*, Berlin: Dietz Verlag, 1962, S. 28.
② ［德］黑格尔：《小逻辑》，贺麟译，第179页。
③ ［德］黑格尔：《小逻辑》，贺麟译，第181页。

第一章 生存—内心性的辩证法的背景清源与兴起补遗

仍未摆脱古希腊以来的传统辩证法特有的回答之困境。①但依叶秀山先生之见，"逻辑""概念"的"推演"与"历史"的现实发展相一致②，乃黑格尔辩证法的核心内容。反思是否定的具体形式，黑格尔却遗忘了发展的主体，因为以自由理性的开显对应历史现实的发展，把逻辑必然性化为现实的必然性，其根源在于作为历史创造者的人。作为补充，邓晓芒教授根据黑格尔辩证法的来源与克尔凯郭尔在其假名著作《畏惧与颤栗》中亚伯拉罕献子的故事，对二人的辩证法进行了区分，并指出克氏的辩证法是一种自由选择与自否定。

> 他实际上是抛弃了黑格尔的逻辑学，抛弃了他的逻各斯精神，而吸取了黑格尔的那种努斯精神，把努斯精神留了下来，并且加以发展。所以克尔凯郭尔的哲学思想还是有很浓厚的黑格尔的色彩，但是恰好把里面的逻各斯的规范、规律抹掉了，而剩下的东西是靠什么呢？……要靠一种自由意志选择，不能靠逻辑推论，靠辩证法的逻辑推论是不行的。他也讲辩证法，但辩证法不是逻辑，他把辩证法归结为就是自由选择，就是在各种不同的情况之下你怎么选择，你完全可以有两种不同的选择。上帝要亚伯拉罕把他自己的儿子杀了去祭上帝，而亚伯拉罕完全可以选择究竟是杀还是不杀，他在杀的那一瞬间还是可以选择，是把儿子杀了还是把自己杀了，都可以选择。……他在那一瞬间选择了宗教的层次。亚伯拉罕经受的苦难和考验是悲剧和神的显现之间的非此即彼的选择。
>
> 署笔名就是为了将来能够自己批判自己，能够用自己的真名字来批判这个笔名。这都是他的一种选择的方式，他跟黑格尔的不同就是他强烈地意识到这种选择的自发性和自否定的性质。自否定会带来痛苦，所以克尔凯郭尔的整个生活是笼罩在一种痛苦和阴郁的情绪之中。把逻各斯的这个方面撇开，把努斯的这个方面向深处进一步地挖掘，把它变成一种非理性的存在主义。③

---

① 参见王树人《思辨哲学新探》，人民出版社1985年版，第216—222页。
② 叶秀山：《哲学的三种境界》，《江苏行政学院学报》2004年第1期，第5—12页。
③ 邓晓芒：《黑格尔辩证法讲演录》，商务印书馆2020年版，第499—502页。

生存—内心性的辩证法研究

黑格尔辩证法以否定的思想、自否定、否定之否定等否定性话语诠释着辩证法的生成性，同时凭借反思的思想（甚至克氏意义上的双重反思）诠释世界历史和绝对精神。正如芬德利（John Niemeyer Findlay）所阐释的，精神对黑格尔来说既是自我意识的客体，也是自我意识的主体，是个体对自身的反思，以达到真理。①自我反思的个体既是客体又是主体。要把握真理，就必须进行辩证的综合。黑格尔说要让逻辑的枯骨通过精神燃烧起来，把它变成生命。《精神现象学》的筹划可以被理解为一种尝试，即试图建立一种对我们每个人有着自我改造能力的自我意识。自我意识是自在自为的②，这是主奴辩证法的前提。作为从自我意识到真理的动力因，"否定"成了推动自我的哲学方法向前发展的力量。正所谓没有"非存在"，就无法理解"存在"。非存在创造了综合之完成的必要性，辩证的综合也就产生了。

黑格尔和克尔凯郭尔的确是非常不同的思想家，以至于普遍的观点认为他们之间存在着不可逾越的鸿沟。然而，从克尔凯郭尔辩证法中不难发现家族相似性的中间术语（如综合）接近着黑格尔辩证法的事实，并且得到了它们的特殊印记。这两位哲学家虽然在辩证法的应用上相距甚远，在思想的形式和基本内容上却又彼此接近。就思想形式而言，克尔凯郭尔将黑格尔本质与现象的辩证法具体化为他所说的生存—内心性的辩证法。就内容而言，两人最重要的联系点是个体性。克尔凯郭尔不厌其烦地重复说，他的思想是围绕着个体而展开的。尽管他描述的主体完全是个体化的，但实际其实是人类意义上的个体而非脱离人类的个体，反而在黑格尔那里超越了人类的个体，他意在达到世界上一切事物向我们展示自己的个体。阿多诺（Theodor Wiesengrund Adorno）表示克罗齐式（Crocean）的任务（将黑格尔哲学中活的东西和死的东西分拣开来）无疑是黑格尔复兴的一个标志，"黑格尔不仅可以在《精神现象学》中从主体出发，在对主体的自身运动的研究中把握所有具体的内容，并且可以倒转过来，在《逻辑学》中让思想的运动从存在（Sein）开始"③。黑格尔不拘泥于某一出发点的做法的确符合体系哲学的总体性的要求，

---

① J. N. Findlay, *Hegel: A Re-Examination*, New York: Routledge, 2013, p. 39.
② ［德］黑格尔：《精神现象学》（上卷），贺麟、王玖兴译，上海人民出版社2013年版，第181页。
③ ［德］阿多诺：《黑格尔三论》，谢永康译，上海人民出版社2020年版，第1、9—10页。

但存在者与存在可以视为无差别的开端或第一者也让黑格尔错失了存在论差异。

然而，我们所考虑的问题是离开黑格尔的辩证法，生存—内心性的辩证法会陷入形成性匮乏中吗？克尔凯郭尔没有把生存框定为正面（正题）或负面（反题）的存在，因此这里的生存是矛盾的——它既不是纯粹的沉沦，也不是某一次的拯救的现象。但最终，克尔凯郭尔确实援引了对西方形而上学有着深刻破坏的黑格尔辩证法，产生了一个跳跃式的否定；克氏拒绝以来世否定此世的虚无旋涡，此举把有死者（有朽者）从死亡现象中解救出来，揭示了生存的本质与生存者的在世意义。也许在形而上学构建的世界里，很难在不陷入存在论恐怖的情况下思考死亡现象。虽然黑格尔将死亡表述为"个别的人作为个体而达到的这种普遍性，是纯粹存在"①，但是生存—内心性的辩证法更进一步，颠倒了生存与死亡的顺序性，通过在双重性生存的反思中唤醒了那驾驶着老马（时间—现世）和翼马（永恒）的那个车夫（生存者），让个体向将来而在、向死而生。

科耶夫将死亡理解为否定性的一种显现，并重申"否定性是辩证运动的真正动力"，他强调人的死亡呈现为人的自由、个体性和历史性，即人的存在和生存辩证性或"完整"性的一种"表现"。②科耶夫坚持了否定在辩证法中的优先性，却因为"死亡扬弃了人"的观点而陷入了黑格尔辩证法的时间向度的虚无泥沼，从而让人的生存辩证性在时间向度上大打折扣。

西方形而上学为否定和反思创造了一个空间，在这个空间里，死亡与虚无的亲和力是一个已经让人臣服的梦想的一部分。曾几何时，否定和反思是古代哲学中辩证法思想中的两个反复出现的特征。阿多诺却解读道："辩证法是那种将理性本身的批判意识与对象的批判经验结合起来的不懈努力。"③ 这种尝试往往表现出以一种否定的浪漫姿态去验证。我们尚未提出对这个古老的形而上学问题的解决方案，也没有提供一种替代性的认识论，可以以某种方式化解长期以来在辩证法交织和缠绕的这些观点之间划定和重划的界限。在某些真实而棘手的方面，我们正在这个形而上学所构建的世界中

---

① ［德］黑格尔：《精神现象学》（下卷），贺麟、王玖兴译，上海人民出版社2013年版，第14页。
② ［法］亚历山大·科耶夫：《黑格尔导读》，姜志辉译，第544页。
③ ［德］阿多诺：《黑格尔三论》，谢永康译，第8页。

生活和思考。

让我们在此做一个简要回顾。在柏拉图那里,辩证法尚且作为辩证的技艺,到黑格尔这里,包含了所有形式的逻辑,特别是作为对所谓普遍有效的形式逻辑规则的批判,对仅仅是习惯性的"科学"性的调查和所谓给出理由的批判。正是在题为"智者"篇的对话中,柏拉图阐述了形式逻辑的核心,即批判性的定义学说,这是对象分类学中"型相结合论"(通种论)的原型(236d–264b),对于这些对象来说,明确的身份和差异条件已经被假定为分类标准。① 在这里,讨论主题转至是、非、真、假、同、异等。自亚里士多德以来,逻辑技艺最初只是对部分和整体的"三段论"关系的普遍有效的结论形式的概述,如"包含"或"排除"。在这一传统中,辩证法被降级为一个单纯的话题,也就是说,降级为一组诡辩的反驳或糟糕的论证,在定义概念锐化的基础上被形式化的逻辑分析所取消。对柏拉图来说仍然是问题的形式逻辑,在黑格尔这里变成了一种真正的科学工具,然而,它假定概念对应于已经被预设为定义的分类主题领域中的尖锐定义的量(作为部分),就像纯粹只在数学中可能的那样。

传统的所谓形式逻辑,包括弗雷格(Friedrich Ludwig Gottlob Frege)的数理逻辑,绝不是语言学世界参照的一般逻辑。它的所谓普遍有效的陈述或结论形式的体系只适用于非常具体的领域,即纯粹的数学的量(数字、大小、比例)或纯粹的分类集合及其关系,但不适用于现实世界的事物和生命、生活、生存的名称,这些事物和人在其各自的存在方式上不断变化(产生和消失)。如果不考虑说话者和说话的背景,人们永远不可能对经验对象说什么。这使得形式推理作为一种带有命题形式的计划性计算,在具体应用于内在世界的事物时变得相当不可靠,经常导致不断的矛盾和形式上无法解决的漏洞。

仅仅在表面上与黑格尔相似,但没有关注形式逻辑问题,谢林(Friedrich Wilhelm Joseph von Schelling)和施莱尔马赫(Friedrich Daniel Ernst Schleiermacher)也试图拿起柏拉图的辩证法,然而,这又被理解为仅仅是规则的专题集合,以达到对论证中"真理"的共同认识。作为对生存—内心性的辩证法的

---

① [古希腊]柏拉图:《柏拉图全集》(增订版)(中卷),王晓朝译,第549—588页。

"解决方案",即有限生命的荒谬与充盈,克尔凯郭尔呼吁向宗教信仰飞跃,从而回到一种大地基础上的超越性,但这种超越性的经典哲学概念曾在康德(Immanuel Kant)的超越逻辑和辩证法中受到批评。

值得注意的是,克尔凯郭尔选择了反讽而不是形式逻辑作为其终身研究的起点。反讽的概念本身在克尔凯郭尔同时代人的精神状况中声称有某种意义。在这个层面上,它不是一个新概念,它主要被理想主义的浪漫主义者用作谴责无聊现实的武器。这是反讽的功能,是对假想对手的一种打趣,是把塞满的真相从其现实的展示架上剥离出来。所以反讽可以被称为一种古典哲学吐露的时尚。克尔凯郭尔对这种反讽概念的补充是,将其提升到超越单纯的时尚、时髦,转变成批评现实的基本方式。后来,他通过有意识地将苏格拉底的助产术付诸实践,确立了自己的存在哲学。因此,他对反讽的研究起到了为他的生活指明方向的作用。

不可否认,是黑格尔为克尔凯郭尔的辩证法研究提供了推动力。黑格尔也通过苏格拉底触及了辩证法,而支持黑格尔的辩证法的正是不可模仿的反讽。因此,反讽和辩证法是一对不能分开的概念。辩证法是一种通过质疑否定对方话语的意义,使其立场相对化的方法,并通过这一过程衍生出第三种话语,这就是反讽。换句话说,反讽在词源上是讽刺,在实质上却是否定的行动。这样,黑格尔从苏格拉底那里得到了否定的暗示,发展了自己的辩证法,但在这个过程中,克尔凯郭尔认为,黑格尔对苏格拉底的化用出现了严重的偏差。苏格拉底的反讽是一种无限的、绝对的否定,黑格尔却把它变成了另一种东西——相对的否定。对黑格尔来说,反讽不是完全的否定,而是一个积极的机会。苏格拉底的提问与黑格尔的否定有明确的相似之处,尽管前者与黑格尔的否定(甚至否定之否定)是分开的。然而,根据黑格尔,否定是思想本身的一个必要场合,是一个向内的规定,而在柏拉图,否定是直观的,被置于对象之外,在问话的个人身上。黑格尔的方法预设那里有一个充分性,柏拉图的方法则假定那里有一个空洞。此外,黑格尔的方法是思辨的方法,柏拉图的方法是反讽的方法。

换句话说,苏格拉底的反讽伴随着空虚、虚无、与无面面相觑,而黑格尔的反讽则停留在充实之中。克氏认为,这是黑格尔对苏格拉底助产术的误导性解释。为了正确理解苏格拉底的助产术，并对他那个时代的精神状况采取正确的立场，有必要在苏格拉底的基础上重新鉴定反讽的概念。正是在这种问题意识的基础上，克尔凯郭尔对苏格拉底的反讽概念进行了细致的重新解释。结果，苏格拉底与现存事物的关系变成了完全消极的，他在讽刺性的满足中漂浮在生活的所有实质性规定之上，他的整个立场是一种无限的否定，而这种无限的否定是相对于前面的发展而出现的，相对于后面的发展则是否定的。

因此，将反讽还原为完全否定的立场对于苏格拉底对反讽的解释来说可能是太过了。这是因为苏格拉底并不打算通过利用反讽来否定整个希腊世界，更不打算否定真理本身。是的，苏格拉底一定是通过向人们提出一系列的问题让他们意识到自己的无知，但这并没有剥夺他们的生命意义及其表面无知背后的有知。因此，苏格拉底的否定性被认为是通往积极事物的垫脚石。

然而，克尔凯郭尔并不这么看。反讽性是对世界的有效性和应该存在于世界中的真理的完全否定。在反讽的阶段下所看到的不是这个或那个现象，而是当前存在的全部现象。反讽，本质上是实践性的。因为反讽不是事物的问题，而是反讽本身的问题。所以反讽的终极幕布是《论反讽概念》中的虚无。为什么克尔凯郭尔会这样想？这就是他思想试验开始的本质的线索。

正如下一章将要展示的，对克尔凯郭尔来说，真正的问题是把自己作为一个生存的人来生活。活出自己、成为主体就是以这样一种方式生活，即通过绝对地选择来决定自己的生活方式。这不是一种丈量他者（包括可见的教会）规定的生活方式，也不是由逻辑科学的观念指导的生活方式，而是一种由自我决定的生活方式。对于这样的生活方式，人所处的世界是一处旷野。许多人被莽森挡住了视线，无法靠自己的眼睛重新找回生存、生活的道路。因此，为了不被这片林困住，有必要一劳永逸地否定一切。这种否定不是为了肯定而否定，就像黑格尔说的那样。它是为了否定而否定，是一种无限的、绝对的否定。只有当我们否定到那个程度，我们才能看到真理的一瞥。这就是克尔凯郭尔的想法。一方面，消除所有关于真实超越的真理，即形而上学

第一章　生存—内心性的辩证法的背景清源与兴起补遗

和神学，以支持包含所有真理的超越性理念。另一方面，存在主义思想的任何真正的定性辩证法的前提条件都消失了，即创造者与创造者、人与社会、时间与永恒、有限与无限的紧张关系，以及最重要的真正的定性的真与假、善与恶的关系。

克尔凯郭尔正是从伦理—宗教的角度，用他的定性辩证法反对黑格尔和黑格尔主义。回想黑格尔自己消除有限与无限之间、被造物与造物之间、时间与永恒之间，因而也是真与假、善与恶之间的"质的差异"的方式，将是有益的。时间成为人类精神在其历史演变中的"视线"。黑格尔以强有力的表达方式指出，人和时间是一起诞生的，正是这样的时间，在运动中成为普遍的历史，但个人一度成为历史的旋风所压倒和摧毁的不重要的表象。

这样一来，克尔凯郭尔特别针对的正是黑格尔的基本人类学论点，正是这种普遍性调和了个体，而个体由于其直接性，对其普遍性表现得很消极。这句话很玄乎，但有其决定性的意义：个体处于时间和空间的本体论尺度的最低点，它是偶然诞生的，并注定要随着死亡而消失。因此，质、量和差异的废止游戏在黑格尔那里比在康德那里变得更加直接和激进。对黑格尔来说，哲学正是以"空的"实存为"开端"（Anfang）：作为一个空的词（leeres Wort），这个简单的词没有其他意义，因此构成了精神的第一步，也就是直接性。在反思中，通过肯定和否定的辩证法，思想提供了对这种"空"的进一步确定，直到它对绝对理念的"填充"。

但如何从空到满，从不确定到确定？这是黑格尔辩证法的症结所在，是其反对者和倡导者双方之间激烈争论的主题，时至今日似乎还没有被解开。在这里，我们坚持用黑格尔自己的话来描述形式上的情节。我们的任务是看黑格尔是否以及如何从质、量的空洞中，即从不确定的东西中，得出质、量的确定，以及他的辩证法是否因此是定性的。

叶秀山先生把"无"摆置在一个灯塔顶端的探照灯的位置，直言"自从'无'进入了'世界'，世界就开显出'另一种''境界'。'绵延'不可分割的'时间'，似乎出现了'裂缝—断裂'"[①]。这为我们带来了一则短讯，这个

[①] 叶秀山：《哲学的三种境界》，《江苏行政学院学报》2004年第1期，第5—12页。

裂缝—断裂是什么？既然它从时间而来，那么它是时间的原子吗？克尔凯郭尔的答案是否定的，因为裂缝—断裂（即瞬间）若是纯然的时间的原子，则完全无必要涉足永恒的向度。此处的"瞬间"不再是寻常意义上的生命短暂的事物，而是化身一种处身"永恒"与"时间—现世"之流的交互关系之中的生成之触摸。瞬间追问着一种源初的辩证法，或者说"瞬间的辩证法"，更为全面地解释了"人是精神和内心性"的观点。时间性在与永恒性的触摸中为主体的信仰提供了一个合理的视角。

存在是用各种意义趋同的公式表示的。直接的不确定，没有反映的存在，没有质、量的存在，纯粹的不确定和空虚，完美的空虚，缺乏确定和内容，等等。从这样的表述中，黑格尔不难得出结论，存在等同于虚无，而这是通过一种形式上的、严格的对应关系：正如存在在其不确定性中只与自身相等一样，虚无也是与自身简单的平等，因此是（某种程度上）同样的确定或缺乏确定。存在（Sein）被表述为一个"没有确定性的概念"，它的"缺乏内容"和"空"以及"纯粹"与虚无完全相同。在这里，黑格尔的语言技巧变得很明显：没有同一性的区别，但与此相关的是把它们摆成不同的东西，并把每个东西消失在它的反面，也就是说，它是纯粹的变易。存在在自身之外没有任何东西，也不改变；事实上，它是一切的消解，是纯粹的、消极的简单性。存在的不确定性，纯粹的存在，它里面没有什么可以直观的东西，或者说它只是这种空的、纯粹的直观本身。也就是说，空的、纯粹的存在与空的、纯粹的直观相对应。因此，存在和虚无在形式上是相同的，但不是真正的同一。存在和虚无在时间上是相互分离的，在其中交替地表现出来，但在它们的抽象中没有被想到，所以现在它们是不同的，这种区别似乎不是来自对存在和虚无的逻辑考虑，而是来自对存在和虚无在时间中如何交替的现象学考虑。因此，这里又是凸显时间问题的首要地位。

在黑格尔那里，这个问题被克服了，即从一开始就被否定了，只要这是用"空的存在"等同于非存在来做的，因此黑格尔辩证法不是聚焦在事物的发展中，而是存在于思想的对立中。如果上述情况不够，还可以通过生存、自我和自由等概念着手破除这种思想的对立。

科耶夫认为："黑格尔的辩证法在哲学上分析包含在已经世俗化和成为现

代人类学的前哲学的犹太—基督人类学中的两个基本范畴：自由和历史性的范畴。"① 叶秀山先生则明确提到，哲学作为自由的科学，正在于哲学锚定了一点——"'自己'成为'自己'，乃是'自由'。"②苏格拉底因不解永恒而错失的自由，黑格尔因科学的体系、伦理共同体而坚持的自由，都让位于克尔凯郭尔的《非此即彼》中的自我性的自由与《忧惧的概念》中借"自由的晕眩"拓宽信仰之义的"自困的自由"。至此，接下来的计划为在克尔凯郭尔的生存分析的基础上，厘定生存—内心性的辩证法的脉络、义理与价值。

---

① ［法］亚历山大·科耶夫：《黑格尔导读》，姜志辉译，第526页。
② 叶秀山：《哲学的三种境界》，《江苏行政学院学报》2004年第1期，第5—12页。

第二章 生存—内心性的辩证法的接受过程与义理分析

在生存—内心性的辩证法的背景之外，克尔凯郭尔的著作从一开始就给解释者带来了一些难题。克尔凯郭尔使用了一系列的假名，引用了多语种的寓言与警句，以保护自己的话语不被"科学地"解释，从而让读者很容易误解他的存在主义关切。克尔凯郭尔作品中的假名或多义性问题出于他的间接沟通写作方法本身独特的、本质的、必要的原因，他要与这些作品摆脱创作关系，以提词人的身份审视之。沿寻着苏格拉底的助产术，克尔凯郭尔坚持扮演一个追问者、提示者的角色，由此他在假名写作时期，以复调式的手法"生产"出了诸多诗意的假名作者，但他不承认将自己等同于假名作者其人的观点，而是自称手持假名著作的、无关紧要的一个读者。

首先，如何从带有"欺骗"的文字之间找出研究克尔凯郭尔的生存—内心性的辩证法的最合适的方法论也就成了重中之重。其次，克尔凯郭尔广泛使用了他那个时代的哲学术语，但通过这些术语（黑格尔的居多）的释义，他的意图是完全不拘泥于术语的普遍意义，因此，熟悉的联想与约定俗成的释义容易导致读者的思想产生分歧。克尔凯郭尔的生存—内心性的辩证法是为个体而设定的，它的抗争对象是公众、教众集体、群（鹅）等抽象化的存在者（物）。再次，在拉平化的时代里，人自身逐渐被异化了、抽空了、归零了，生存—内心性的辩证法就是要解决基督教世界之中的生存个体怎样重新夺回本己的样式，成为自我、成为主体、成为基督教徒的问题。最后，双重性的生存与隐秘的内心性的沉潜是克氏辩证法的两个永恒性的主题，他将自己时代的不幸归因于：知识学的兴盛使得人们所知过多以至于忘记了何谓生存、何谓内心性。海德格尔曾强调存在的遗忘，克尔凯郭尔却批判生存的遗忘、内心性的遗忘，其本质在于批判个体之自我的遗忘。自我，孑然一身，在基督教世界中生存并成为基督教徒，这是可疑的。在基督教世界这个巨大的幻象下，生于斯长于斯的某君"当然"是基督教徒了。克尔凯郭尔却将成为基督教徒的标志从洗礼转移到了内心性，在他看来，信仰是日复一日地与神/教师建立关系的生成过程。

既然克尔凯郭尔哲学、辩证法以各种方式遇到了上述四个基本困难，我们将在接下来的五节中展开讨论。显然，生存、内心性与辩证法的流变赠予我们一双在警觉中凝视世界的眼睛，把自我摆在一个显眼的位置，自我始终是"我"的一个大问题。可以说，整个生存—内心性的辩证法向我们揭示了自我的断裂与生成，它的筹划突出体现了把生存与内心性重新从单一个体的层面纳入在场形而上学与激进诠释学之中的思想重构。以上这四个疑难只有从理论与实践的关系中才能得到充分的解析和解决。

第一节　生存—内心性的辩证法的接受过程：形成与传播

说到克尔凯郭尔假名创作时期（1843—1846年）①，我们或许会因为安提-克利马克斯的加入而作出延长或给出另外的增补解释。我们大致按照时间顺序揭示生存—内心性的辩证法在德语世界的译解与美国传播的英译过程。

在德国，以生存—内心性的辩证法形成引线，赫尔曼·迪姆（Hermann Diem）在一篇名为"克尔凯郭尔研究的方法"②的文章中给出了解决克氏假名问题的方法——一种极端的解释学方法，这种方法根据克尔凯郭尔的生存辩证法进行修剪，不会涂改实际的、历史性的克尔凯郭尔思想图像，也不会产生强制阐释克氏的思想"体系"，而是寻源于他的思想本身的支点，更确切地说：回到克氏生存辩证法本身，将启示而不是个人经验的宗教性放在首位。这就等于宣告迪姆接受了克氏在《哲学片断》中的思想试验，将启示留在了解释的循环里（而非宗教意义上的基督教世界话语）作思想的运动。但带来

---

① 王齐：《生命与信仰——克尔凯郭尔假名写作时期基督教哲学思想研究》，"导论"第4页。
② Hermann Diem, "Methode der Kierkegaard Forschung", *Zwischen den Zeiten*, Vol. 6, 1928, pp. 140–171.

/////
生存—内心性的辩证法研究

一个问题：如何找到破解伽达默尔式的（Gadamerian）解释之循环的出发点。相对于黑格尔对于开端、第一者的漠视，迪姆把克尔凯郭尔哲学的源头活水归之于克尔凯郭尔辩证法的做法并非无懈可击，在指明一条出路的同时，迪姆又很难不被困于解释学循环交错的道路之中。尽管如此，经由迪姆介绍的生存辩证法，研究者之前持存的"对话"和"逻辑"不再是思想的路牌，历史性的、精确的、科学性的基本研究一去不返了，也没有一个确定的结论或出口现成地放置在那里规避解释学循环，只剩下个体在何种程度上可以和应该使用这种生存辩证法的疑难。至少，迪姆为我们的第一个疑难提出了一个可行的思想方案。

佩尔·洛宁（Per Lønning）对此表示赞同，迪姆眼中的克尔凯郭尔研究方法从根本上说是正确的，因为迪姆把"主要的重量不是放在神学的概念定义的内容上，而是放在它们的存在功能上"[①]，迪姆的极端的解释方法可以引导我们穿过克尔凯郭尔假名作品的蜿蜒迷宫，与克氏进行生存辩证法的对话。克尔凯郭尔善用间接沟通的方法，非但不标榜作为基督教徒的身份，反而借假名作者之口宣称自己不是基督教徒，揭开了神学的面纱，克氏一并抛弃了只为上帝而在的生存的体系。神学的概念定义存在的功能不是别的，正是克氏对基督教的定性中的生存矛盾与生存沟通。毕竟，辩证法基础上的生存沟通宣告了在世俗时代信仰的艰难不在于神学概念本身，而在于个体或信仰者生存的双重性张力。

作为迪姆的批评者，威廉·安茨（Wilhelm Anz）从他自己支持的海德格尔的存在主义解释学的立场出发，对解释学原则采取了一种粗暴的立场。安茨将克尔凯郭尔的生存辩证法关联到海德格尔的此在分析，"生存论的分析是此在的解释学，是此在在生存的运动过程中实现的一种自我解释，它在忧惧（Angst）中提到了自己，是对自己的能在的关注"[②]。安茨的立场在于他并不针对迪姆关于生存辩证法和解释学循环（整体与部分的辩证性）的判定而考

[①] Per Lønning, "Kierkegaard as a Christian thinker", N. Thulstrup and M. M. Thulstrup, eds., *Bibliotheca Kierkegaardiana*, Vol. 1, Copenhagen: C. A. Reitzel, 1978, pp. 163–179.

[②] Wilhelm Anz, "Zur Wirkungsgeschichte Kierkegaards in der deutschen Theologie und Philosophie: Dem Gedächtnis Erich Dinklers", *Zeitschrift für Theologie und Kirche*, Vol. 79, No. 4, 1982, pp. 451–482.

第二章　生存—内心性的辩证法的接受过程与义理分析

量生存的功能，而只是针对迪姆关于基督教理解的部分，并且进一步地借助忧惧凸显了个体/此在何以能在（世）的问题。总的来说，在迪姆到洛宁再到安茨的这一思路中，我们已经看到了德国与丹麦的学者正在寻找的关于克尔凯郭尔研究的适当方法的主要方向。

研究方法应该为研究主题服务。克尔凯郭尔想通过他的生存辩证法，尤其是通过假名所造成的间接沟通效应来实现特定的教育（或在宗教意义上的教化），也就是说，不是直接地以带有潜在的、伤害性的话语去"通知"或去"教"对话者/信仰者，而是如莱纳·图恩赫（Rainer Thurnher）所言，克尔凯郭尔关心的是"感动个体来承担他的自我身份……在意识到他的自我之后，他看到自己面临着自由选择的必要性，从而发展他的个性"[①]。克尔凯郭尔把客观和主体性的反思作为自我反思的两种可能性的基本区别，他反对德国观念论的哲学体系[②]，首先是黑格尔的思辨—绝对体系，但也反对方法论的、抽象的个体科学的实证主义主张。他们都是在客观的一般性中行动，而恰恰排除了现实的关于个体的人的利害关系——每个人自己的具体—主体性的存在。另一方面，在客观反思中，"我成为自己的对象"，也就是说，"我"把自己当作某种存在者（物），当作抽象的和一般的存在者（物），例如，当作一个教师、商人、哲学家或病人，也就是当作别人也可换位（成为）的某个角色。

关于"我成为我的对象"这个命题，格雷戈尔·马兰楚克（Gregor Malantschuk）通过对假名作者及其作品与克尔凯郭尔本人之间的关系进行了有趣而深入的讨论。他的一本原名为"索伦·克尔凯郭尔的辩证法与生存"的丹麦语专著在译入美国时被简化为《克尔凯郭尔的思想》。[③]马兰楚克的工作是

[①] Rainer Thurnher, "Sören Kierkegaard", Thurnher, R., Röd, W. & Schmidinger, H. eds., *Geschichte der Philosophie Bd. 13*: *Die Philosophie des ausgehenden 19. und des 20. Jahrhunderts 3*: *Lebensphilosophie und Existenzphilosophie*, München: C. H. Beck, 2002, pp. 15–58.

[②] 瓦尔特·舒尔茨（Walter Schulz）曾经留下一个问题：为什么克尔凯郭尔只能以反观念论的方式去思考？舒尔茨的观点是克氏出于对黑格尔和谢林对于生存的现实性的漠视，在根本上却无形地使用着观念论的方法，接受着中介的范式的统治。参见［德］瓦尔特·舒尔茨《德国观念论的终结——谢林晚期哲学研究》，韩隽译，中国人民大学出版社2019年版，第375、389页。

[③] Gregor Malantschuk, *Kierkegaard's Thought*, trans., Hong, H. & Hong, E., Princeton: Princeton University Press, 1974. Trans. of Gregor Malantschuk, *Dialektik og Eksistens hos Søren Kierkegaard*, Copenhagen: Hans Reitzels Forlag, 1968.

/////
生存—内心性的辩证法研究

深入克尔凯郭尔假名著作去验证一个问题：克氏作品主要的假名作者及其笔下的人物是否真正代表了克尔凯郭尔阐扬的生存阶段？他试图对克尔凯郭尔的全部写作活动采取统一的观点，与迪姆的极端的解释学的研究方法相一致，并着力于澄清克氏辩证法的生存论结构。联系《附言》中的"最初和最后的说明"来谈论假名作者之间的关系，克氏回应了只有读者给出的理解才能最终决定间接沟通方法的有效性。这些思考与克尔凯郭尔自己对基督教的存在性参与和他后来（如《基督教的训练》）对模仿的强调之间有一种密切的联系。通过尝试推进"基督的活动"作为基督教徒生活的模式①，克氏在日记里曾经直接点题回应："基督的显现是且一直都是一个悖论。"② 同时，克尔凯郭尔完成了他自认为新教历史发展的顶点的任务，即把基督的生活作为"时间—现世"中的信仰原型来呈现。或言之，克氏将基督形象喻为最彻底的辩证成长的花朵。在丹麦的黄金时代，克尔凯郭尔在信仰问题上的另一个基础性的出发点是个体与基督教徒的关系。极具克尔凯郭尔的特点在于他从一开始就提出并坚持两个不相容的因素，因此不曾加以调和，而是激化个体与基督教徒（教众集体、公众、群）的关系。《附言》中克氏借假名作者之口透露着简易导致生存之严肃的丧失和内心性的轻飘。他的同时代人竟不知何谓生存、何谓内心性，克氏的失望跃然纸上。在个体与基督教徒的对峙之间，个体在世的生存地位的合理性和基督教（作为国教）对总体性的人的束缚可谓水火不容。然后，克尔凯郭尔并不打算调和，他试图尖锐地确定信仰者和基督教之间的关系。基督教不再是习以为常的宗教，它是精神、是主体性、是内心性、是充满着关于罪的意识的生存矛盾与生存沟通。要言之，个体是有罪的，但有罪性又是罪能得赦免的保证，这一辩证性的罪观可被视为对个体与基督教关系的思考的直接延续。

《附言》中试图制造困难的假名作者看似无心插柳，实则早已看穿了基督教世界这个巨大的幻象所招致的信仰危机。所以对克氏来说，这是客观确定性与激情的冲突，于是他把内心深处沉潜着的内心性带入无休止的奋斗（即

---

① Gregor Malantschuk, *Kierkegaard's Thought*, trans., Hong, H. & Hong, E., Princeton：Princeton University Press, 1974, pp.19–20.
② ［丹］克尔凯郭尔：《克尔凯郭尔日记选（1842–1846）》，王齐译，第35页。

生存）之中，以不同阶段的三种生存方式维系着信仰之激情。除了假名作者试图明晰何谓生存、何谓内心性之外，克氏的辩证法确实有更多的东西有待厘清。而且，辩证法首先涉及一个理念，从柏拉图到黑格尔、从克尔凯郭尔本人的《论反讽概念》到其《基督教的训练》里的这种连续性，始终夹杂着双重反思中的宗教性理念。即使迪姆主张淡化克氏思想的宗教性，也不会改变生存—内心性的辩证法关于"宗教 B—内心性—受苦"在理念上的同一性。

让我们回到这个问题：纷杂不一的假名作者及人物话语与克尔凯郭尔本人的意愿之间是否具有同一性？如果有同一性又该如何辨明呢？我们自然无权去"俘虏"这些假名作者以及他们在著述中的思想，但如迪姆所言，克氏自己描述了可以证明作者身份的这种一致性和统一性的程序（procedure）。① 结合克氏《观点》、迪姆与马兰楚克的解释可以形成一个第三者的方案，即假名作者，他/她将是"我"和假名的综合体，他/她将直接谈论假名作者。然后，只需要一个介绍——在其中介绍这个假名作者，然后他/她将再度以第一人称言说一切。无论公开与否，整个作者是一个统一体；但实际上，"我"不会是假名，假名也不是"我"。《附言》文末以"最初和最后的说明"解释的正是这一点。

金（Yong Il Kim）在他的《索伦·克尔凯郭尔的生存上的运动和生存上的理解》② 一书中特别致力于研究理解的概念。跟随迪姆，金同样把克尔凯郭尔的生存辩证法解释为一个解释学问题，不过他强调的是一种"生存解释学"或"自我解释学"，其目的是交流自我理解的实际情况。③ 金认为解释学理论在克氏文献中还没有得到足够的强调，于是他试图把解释学放在一个宗教的参考框架中。因此，生存三阶段（克尔凯郭尔的感性—审美、伦理和宗教阶

---

① 迪姆同样认为整个生存辩证法就是一种程序（procedure），即克尔凯郭尔在《附言》中催促生存个体鼓起勇气"去生存"的坚持不懈的过程。Hermann Diem, *Kierkegaard's Dialectic of Existence*, trans., Harold Knight, Edinburgh and London: Oliver and Boyd, 1959, pp. 4-5.

② Yong Il Kim, *Existentielle Bewegung und existentielles Verstehen bei Sören Kierkegaard*, Regensburg: S. Roderer, 1992.

③ 当然，在"生存辩证法"这一术语的理解上，金特别提到了赫尔曼·迪姆和法伦巴赫（Helmut Fahrenbach），在生存辩证法的定位上，金沿用了迪姆的解释学方法。他还提到迈克尔·特尤尼森（Michael Theunissen）、弗里德里希·库梅尔（Friedrich Kümmel）、马丁·图斯特（Martin Thust）等人。

段）之间的过渡被看作一个辩证的过程（即生存—内心性的辩证法），而运动过程作为一个整体，呈现出一个自我诠释与自我出场的结构。金强调这是一个自我与自我的关系中的实践过程，其不变的目标是走向自我，因为作为综合和生成的个体总是必须重新成为透明的自我。金很好地占有了克氏在《非此即彼》与《致死之疾病》等假名著作中对双重性的个体与双重性的生存的理解。在"成为谁"这个恰当的短语中，已经表达了一种自我关系。从伦理上说，如果一个人以"在与自我和他者的关系中成为开放的自我"的方式选择自我作为任务，那么自我就成为他/她的目标。每一个伦理的步骤同时也是在特定中对自我的揭示，以及进入普遍意义上的人的运动，不是脱离自我混迹于类存在，而是从自我出发途经普遍的人并回到自我的整个过程。因此，自我本身就带有一种辩证的关系。如果自我与他者的关系以这种启示为特征，它也为理解世界本身开辟了新的可能性。当金说到随着这种自我身份的开放，他者的存在被承认时，他更好地表述了这个关键点。在提到克尔凯郭尔与苏格拉底的辩论时，金说自我理解只有通过对话的运动才有可能，要么是与一个人的内在存在、通过对自己说话，要么是与他者对话。然而，间接沟通对金来说反倒只起到相对较小的作用；他也主要是从基督教—宗教沟通的角度来理解它。较之于迪姆、洛宁、马兰楚克，金没有注意克尔凯郭尔作品中的假名问题的严肃性。

然而，我们需要为金补足一个辩证的过程，最好是一个哲学治疗的发展过程，其中假名作为某一个阶段的体现发挥了更大的作用。无论如何，自我理解是间接沟通的一个直接后果，即从苏格拉底的助产术获得灵感，假名作者引导对方进入他的内在的存在，进入他的起源，进入他的原始写作（生存这本原著）。在克氏的作品接受解释时，假名作者退后了一步，实际的完成取决于解释者/读者。

在时代洪流的出版物之间，我们还是优先选取并再次回到了迪姆的《克尔凯郭尔的生存辩证法》[①] 这本值得推荐的批判性的辩证法专著。迪姆认为，

[①] Hermann Diem, *Kierkegaard's Dialectic of Existence*, trans., Harold Knight, Edinburgh and London: Oliver and Boyd, 1959. Trans. of Hermann Diem, *Die Existenzdialektik von Sören Kierkegaard*, Zollikon - Zürich: Evangelischer Verlag, 1950.

第二章　生存—内心性的辩证法的接受过程与义理分析

在黑格尔那里，辩证法运动开始的问题在于经验性的"我"如何成为纯粹思维的主体；而这一运动的继续引发了"调和"问题。相反，在克尔凯郭尔那里，问题在于生存的思想家如何进入有意识的存在，在其中，思想家把他/她的可能性转化为现实层面的成为或生成。迪姆把两个主张放在一起，并得出结论：一方面，克尔凯郭尔的生存辩证法思想不是一个体系，而是一个程序；另一方面，克尔凯郭尔的作品在精神定性上是彻底的基督教的，它以最决定性的方式通过耶稣基督中神圣的自我启示的影响来限定人类的存在。[①]因此，迪姆敢于反对在他那个时代非常流行的存在主义思想，他主张把辩证法自身的程序与耶稣基督中神圣的自我启示从克尔凯郭尔的生存辩证法中一分为二。

康明（Robert Denoon Cumming）是一位出色的辩证法学家，他坚持认为克尔凯郭尔的生存辩证法是无止境的，涉及错位的因素，并且永远不会在最终的综合中达到高潮，从而将克氏的辩证法与黑格尔的辩证法区分开来。除了反对结论、调和等知识学的代表产物，康明的辩证法与黑格尔的辩证法亦有相似之处，即他们都拒绝了一个绝对的起点的概念，但康明尚有补救措施。因此，"开端"不是从现象学的感觉确定性或逻辑学的"存在"开始的，而是从对确定某物为哲学运动的意义的考虑开始的。康明强调运动的个人、社会和本体论意义；[②] 他通过否认除了个体之外还有任何起点，包括克尔凯郭尔的"单一个体"和海德格尔早期对此在的向来我属性（Jemeinigkeit）的强调，使他的标题所引起的期望让读者对个体具有的"综合"的定性感到错位。

使用"综合"一词离不开克尔凯郭尔对黑格尔概念的化用，不止人是综合性的生存者[③]，个体与基督教在某种程度上亦是综合，即克尔凯郭尔认为只有基督教（宗教 B）能够提供一种对个体的在世生存的真正解释。这一点一直是克尔凯郭尔基督教哲学的指导思想，例如他会说"基督教解释了世界"，而且后来他在诠释涉及个体在世界之中生存的忧惧情绪时也明确表达了同样

[①] Hermann Diem, *Kierkegaard's Dialectic of Existence*, trans., Harold Knight, Edinburgh and London: Oliver and Boyd, 1959, pp. 4 – 5.

[②] Robert Denoon Cumming, *Starting Point: An Introduction to The Dialectic of Existence*, Chicago and London: The University of Chicago Press, 1979.

[③] 前文提到的威廉法官的多重角色分析。或参见王齐《惩罚与自由——克尔凯郭尔笔下的威廉法官对〈圣经〉的回应》，《浙江学刊》2008 年第 3 期，第 38—44 页。

的思想。这意味着：基督教仍然是对生存忧惧的唯一解释，它是站得住脚的。因此，在宗教的意义上，他相信只有基督教能够给个体的生存带来统一性和信仰的意义，但同样地，基督教也把单一个体放在综合定性的选择面前，给他一个永恒的任务；因此生存不能被简单地理解为最终的、确定的、黑格尔式的一个结论。克尔凯郭尔也说，他自己在这方面的任务是"把基督教彻底和完全地投进反思"，但必须以双重反思的形式进行，也就是说，投进创造选择条件的可能性的形式。

在克尔凯郭尔诸种假名作品之中，可以依据基督教语境下的克氏生存—内心性的辩证法的心理或气质方面侧重点的不同做出一些区分。其中，关于宗教—哲学的描述首先由《哲学片断》和《附言》提供，但其关于宗教—伦理的后果则在《基督教的训练》及相关陶冶性的作品中显示。在厘清克尔凯郭尔的生存—内心性的辩证法在丹麦、德国、美国传播与接受的三个时期的主要情况之后，让我们暂时重温一下自《论反讽概念》开始的辩证旅程，以便更好地澄清生存—内心性的辩证法的研究主体，即生存意义上的、生存论上的个体。

第二节 生存—内心性的辩证法的研究主体：
生存的个体

生存—内心性的辩证法的研究主体是生存的个体，这一点毋庸置疑，但寻找克尔凯郭尔的个体概念的根源却又绕不开反讽的话题。"反讽是主体性的一种规定。在反讽之中，主体是消极自由的；能够给予他内容的现实还不存在，而他却挣脱了既存现实对主体的束缚，可他是消极自由的。"①克氏在其博士论文中种下了主体性的种子，也为消极自由的定义保留了悬念。据此，忧惧在《忧惧的概念》中被明确等同为一种对于自由的表达，即忧惧是自由的晕眩。有限性的生存个体在虚无深渊前无法支撑自身，只因那作为主体的生

---

① ［丹］克尔凯郭尔：《论反讽概念》，汤晨溪译，第210页，译文有改动。对于主观性与主体性，笔者会结合实际应用的语境而做出选择。

存个体必须独自去面对无限的、未知的却又充满激情的生命可能性和善恶之间的决定。从表面上看，反讽追逐一种诗意的生活，追求自我的诗化。但在本质上，反讽是道路。①值得追问的是，反讽道路通向何方？在极端或激进的生存论或解释学设想中，《重复》中那个不知自己身处何方的年轻人也在思考虚无可以为作为主体的我们提供怎样的道路指引。一旦缺乏了"我是谁"的生存之方向定位，个体就会被困在与无面面相向的急难境况之中，或言之，在虚无的处境里，在世意味着作为主体的生存个体实现其最本己的可能性。

克氏最早在《论反讽概念》中通过反讽要求一种更高因次的主体性，以主体性的反思来反思主体本身，即"一种相应于反思之反思的主体性之主体性"②。那么，在主体的指向上，"反讽的矛头也可能指向整个生存，就此而言，它也坚持本质和现象的对立、内在和外在之间的对立"③。这两个对立开始将克氏从黑格尔的神秘的行话中解脱出来，克氏将辩证法从概念的普遍性、理性的必然性和思想的抽象性中解救出来，以一个破坏旧哲学结构甚至旧形而上学的作者的姿态挑战以黑格尔为代表的体系哲学。虽然思考的主体（主体思想家）及其存在对客观思考无动于衷，但作为存在者（物）的主体思想家本质上对自己的所思感兴趣，主体思想家是生存于"时间—现世"之中的自由的个体。

以黑格尔为标志的客观思考在结果或结论中表达一切，并通过注销和拒绝结果（结论）来帮助整个人类作弊；而主观思考则把一切都归于个体在自我意义上（去）生成或成为主体的过程，并省略了结果（结论），部分原因是生存恰恰属于思想家，属于一个作为主体且不断在生成的生存者。主观反思正是关于自我作为单独的生存着的主体，关于"我"自己存在的主体性、内心性及其个体—主体的出场的可能性，也就是说，主观反思是关于在自我的可能性方面怎样把握自我，面对自我之成为的根本特性实现自我的具体的开放性。

在克尔凯郭尔看来，黑格尔的辩证法完全倾向于实现思辨体系，也就是

---

① ［丹］克尔凯郭尔：《论反讽概念》，汤晨溪译，第265页。
② ［丹］克尔凯郭尔：《论反讽概念》，汤晨溪译，第194页，译文有改动。
③ ［丹］克尔凯郭尔：《论反讽概念》，汤晨溪译，第206页。

说，这代表了黑格尔哲学努力的本质倾向。从那时起，黑格尔辩证法只能完全倾覆于去解决对立面，倾向于以中介的方式去达成综合。论题和对立面的扬弃（Aufheben）是辩证法的基本要素。它既是弃置又是保留；既是对（论题和对立面）的否定，又是两个对立命题的保管（Aufbewahren）。由此可见，需要辩证地克服的对立不是两个矛盾的术语之间的对立，而是两个对立面之间。事实上，对立面（或论题）可以同时是假的；由此，对立面所包含的某一部分真理的合成或综合却是可能的。因此，正如黑格尔自己反复说的，矛盾总是"相对的"。中介、合题、综合都是黑格尔辩证法的标志，即辩证法研究的（和本体论结构的）过程是由各自环节的统一体指导的，并朝向这个统一体。辩证法发生在一个目的论的一元论或克尔凯郭尔所说的"泛神论"（神正中心主义）的世界体系中。在黑格尔眼里，逻辑可以说是绝对理念的最佳场所。在黑格尔看来，思想存在且只有当它正确地揭示了存在者和现实的辩证关系时才是辩证的。在生存者与现实的辩证关系上，叶秀山先生主张将哲学作为一种存在—生活方式，最重要的一点在于，生存者看到的是一个流程，而不仅是被分割了的原因—结果的逻辑进程。①这与迪姆对克尔凯郭尔的生存—内心性的辩证法是一个程序的认知和判定近乎一致。

　　从这个关于生存—内心性的辩证法和黑格尔体系的"综合"概念中，将会产生一系列的后果。就我们的目的而言，此处优先指出两个含义，它们标志着这种类型的辩证法可以追溯到与苏格拉底的助产术之间的区别。其中第一个含义是，在这个体系中，只有必然性的东西才有空间。真实的东西本身就是必要的，而不是偶然的。因此，在黑格尔框架中没有主体性和个体的决定的空间。最多，理性的狡计会使世界的精神"工具性地"将主体性纳入其服务。每一个具体的形式都必须上升到一个逻辑的形式。个体本身只有作为个体的一般多元性才是真实的。同时，如果现实本身是必然性的，那么在现实中就不会有逃避同一性或者非矛盾性原则的空间。以矛盾的无限对立为基础的悖论在现实中找不到位置，就像奇迹、神迹等一样。第二个含义是，在黑格尔那里，辩证法在一个必然性的、自然的和最终的体系中相互衔接。辩证

---

① 叶秀山：《哲学的三种境界》，《江苏行政学院学报》2004年第1期，第5—12页。

法得到解决的综合,实际上只是思想在头脑中或运动在事物中的即刻停顿。综合变成了一个论题,而这个论题又自动产生了它自己的否定,一个新的综合体(合题)将不得不不断地扬弃。因此,世界历史进程在一个不可抗拒的、越来越纯粹的综合体的进展中进行,只能在历史的尽头完成卓越的综合体:绝对理念。

通过以上对苏格拉底与黑格尔哲学的回顾性解读,我们现在意识到,克尔凯郭尔将我们置于两种类型的辩证法面前,即使是最纯粹的思辨辩证法也很难将其综合起来。一方面,辩证两极的激进的苏格拉底式的对立是不可调和的;另一方面,黑格尔只是把这种对立描述为"相对的",是"对立面的对立"而不是"矛盾的对立",在此意义上,只存在"对立的统一"而不存在"矛盾的统一"。因而,可以调和的是黑格尔对整体、一般的兴趣和苏格拉底对个人的热情,但个人的热情尚未被理解为个体本身,而是被理解为自我关系的一个节点或环节,特别是个别与一般的关系。另一方面,黑格尔对思辨性的体系的探索,包罗万象,总括一切,而且很容易成为极权主义,而苏格拉底对现实有着一种包裹着的谦卑,辩证法从未完成关于个体的生命与信仰的识别、构成和领会。但我们也能看到:这两种类型的辩证法,与克尔凯郭尔的生存—内心性的辩证法相比较,偏离了自我与自我的关系,离开了生存主体,无法落实在个体生命与信仰的层面上,纵使带回了一部分辩证性的音符,却不能配合地演奏一曲华章。毕竟,在世生存的个体是生存这本原著最根本、最直接、最负责的来源。

尽管说柏拉图辩证法(近乎苏格拉底助产术)和黑格尔辩证法恰恰是"典型的"甚至是权威的辩证法。不遑多让,它们是贯穿辩证法思想史的两种经典潮流。克尔凯郭尔进一步在思想史上的其他作者身上找到这两种类型的共鸣,比如哈曼的苏格拉底、马滕森(Hans Lassen Martensen)的黑格尔。这些共鸣无形中也在丰富克尔凯郭尔自己的辩证法概念。若要再度扩充克氏辩证法的源流,探问克氏辩证法的脉络,那么莱辛(Lessing)、路德(Martin Luther)、帕斯卡尔(Blaise Pascal)、灿德伦堡(F. A. Trendelenburg)、谢林等人也应该与克尔凯郭尔辩证法的这段前史联系起来。特别是莱辛,他的反思方法旨在改变教义学"一言堂"的权威地位,他在整个作品中强调了导致人类难以忍受的紧张关系中独特的两两联系的因素,他还试图"戏剧化"地将它们在特定情况和个人故事的过程中归于一种正确关系。细致而言，克尔凯郭尔主要作为黑格尔思辨体系的竞争者而为后世感兴趣。以距离克氏最近的德国古典哲学家为例，他们在努力超越苏格拉底的尝试中同时显示了他们辩证法的缺陷，并将苏格拉底的地位还给了辩证法。黑格尔亦是其中一员，他认为人是理性的动物，辩证法是理性的武器，自我意识可以识别并说出直觉提供的东西。克尔凯郭尔则更进一步，不仅谈论精神或理性的辩证法，而且谈论生存—内心性的辩证法中的个体，并在《重复》中发出了"我是谁"之问：

> 人们总是用指头蘸一蘸土地，闻一闻自己身在何乡，我也用指头蘸一蘸世界，却闻不出任何气味。我在哪儿？所谓"世界"是指什么？这个词什么意思？是谁把我骗到这般境地，使我呆站在这儿？我是谁？我是怎么跑到这个世界上来的？①

克尔凯郭尔/假名作者康斯坦丁·康斯坦提乌斯在个体与虚无的碰撞中反问个体在世界之中生存的意义与方向。虚无剥夺了个体的生存方向，虚无让世界寂静无声，虚无逼迫个体去反思自我的生存处境。与《论反讽概念》中由于对话双方造成的"与无面面相觑"的尴尬处境相比，《重复》中以个体在自我意义上更深层的"在世"之问动摇了传统哲学不言自明的"我在"。任何一个个体在自我发问"我是谁"之时，都已经在自我解释学的层面上个体化地尝试追问"我思故我在"之中的作为"谁"的"我"。

美是难的，矛盾是难的，生存是难的。作为一个间奏曲，生存三阶段中的三个范例能给予我们一些辩证性的"谁"之反思。在感性—审美阶段，我们从安提戈涅（Antigone）事件着手追及那悲剧性的辜（即罪过），罪过一方面在于那事实——她埋葬了兄长；另一方面则关联到那蕴含在悲剧中的父亲的悲惨命运。相对于个体仿佛可以设置出族类之冒犯的辩证法，这是代代传承的悲剧性。通常辩证法被想象得非常抽象，在黑格尔哲学的体系大厦中往往直接想到那些逻辑运动。但作为黑格尔绝对哲学的反面，克尔凯郭尔通过

---

① ［丹］索伦·克尔凯郭尔：《重复》，王柏华译，外语教学与研究出版社2020年版，第115页。

将个体拉回到生活、生存之中来表明辩证法不是三言两语的背诵，几乎每一种激情都有它自己的辩证法。因此，生存—内心性的辩证法，它在与单个生存主体的关联中设置出族类或者家族之冒犯：它使得生存主体不仅在处境下接受着，而且也一同去承担着那罪过并参与其中。这种辩证法对于我们是陌生的、不具任何强制性的。在伦理阶段，借王齐教授之言，作为生存个体的"威廉法官的形象其实承载着多重'使命'，它既是审美生活方式的冷静观察者和批判者，又是康德和黑格尔的古典哲学思想的传达者，同时还是以'选择'为主旨的伦理原则的倡导者"①。然而，《非此即彼》下卷中威廉法官的形象不仅仅细微到一个显示伦理学视角优于感性—审美视角的问题。相反，《非此即彼》作为一个整体，旨在实现宗教形而上学的生存—内心性的辩证法和生存解释学，这最终也导致了基督教世界（实际存在的教会基督教）和基督教（以《新约》中对福音书和约翰尼斯传统的见证来衡量）之间的尖锐对立。克尔凯郭尔之所以更为接纳《新约》，一个重要的原因来自他对信仰的解答——"你将在这个世界上真正地获得信仰，在现世中，而非放弃这个世界以便抓住永恒。"② 个体的生存首先与通常是在世的，即便个体混杂在公众、教众集体、群等异化形式之中。到了宗教阶段，生存的个体实现可以通过克尔凯郭尔《致死之疾病》中所保持的自我与自我的关系来实现。根据个体的真实坚持，自我关系能使个体作为偶因达成自我理解，而自我理解又可能使个体达成主体意义上的"自我成为或生成"。不同于黑格尔，自我可以通过自我意识和自我理解得到新的发展。所有生存的自我形成过程都建立在克尔凯郭尔的特色维护之上：人是精神和自我，其中个体不仅是无限和有限、永恒和时间—现世、肉体和灵魂之间③的既定关系，而且也是对这种既定关系的反思。人本身的这种双重性意味着双重反思在自我关系之上的应用，通过这种

---

① 王齐：《惩罚与自由——克尔凯郭尔笔下的威廉法官对〈圣经〉的回应》，《浙江学刊》2008年第3期，第38—44页。
② [丹]克尔凯郭尔：《克尔凯郭尔日记选（1842 - 1846）》，王齐译，第70页。
③ 灵魂现在与神圣的、永恒的、有感觉的、独特的、不可分割的、总是以同样的方式行动的人最相似，而身体则与凡人的、现世的、无感觉的、多样的、溶解的、永远不以同样的智慧行动的人最相似。灵魂对应克尔凯郭尔所捕捉到的，是永恒、可能性、无限和理想性的领域，而不是定义世俗或身体概念的对立面。

关系，单一个体可以被改变为一种新的存在者。为了实现这种新的存在者，个体须得成为一个主体、一个真实的自我。那么，为什么自我必须与自我发生关系呢？

从个体出发，生存—内心性的辩证法真的就是自我的辩证法吗？或者具体而微地发问，生存个体与自我存在着何种关系？在克尔凯郭尔关于自我关系的说法中，有三个部分：自我与自我的关系，人与人的关系，以及人与上帝的关系。在《重复》中，自我与自我的关系体现在康斯坦丁·康斯坦提乌斯在感性—审美阶段的重复；人与人的关系体现在年轻人与那个姑娘在伦理阶段的重复；人与上帝的关系体现在约伯与上帝在宗教阶段的重复。在这些关系中，最核心的形式是作为个体的人与上帝的关系。克尔凯郭尔建议把最后一种关系作为克服绝望的方法。

通过研究克尔凯郭尔的辩证法中的个体明确扎根于哪种哲学—神学传统，我们因此收集到了一些特殊的参数：存在的两极（身与心或者肉体与灵魂）之间的根本对立；这些相同的两极的相互影响；如果不是在综合的层面上分析、使用或体验辩证法的两极的环节、瞬间和悖论，则不可能越过黑格尔式的调和概念重提生存个体的信仰问题。

前面的自我或自我与他者的统一抑或分裂在笔者看来并不是克尔凯郭尔的辩证法的典型例证。即便克氏本人自始至终使用了"综合"一词，附着着浓厚的黑格尔色彩，但不影响他对辩证法的核心进行了迁移。据此，克尔凯郭尔对辩证法的三步（正题、反题、合题）的前两个论题的主要部分分别使用了具体的术语，例如，有限性和无限性、时间—现世与永恒或者诸如此类的表达。由于克氏不坚持任何特定的顺序，我们可以假设，对于生存—内心性的辩证法而言，论题和对立面、正题或反题具有同等价值，但综合会通过一种"断裂"而将它们区分开来。

第三节　生存—内心性的辩证法的现世幻象：
基督教世界

基督教世界之所以被抽空为一个巨大的幻象，在很大程度上与19世纪日

第二章 生存—内心性的辩证法的接受过程与义理分析

新月异的科学技术的发展息息相关。换个角度，个体的无精神性与基督教世界（即制度化的、可见的宗教）的虚伪脱不了干系。按照克尔凯郭尔的解释，生灵/大活人即有灵（精神）的生物，其中精神又是宗教性与人性相互争夺的关键据点，也是"分有"神性的前提条件。那么又该如何理解"人是精神"这一论断呢？在对精神的定性中，威廉法官独树一帜，自称并非绝对的精神性，换言之，世俗生活对他仍有意义。①这里使用了一个关于人与世界的关系的暗语，表明了人尚未完全成为精神，但精神又是作为个体的人必须坚持体悟并在世追逐或超越的一种理想性的定性。威廉法官深谙其道，回首于此世的纷纷扰扰、驻足于世间的熙熙攘攘而不忘其永恒视域下的精神之义，于是克氏在《非此即彼》下卷以一个深刻的图像、一个伟大的谜语描绘了威廉法官身上的辩证性——生活在永恒之中却又听见客厅里的钟敲打着。

不妨让我们先行陈列一下基督教背景下的精神之义。在《旧约》中，灵（精神）的希伯来文是 ruach，本质为风。在《新约》中，灵（精神）的希腊文则是普纽玛（pneuma），也与气流、气息、风的意向相关。克尔凯郭尔在延续基督教传统的基础上将流变的特性带到了他的生存—内心性的辩证法之中，并借助永恒和时间—现世两者间的辩证关系提供了一个范例。这是《哲学片断》及其《附言》的创造基础。"上帝的观念是从人的精神出发，通过与自身和世界的关系发展出来的，而基督的观念是通过罪的意识发展出来的。"② 精神的分野还可通过克尔凯郭尔同时代的文化以及不确定的、爆炸性的评论力量（如《一篇文学评论》）显现出来，克氏在其哲学中释放历史能量，将基督教文明推向巍然屹立的孤峰，逼迫每个主体去体验他/她本己的、无可替代的命运。当然，这位丹麦哲学家透过精神关注的是对宗教 B（基督教）的哲学解释，因为他的哲学宣言正是"把基督教带回基督教世界"。

克尔凯郭尔发现了个体层面的信仰危机，基督教世界腐化为一个幻象，由教众集体接管了个体的信仰之事，反倒使得个体仅仅以一种无精神性的公众常态游荡在基督教世界。在苏格拉底助产术的指导下，克氏对个体生存与

---

① 参见［丹］克尔凯郭尔《非此即彼》（下卷），京不特译，第 8 页。
② ［丹］克尔凯郭尔：《克尔凯郭尔日记选（1842–1846）》，王齐译，第 86 页。

信仰的思考变得极具反讽意味，继而他寻求一种超宗教的经验性信仰，超越了对教义公式的遵从，超越了对可见宗教的维护。换句话说，克氏把宗教 B 的信仰沉潜到内心性深处，抑或精神层面的信仰要求着个体忍受一种不断超越现实的痛苦——内心性。在本质上，"精神"始终不是一种静止的、固化的、现成在手的"是精神"，而是一种通过生存的运动变化而达成的"成为精神"。

"成为精神"的过程是隐秘的，按照奥古斯丁（Augustine）讲述，上帝之城虽然现在不可见，却会增长和征服一切，像一粒芥菜种。按照克氏的解释，"因为信仰者（只有他才算是弟子）持续地亲见着信仰，他不是用他人的眼睛去看，并且他看到的是每一个信仰者都能看到的同样的东西——用信仰的眼睛"①。信仰的眼睛不会一味地服从世俗主义以至于自遮真相，它将在不可见的宗教形式下发现信仰的真谛。在个体的意义上，信仰的眼睛需用隐秘的内心性作为支撑，克尔凯郭尔很器重内心性在生命与信仰中的现实地位。以永恒真理为例，上帝/神是真理，但这种真理只存在于一个内心体验到自我和神之间紧张关系的信仰者身上。神—人之间的紧张关系恰恰是循着主体性、内心性和精神而来，循着"永恒"切入"时间—现世"的那个"瞬间"而来，循着道（logos）成肉身而来。道成肉身的目的是让世人的肉身得道/言，是神—人之间的无中介的沟通。或许在神—人沟通的意义上，得道就是得基督、得神、得教师。《哲学片断》伪装宣传"剽窃"来的圣经故事也因为耳熟能详才更能反差出"神—人"间的紧张关系。

区分可见宗教与不可见的宗教的另一个标准在于，克尔凯郭尔基督教哲学中有限与无限的质之差异的表述。为什么克氏要强调质性信仰？因为在本质上，信仰不可量化，有形的、周期的、偶像崇拜式的祷告危害更甚。在克尔凯郭尔的生存—内心性的辩证法以"定性辩证法"或"质之辩证法"的身份成为黑格尔辩证法的对立面之时，生存者为了上升得到救赎而必须以个体的身份走"信仰"这条绝对且唯一的道路。按《忧惧的概念》的思路，信仰表明了自由在回归其基础和目的或克尔凯郭尔所说的至高无上的"目的"时，

---

① ［丹］克尔凯郭尔：《哲学片断》，王齐译，第124页。

在基督教的意义上，它是通过赦免罪达成与基督的一致性，在同时共在性之中，从死离尘世之中获得的救赎。在克氏辩证法的应用中，它反对笛卡尔以降的近代哲学思想，特别是黑格尔的辩证法，具体表现为哲学层面上存在和思维的对立与区分，以及在生存层面上思维和意志的区别。克氏并非无的放矢，他凭借生存—内心性的辩证法，挑战了顺从主义的基督教，或者所谓的"既定的基督教"。

因此，克尔凯郭尔反对黑格尔的辩证法的一个具体表现是反对现代基督教（"既定的基督教"）的虚伪和世俗的资产阶级构成的基督教世界。克氏反对黑格尔的论战有两个主要观点。第一个是关于这位伟大的德国哲学家的信念，即历史是逻辑地向前发展的。根据辩证法计划：正题、反题、合题，克尔凯郭尔揶揄地称之为黑格尔哲学的华尔兹。因此，克尔凯郭尔的《忧惧的概念》提出了一种没有合题的忧惧情绪，揭示了个体在某种处境中忧惧情绪的一种反差、一种综合的但又模棱两可的忧惧（既爱又怕）与自困的自由的同时共在。克尔凯郭尔对黑格尔论战的第二个要点是当面对体系的逻辑思维和越来越清晰的体系哲学时，我们必须"超越信仰"。恰恰相反！克尔凯郭尔说，信仰是最困难的，也是质性的，不存在走得更远这种表达，正如他在《畏惧与颤栗》中所说的那样。信仰的困难之处还一度出现在《哲学片断》和《附言》的悖谬话语之中，信仰依旧无法用"走得更远"的量化来确证。在纯粹的概念—逻辑层面上理解生命的努力，不仅导致冻结和错过生存的辩证性的运动，而且在生存的方向上还具有误导性，因为它需要在生存之外占据一个想象的位置，几乎是感性—审美阶段的想象性的生存的翻版，算不上生存。简而言之，在生存的向前流动的运动和理解的向后回顾的概念思维之间存在着一种不相容性，这种不相容性是体系哲学无法解决的，而这也许正是对世俗生活、生存的考验。

简而言之，质的辩证法是为了反对理想主义历史的、被设想为整体的量的辩证法，后者是绝对理念的必要发展，因此是必然性关系的逻辑结构的实现，最终在体系的统一中被衔接在一起。但生存—内心性的辩证法借助忧惧情绪的反差来提醒生存个体，无论是在生存层面还是在自由层面，信仰都具有质之定性。

/////
生存—内心性的辩证法研究

在宗教—基督教领域，克尔凯郭尔的巨著直指生存—内心性的辩证法的主要焦点，也就是说，这种定性的辩证法意味着对基督教世界的幻象产生了不信任，这种基督教依靠的是大量的基督教徒和历史的持久性，它呼吁制度化的历史—政治的一致性和教义的客观性。对此，克氏从主体性的怎样的角度将个体在上帝面前和基督面前的承诺进行了对比，这是人是精神的单一旅程的两个层面和两个不可分割的阶段，亦即沉睡的精神和苏醒的精神。当我们在克氏生存思想中提及主体性的怎样与内心性之时，有必要先行澄清他的宗教背景。依照王齐教授的考据，坚守内心性的维度的一个直接的原因在于"克尔凯郭尔出生并成长在一个虔敬派（Pietism）家庭之中，这个教派属于路德宗，在德国和丹麦有较大影响，其主要思想在于反理智主义、反教会制度、重视心性"[①]。怎样判定（内）心性与信仰的关系就成了理解生存—内心性的辩证法的关键一步。内心性的沉潜、以内心性的激情牢牢抓住不可能性、持守悖论对于信仰之跳跃而言是判定信仰的质之定性的最重要的衡量标准，克氏在《畏惧与颤栗》和《重复》中关于亚伯拉罕、约伯的描述皆关涉于此。

因此，根据克尔凯郭尔的定义，生存—内心性的辩证法作为质的辩证法不是别的，而是根据《新约》传统"成为基督教徒"的自由之路。19世纪下半叶，他在丹麦的早期追随者和对手就是这样理解他的，与自德国发起的"克尔凯郭尔文艺复兴"不同，他们要么像雅斯贝尔斯（Karl Theodor Jaspers）和海德格尔那样把存在者的自由"分散"在时间性和历史性的破碎中，要么像卡尔·巴特那样把它固定在天上的上帝和地上的人的不可跨越的距离的断裂中。因此，克尔凯郭尔的生存—内心性的辩证法具有为自由的责任辩护的意义，因此也是对古代和现代的宿命论（包括哲学和神学）的蔑视和谴责，以便把单一个体从"爱"的绝望中拯救出来。存在消失于虚无之中，意义消失于无意义之中，这与神圣法令的严酷性一样，使自由在上帝的永恒历史的预期中窒息，而时间—现世的历史不过是一个无用的摆设。但生存—内心性的辩证法的现实功用在于，它在克尔凯郭尔身上揭示了个体自由的（有）罪

---

① 王齐：《惩罚与自由——克尔凯郭尔笔下的威廉法官对〈圣经〉的回应》，《浙江学刊》2008年第3期，第38—44页。

性，在罪的意识的层面，个体与基督教世界的冲突永远存在且从未解决。

克尔凯郭尔一生的目标是将基督教引入基督教世界，这是确定的，也是悖谬性的。在黑格尔哲学的帮助下，基督教世界认为它已经从与启蒙运动的伟大斗争中取得了胜利。基督教的启示已经与所有人类历史，包括政治和知识，融合成一个综合体，其宏伟程度使整个教会历史上无有与之相比之物。但是，在披露基督教世界这一幻象之时，为什么克尔凯郭尔认为有必要如此热情地攻击黑格尔的哲学，这个问题在今天仍然和当时一样重要。

在克氏的构想中，真正哲学的、思辨的辩证法是有联合作用的，可消极辩证法离弃理念，是个做肮脏生意的中间人，也就是说，其作用在于否定性的分化瓦解。年轻的克尔凯郭尔的文学浪漫主义批判以一种遗传性的系统方式呈现，并在哲学解释方法的帮助下，与生存—内心性的辩证法的"体系"相联系，作为后来对审美存在和艺术进行激进的伦理—宗教批判的初步阶段来解释。克尔凯郭尔的人类学兴趣已经决定了早期对浪漫主义的所谓文学审美感性批判。从这种批判与早期浪漫主义美学的倾向的对抗中，获得了历史—辩证法预设的证据。克尔凯郭尔在写作中展开的生存—内心性的辩证法中是否有"真正的"缺乏？这方面的例子是他对悖论的呼吁和他对黑格尔通过理性解释信仰内容的反应。对克尔凯郭尔来说，信仰不是知识过程的一个结果，而是一种持恒的信仰之跳跃的重复，是在理性与信仰对立之时个体必须做出的决断。在前文的"回忆说"批判中，知识对信仰没有决定性的意义，只有内心性的生存经验才算数。然而，这等于把信仰建立在个体在世生存的需要之上。

如果我们只追溯接受的历史，那只能看到克尔凯郭尔被不同的哲学家接受时的样子。不言而喻，要发现克尔凯郭尔的辩证法究竟是什么，就必须看克尔凯郭尔本人。尽管如此，如果只关注克尔凯郭尔，忘记他自己在19世纪的基督教世界中的具体存在，似乎有悖于克尔凯郭尔辩证法的主要目的。我们还必须执行将克尔凯郭尔与我们的当代生存处境联系起来的任务。试着去认同克尔凯郭尔的生存—内心性的辩证法，因为它同时面对着启蒙怀疑论和神学教条主义的压迫，在基督教世界这个巨大幻象中，克尔凯郭尔着手以生存—内心性的辩证法重申信仰的本义，保持信仰的质之定性，以回答人们如何在不模糊信仰和知识的边界的情况下恰当处理宗教传统的语义遗产的难题，以及在今天人们如何合理地运用宗教内容来对抗来自外部（即原教旨主义的反现代主义）与来自现代性内部（如规范意识的动摇）对理性的威胁。

与其称克尔凯郭尔在基督教世界、在他一生的著作中用生命和信仰交织着个体的生存（Existenz），毋宁说克尔凯郭尔在建设如他在作品中展开的人生道路诸阶段的生存—内心性的辩证法更为恰当。在下一节我们将借"生存即奋斗"的释义厘清这种克服的过程，并将其与克尔凯郭尔对"双重性"生存以及生存三个阶段的维护进行比较。

第四节　生存—内心性的辩证法的精神内核：生存即奋斗

在《最后的、非科学性的附言》中，克尔凯郭尔/假名作者约翰尼斯·克利马克斯抱怨说，我们（同时代人）已经"忘记了何谓生存、何谓内心性"。生存—内心性的辩证法需用（brauchen）一种哲学—神学的解读，从教义学和黑格尔哲学的神秘叠加中解脱出来，来揭露出《圣经》（特别是《新约》）环境中的典型现象并重新把握人的生存。对辩证法概念以最适合主体思想家的比例进行形而上学和神秘主义的熏陶，从而在确定了主体思想家自己将把其"发现"归于自己的那个类别：个体。克尔凯郭尔的假名著作坚持以生存论框架走向他更衷心的问题，即个体对罪、恶和宽恕意识的理解，同时把它带入了信仰前的最后一个阶段——一种幽默的生存。

辩证法这个词出现在作为《附言》主体的《哲学片断》中，几乎是以零敲碎打的方式突然出现的，丝毫不引人注目，很难让人相信它是《附言》以深思熟虑的话语让生存—内心性的辩证法成为个体完成信仰之跳越和自由的选择的同义词，并且在一定程度上也成为基督教而非基督教世界推崇的独创性的同义词。《哲学片断》中的辩证法仅仅提及了"在与不在""瞬间""对立面同样可信"等话题便无迹可寻了，当然，这并不是说黑格尔的辩证遗产与瞬间的辩证法并不重要。

《附言》里的选择自由并非《忧惧的概念》在罪与信仰的张力之间的那

种自由，它遵从更早的著作《非此即彼》的解释——自我性的自由。严格来讲，克氏重点阐述了伦理代言人威廉法官将"为生存而劳作"视作人之自由最高的表达，即通过劳动确保自由中的精神性。依王齐教授之见，威廉法官身上具有"双重性生存"（dual existence），亦即"感性"与"精神"、"时间性—世俗性"与"永恒性—超越性"存在的综合体。①这种综合不以黑格尔式的合题为终点，不接受"调和"这个和事佬来破坏"两情相悦"的张力。因此，威廉法官保持着辩证的头脑并通过家中的起居室而非教堂的事工等形式使自己变得透明，保持自我的永恒有效性以便成为在上帝面前的独立个体。这种努力的前提正是"双重性"的生存。

不可避免地，生存—内心性的辩证法的重心落在了个体的生存。在生存之中挖掘辩证法的新意须得联系《附言》以及日记中关于生存的定义。克氏在日记中写道："第一是扎根于生存的边界之上，第二是在生存的双重性之中。"②他身体力行，在《附言》"最初和最后的说明"中克氏表明，"在一定的距离之外，以双重反思的疏离感独自阅读那些个体的人的生存状况的原始著作"。③克尔凯郭尔所言不虚，他是生存这本原著的忠实读者与生存三阶段的守护者。

联系上一节对于质之辩证法的身份的引入，克氏在生前未出版的著作《阿德勒之书》曾经以不同的辩证性表达并开拓了新的未知领域。辩证法术语本身在克尔凯郭尔坚持的写作中得到扩展，在自由的周围创造了"质"的重要空间：质的辩证教育、质的辩证测量、质的辩证差异、质的辩证矛盾、质的辩证激情等细微差别的绽放，共同赋予了"质"的弹性，由此在质的意义上和永恒真理的基础上产生了异于黑格尔的"综合"范畴。《阿德勒之书》提出了三个基本的质之辩证法：上帝与人之间、基督和其他每个选民之间、使徒和天才之间。不同于《非此即彼》《重复》中指涉生存三阶段的做法，《阿德勒之书》专注于宗教阶段。即便如此，生存—内心性的辩证法的确切概

---

① 王齐：《惩罚与自由——克尔凯郭尔笔下的威廉法官对〈圣经〉的回应》，《浙江学刊》2008年第3期，第38—44页。
② ［丹］克尔凯郭尔：《克尔凯郭尔日记选（1842-1846）》，王齐译，第71页。
③ ［丹］克尔凯郭尔：《最后的、非科学性的附言》，王齐译，第532—533页。

念也并不固定在一个逻辑定义中，而是在生存性反思的高潮中发展。可以说，根据《致死的疾病》的公式，自我作为精神的辩证法，也就是说，自我在生存之中尝试从"时间—现世"投射到"永恒"。这个"我"获得了一种新的质的资格，因为它是上帝面前的一个新的"我"。在上帝和耶稣基督面前，这种双重反思中的"我"是质的双重性的"我"，没有第三者（tertium non datur）。简单说来，排中律认定一个命题非真即假，没有第三种情况。

我们可以通过基督教领域的质之辩证法本质上是痛苦来理解生存。克氏在日记中补充道："真正更难的是终止人神关系所带来的痛苦中的辩证性。"①痛苦既是宗教阶段的本质，也是在下一节我们着力诠释的内心性的直接定性。基督教的现实是那个最高的存在，它总是被反方向反映。易言之，每个以直接方式反映那绝对的都不是基督教。基督教必须以绝对的方式反映自己，这取决于有限和无限、时间—现世和永恒在质上的差异。

在永恒的、无限的视域下，个体作为自我和精神，在无知的直接性和无辜性的情况下已经宣布了自己的存在，而个体在面对无知性时，会体验到忧惧（Angest/ Angst/ anxiety）②。忧惧这个词根本不会让我们想到一个体系的重要性，而是触及生存—内心性或生存的内心性/真挚性。个体只有通过把自己从无限和永恒中剥离出来，才能获得他们与无限和永恒的关系的清晰性；但前提是，单一个体只有在自我与自我的关系中才能成为一个真正的自我；进一步地，个体只有在他们的罪的无限中才能成为精神。因此，作为精神的"我"始终是一个综合。悬浮在时间—现世与永恒之间、在有限与无限之间、在可能性与现实之间、在自由和必然性之间，此间的"我"呈现为与自身的关系。自我是自我所要成为的，也就是说，它选择成为有限的或无限的，因此是有限的或无限的、是时间的—现世的或永恒的。自我的质与它在自由中给自我的尺度相一致。因此，一个以上帝为尺度的"我"，具有在上帝面前存在的意识，就获得了无限的现实。要找到"我"的尺度，只有在启示宗教中，通过占有"在上帝面前"自我透明的品质，"我"才通过这一尺度获得自我

---

① ［丹］克尔凯郭尔：《克尔凯郭尔日记选（1842–1846）》，王齐译，第135页。
② 只有把精神定义为暂时性和永恒性辩证地不断分离的统一体的承载者，才有可能认真对待世界上的忧惧。

第二章　生存—内心性的辩证法的接受过程与义理分析

与自我关系中的平衡。

谈起生存与（有）罪性，究其根源，对基督教徒来说，罪只是一种缺陷，罪在于一个人的自我在上帝面前（错误的）的关系，即"质"之状态，也就是说，拼命地不想在上帝面前成为自己，或者拼命地想在上帝面前成为自己。因此在这两种情况下都是绝望，是不服从，是自我在各个层面上对上帝的冒犯：感官的、心理的、精神的。诚然，苏格拉底缺乏基督教的罪的概念；苏格拉底和整个希腊人都不能理解，一个人可以有意识地做不正确的事情，明知故犯，明知是善，却可以作恶，揭示了理解和行动之间、理智和意志之间的"质"之差异。实质上，这种趋同——认识和行动的同一性——是现代哲学的立场：决定性的、反苏格拉底的观点是，现代哲学（首先是黑格尔）希望我们相信罪性的生存是基督教的考验。

因此，精神生活中的罪（以及由此产生的"质之差异"）起源于自由意志：如果一个人在认识了善的那一刻不去做，那么知识之火就会在他身上熄灭。克尔凯郭尔在这里有一个强有力的表达：意志是一个辩证的原则，使人的内心性的本质和智慧本身处于自身之下。因此，对于所有的知识，仍然有一个问题，即意志对已知的东西做什么。意志要对导致罪的反常行为负责：如果意志不喜欢人所认识的东西，它就会休止。在此期间，知识变得越来越黑暗，由人的本能接管了，但却是向下的，是伦理和伦理—宗教知识被遮蔽之后的质的衰败。因此，基督教概念中的罪由意志构成，即它是一种立场，它不由知识构成，对于这种堕落的认识只有通过启示才会出现。对基督教来说，罪是一种立场，冒犯是"不信"的一个范畴。因此，罪把第一个决定性的质的跳跃借力于"时间—现世"和"永恒"之间的生存张力上。在基督教的意义上，在通过神圣的启示知道什么是罪之后，在上帝面前，自我被提升为一种无限的力量。

克尔凯郭尔的作品呈现一种生存的双重运动——能说的和不能说的，重回区分的时代必须矛盾地保证在可能性的镜子中出现威廉法官式的生存者，其自身的永恒有效性才是画面的主题。在《忧惧的概念》中，在假名作者哥本哈根的守夜人（Vigilius Haufniensis）的解释中，可以注意到的是，科学过程总是指向居住在思辨之外的东西，比如"罪的虚无场所"或科学领域与现实（Wirklichkeit）之间的不可比性。虽然《忧惧的概念》具有知识或理论沟通的外观，但间接沟通的形式存在于对忧惧问题的概念性处理中，因为哥本哈根的守夜人会把读者带到科学方法的前沿地带。与之相称，《致死之疾病》将从个体绝望的那一刻起，间接呈现出安提-克利马克斯所描述的过渡，是不同形式的自我实现，是静态的和连续性的自我。他对绝望的分析是横向的，这将揭示绝望的多种形式证明与抽象的概念对立是不可比的。

克氏本人"生存即奋斗"的论断还体现在间接沟通必须留给无法确定的、陈旧的冷漠。因此，有必要找到一种形式，使间接的东西能够被描述，同时保持（沟通）开放。间接沟通不是一种形式上的特殊性，不是哲学思想的一种文学外衣，也不是一种教育（或教化）策略，它是为沟通的接受者播种着一种"为我的真理"。间接沟通是克尔凯郭尔一以贯之的写作方法与思想方案。因此可以看出，我们不必像《观点》的解释所建议的那样，将间接沟通简化为使用假名。这种解读也偏离了通过对宗教实践的认可而获得其意义。间接沟通作为克尔凯郭尔哲学的一个核心要素，与他的整个思想相衔接，甚至在没有明确探讨这一主题的作品中也存在，主要是因为间接沟通将指向一种方法，它在面对分析"生存这本原著"时撤销了自己。在本质上，间接沟通被表述为让同时代人重拾生存和内心性的沟通。这是一种不以客观性为基础的沟通，却又是一种开放的沟通，能够表达生存者成为主体、成为自我、成为精神的运动，这是生存者的永恒有效性的特点。也可以认为，间接沟通的特点主要是使用假名，这种文体资源是为更广泛的目标服务的，如生存感的深化或将读者从错误的基督教世界中解脱出来。

在世生存的主体思想家意识到了"沟通的辩证法"，克尔凯郭尔的生存—内心性的辩证法完全专注于人的生存维度，而这些维度总是以"同时性"的方式表现出来。因为在人类个体的具体生活中，感觉、理性和幻想是同时存在的，而且是等同的。在时间性的生存进展中出现真正的在世统一性，年轻，然后变老，最后死亡，是一种相当温和的生存；难的是将生存的各个瞬间融合在一起。

克尔凯郭尔的这位主体思想家同样是一位辩证的思想家，但他积极面对人类生存中永远无法完全消解的矛盾，坚持反对一切否认生存的企图。在克尔凯郭尔那里，这种生存—内心性的辩证法在确定"我是谁"的过程中达到了顶点。在这样做的时候，克氏在形式上回到了黑格尔的概念，但意识到对立面不是被消解的，而是以生活、生存和体验来填充它们，以精神填充它们。在《致死的疾病》中，开篇有言："人是精神。但是，什么是精神？精神是自我。但什么是自我？自我是一个'使自己与自己发生关系'的关系；或者，它处在'这关系使自己与自己发生关系'这个关系中；自我不是这关系，而是'这关系使自己与自己发生关系'。人是一个'无限性'和'有限性'、'那现世的'和'那永恒的'、'自由'和'必然'的一个综合，简之，一个综合。一个综合是两者之间的关系。以这样的方式考虑，人尚未是自我。"①在两个人之间的关系中，关系往往是作为消极统一体的第三者；但克尔凯郭尔的这种关系与自我有关，那么关系就是积极的第三者，"我"就是自我。

"自我"是克尔凯郭尔对人的个体化的生存的称谓。他首先把自我描述为一种关系——自我与自我的关系。在这个与《重复》同一的关于"我是谁"的质询中，人类生活、生存中的对立时刻走到了一起，如有限与无限、时间—现世与永恒以及自由与必然。这种对立面的统一，使用黑格尔的术语，克尔凯郭尔称之为"综合"。在他看来，这是一个甚至比"关系"更为贴切的概念。这也是为什么在《忧惧的概念》中把人解释为灵魂和肉体的综合。但是，如果这两者没有在第三者中结合起来，那么综合是无法想象的，这个第三者就是精神。这里应该指出，精神现在不是一个"额外的"存在于"外面"或"旁边"的对立面；更重要的是，精神就是自我导向的活动，在生存的张力中将对立面结合起来，并且也穿透它们，使它们分开。可以说，作为一种精神存在，人是介于两者之间的存在。人被称为之间的存在，首先是被置于一个生存论的背景下。人站在所有存在者（物）的优先顺序中，位于单纯的物质存在和单纯的精神存在之间。这并不意味着每一个具体的人的此世生存完全缩小为世界事件中的一个无足轻重的齿轮；相反，现世的巨大矛盾汇聚在一起，作为喜剧和悲剧共存的实际世界舞台在单一个体身上以戏剧性

---

① ［丹］克尔凯郭尔：《畏惧与颤栗 恐惧的概念 致死的疾病》，京不特译，第419页。

的严肃态度上演。在基督教哲学的信仰语境下,我们或称其为"畏惧和颤栗",或称之为"恐惧战兢"。

在这本名曰"生存"的原著中,"我们这个时代有很多人,他们掌握了全部生存的结果,但却不知道如何处理最起码的事情"。① 自由和真理不再像在体系中那样是普遍的,而是在生存的不可阻挡的严肃性中遭受冲突。但反过来,在存在哲学中,生存是一种明显的严肃性,它缺乏绝对性,因此没有认识到选择中潜藏的绝对风险。

克尔凯郭尔的生存—内心性的辩证法迷人且中肯,在这里,辩证法仍是在质的这一边,实际上它是在存在与非存在的对立之间。辩证法在消极和积极的自由之前,它是对生存本身的不隐藏。自由是一个棘手的术语,比如强调生存中的现实—真理—自由的完美契合。相反,黑格尔辩证法在正题与反题、有限与无限的交织中的烦琐动态就显得多余了,而存在——成为和显现——消失的脉络就出现了。然而,值得称赞的是,黑格尔赋予现代"我思"以绝对客观性的形式,从而带来了翻转或将主观性逆转为客观性,而这正是黑格尔的辩证法所趋向的:普遍历史的合理性。因此,在黑格尔那里,在这个确切的意义上,真理、客观性和自由在绝对概念的整体中是一致的;真理就是客观性,客观性就是真理。黑格尔辩证法中的主观性表达了精神的最低时刻:现象学中的感性直接性,逻辑学中对应的是存在、纯在的领域。克尔凯郭尔在年轻时有一些黑格尔式的同情,但从他的原创作品开始,他与所有体系彻底决裂了。对克尔凯郭尔来说,人们不是从主观性(主体性)开始,以客观性结束,特别是在后康德的体系中;而是从主体性开始,通过主体性运动,以主体性结束。因此,基本的定义或论题是:"真理是主体性""主体性是真理"。生存—内心性的辩证法是关于个体自由的辩证法,在世界中的生存个体摆脱自困的自由,让自我出场,进入开放性之中,这一切建立在绝对的悖论之上。

克尔凯郭尔希望生存者/信仰者追逐永恒福祉或至善,但在基督教哲学之中,永恒福祉或至善的本质却首先是一种向内的苦难,"因为苦难恰恰在于向

---

① [丹]克尔凯郭尔:《克尔凯郭尔日记选(1842–1846)》,王齐译,第77页。

外的方向遭到了否定——世界之罪"①。在"生存即奋斗"的解释中，克氏显然把苦难的承受与永恒福祉或至善的理解一并置入了生存—内心性之中，从向内的、内心化的生存去肯定信仰的严肃性。

第五节 生存—内心性的辩证法的双重反思：从概念到内心性

在宗教 B，隐秘的内心性被描述为真正的宗教性。内心性不是绝对隐藏的，而是为伦理—宗教行为提供依据的性情或性格。可以参照的是《畏惧与颤栗》和《阿德勒之书》中讨论的私人启示。根据定义，这种启示是私人的，即使它们涉及内心性并导致外在的行为（例如，以撒的献祭）。尽管是《旧约》的故事，克尔凯郭尔却辩证性地勾勒出以下历史叙事。首先，中世纪的基督教通过赋予修道院以特权而过度强调外在性，导致个体与整个生存、与普遍的人性断绝了关系，由此修道院之路、鹿苑之路皆偏离了信仰。其次，作为一种纠正，新教和《附言》开始着眼于强调世俗性和内心性在信仰中应有的困难。再次，为解释思想试验中的平等之爱，克尔凯郭尔选择在《爱的作为》中论证爱的内心性（真挚性）中的神—人关系。②最后，克尔凯郭尔在《基督教的训练》等后期著作中对世俗性和内心性做出了回应，他以基督教的苦难、殉道和模仿基督的话语来强调现实性。

生存—内心性的辩证法超越黑格尔辩证法的关键在于主体思想家实现了从概念到内心性的跃迁。1844 年，克尔凯郭尔（化身名曰"哥本哈根的守夜人"的假名作者）强调，"内心性是在行动中，只有通过行动才能实现"③。这一提示与生存者的实践相近，即生存就是去生成。这里要问：生存的本质是否能解释隐秘的内心性。换言之，一个更为重要且不可忽视的命题映入眼帘——"生存即内心性"又该作何解释。至少阿多诺认为，对内心性

---

① ［丹］克尔凯郭尔：《克尔凯郭尔日记选（1842－1846）》，王齐译，第 196 页。
② ［丹］克尔凯郭尔：《爱的作为》，京不特译，中国社会科学出版社 2013 年版，第 132—134 页。
③ ［丹］克尔凯郭尔：《畏惧与颤栗 恐惧的概念 致死的疾病》，京不特译，第 352 页，译文有改动。

（Innerlichkeit/ inwardness）的强调导致了一种没有对象的思考模式，它依赖于一种"抽象的"个体概念。"主体是场景（Schauplatz/ scene），而不是克尔凯郭尔的辩证法的基础，这种辩证法发生在内心性和它的意义（信仰的行为）之间。"① 这种内心性的意义不是个体所固有的，它不是个体的对象，与个体有质的不同，尽管主体只能通过"内心性的反思"来唤醒。事物和客观精神（Geist）的世界与克尔凯郭尔的内心性辩证法无关，但阿多诺表明，历史和人类的概念对克尔凯郭尔至关重要，因此，他的个体概念是抽象的。在克尔凯郭尔的辩证法中，成为一个基督教徒并不是绝死的一跃，而是一个永不停息的生成过程。个体的内心性与无限弃绝是信仰之跳跃的基础。个体有一个历史，因为他/她是人类的一员。但宗教 B 认为，人类是由原罪定义的。因此，克尔凯郭尔的历史概念是异端的。阿多诺还批判克尔凯郭尔预设了一个超历史的概念，即罪是人类历史的第一个事件。

单一个体从主体性真理中持守自我隐秘的内心性、捍卫基督教世界严肃的宗教性并追逐翼马般地在世生存的永恒性。试想，亚伯拉罕的献子旅程中不曾有过信心的犹疑是克尔凯郭尔《畏惧与颤栗》的中心主题，在内心性的层面，克尔凯郭尔强调亚伯拉罕作为"信仰之骑士"胜于他者。诚然，亚伯拉罕战胜了内心冲突，他敢于放弃整个的现世性，把所有的冲击都吞咽到内心性之中，在信仰中保持缄默，他者无法理解亚伯拉罕身上那种秘密的、沉默的辩证法。"信仰之骑士，他孑然独行自己为自己引路。"② 亚伯拉罕的内心性/真挚性首先是一种不可理解性的痛苦，但这种痛苦让他确定自己处身信仰之中。进一步而言，信仰是生存的悖论，以撒不过是亚伯拉罕的信仰之"荣耀"上的一层面纱。然而，与传统的解释相反，这种荣耀并不是亚伯拉罕希望成为神之力（特别是使用谋杀等暴力手段）的工具。克尔凯郭尔笔下的亚伯拉罕之所以是伟大的，是因为他在信仰的考验中所面临的特殊的、究极的、超越伦理的内心性的考验。易言之，假名作者沉默的约翰尼斯赞美亚伯拉罕，后者的伟大通过三个方面显现出来：他所爱的（上帝）、他以信心等待

---

① 参见 Gillian Rose, *The Melancholy Science: An Introduction to the Thought of Theodor W. Adorno*, London and Basingstoke: The Macmillan Press, 1978, p. 63。

② ［丹］克尔凯郭尔：《畏惧与颤栗 恐惧的概念 致死的疾病》，京不特译，第79页。

第二章 生存—内心性的辩证法的接受过程与义理分析

的（不可能性），以及他所争取的（不是为世界或为自己，而是为上帝）。作为平行叙事，《哲学片断》及其《附言》在克尔凯郭尔的生存—内心性的辩证法中扮演的角色是尊敬地移除伦理与宗教的界限以便为单一个体"成为基督教徒"留下空间。

克尔凯郭尔所说的生存—内心性的辩证法较之现代思想家所说的概念分析或者对于区别的澄清而言更有意义，尽管这里内心性的对抗比外在的试探更困难。差异重复地存在于直接性与反向运动之间，这就是亚伯拉罕故事中秘密的辩证法。"秘密和沉默真正使得单一个体成为伟大的人，恰恰因为它们是内心性的各种定性。"[①] 在信仰之境，亚伯拉罕与上帝达成密谋，他在内心性中做着荒谬的、悖谬的运动，既努力又斗争。所谓反向运动则是这样：在外在性的努力的同时也对自身努力（内心性的坚忍）。

对克氏而言，在亚伯拉罕的故事中，生存—内心性的辩证法存在于作为开端的感性—审美创造力、作为过程的伦理判定和作为目标的宗教信仰的联系之中。但在内心性的层面，辩证法意味着生存个体的责任的冲突。显然亚伯拉罕面临着责任的冲突，他是一个世俗意义上的谋杀犯还是悬搁伦理之后的信仰之骑士？亚伯拉罕的一个责任是献祭自己的独子，另一个责任是顺从上帝。亚伯拉罕应该如何摆脱这样的冲突？克尔凯郭尔从两种类型的责任中寻找答案：责任伦理和宗教信仰。试想一下债权人和债务人的利益之间的紧张关系，或个人价值与集体价值之间的紧张关系，或权威与自由之间的紧张关系。当然，信仰与《圣经》文本之间也充满了这种紧张关系。在黑格尔那里，对立面总是能在一个更高的层次上结合起来，形成一个综合体。因此，从辩证法中产生了新的东西，按照黑格尔的说法，这就是历史的动力。但黑格尔辩证法无法调和两种责任的紧张关系，亚伯拉罕只说了一句话，还是出于不得不回答以撒之问"献祭的羔羊在哪里"，"亚伯拉罕说，我儿，神必自己预备作燔祭的羊羔。"[②] 在亚伯拉罕的利刃落下之前，他也未曾泄露与上帝的密谋话语，但在内心性的定性上，他似是而非的回答也未欺骗以撒，我们

[①] ［丹］克尔凯郭尔：《畏惧与颤栗 恐惧的概念 致死的疾病》，京不特译，第89页，译文有改动。

[②] ［丹］克尔凯郭尔：《畏惧与颤栗 恐惧的概念 致死的疾病》，京不特译，第112页。

可以将其理解为"半句话"或者说"一种反讽"。亚伯拉罕在内心性中做出了灵魂的双重运动，他既保住了对上帝的信仰，也在信心之得胜中保住了世俗挚爱（以撒）。

然而，克尔凯郭尔的生存—内心性的辩证法是在对以前的思想结构进行富有成效的处理和化用的背景下生产的一种诗化产品。柏拉图式的静止与运动的二元性，以及康德式的感官世界与精神世界的表述和黑格尔本质与现象的辩证法，都可以在克尔凯郭尔身上找到加工的痕迹。这样一来，这位存在哲学的奠基者成功地在对立面之间建立了一个"第三者"（如精神），而非中介化地归之于调和。在对内心性的进一步的解释中，克氏提出了一个完全不同的上帝概念，这不是一个严格的神学的解释所能做到的，甚至超越了《圣经》文本而走入了生存这本原著。不止亚伯拉罕，克氏的大部分哲学作品都涉及人如何作为"单一个体"生活、生存的问题，并将具体的人类现实超脱于抽象思想之上，强调个体在内心性层面上的选择与信仰之承诺的重要性。

本节的一个重要构思是提出对生存—内心性的辩证法在内心性的沉潜中的可能看法，一方面使克尔凯郭尔哲学的构成要素尽可能透明化、明晰化；另一方面又能让内心性在张力或紧张关系中安如磐石。比起在曲折的解释道路上盲目摸索，毋宁传达出对克氏所思所想的辩证性分析，以达成超越传统的神学解释的观点。

首先，亚伯拉罕的绝望和信仰上帝时的悖论，被示意性地展示出来并提供了在内心性的沉潜中悬搁伦理的解释。下一步，提到了生存—内心性的辩证法真正巧妙的思想革命与坚持正统的上帝概念的不相容，这使信仰者绝望了。接下来，将尘世塑造为一个积极内涵的人世间，即感官世界的可能性，放在一个包括绝对的综合体中进行解读，克尔凯郭尔已经以这种方式阐释了生存与死亡的双重性、放弃整个现世性与抓住永恒性的双重性。最后，这种执行使克尔凯郭尔的生存—内心性的辩证法更容易被单一个体理解，并使得亚伯拉罕内心化的信仰图景更为清晰。

在克尔凯郭尔看来，单一个体最初都处于生存的感性—审美阶段。其特点是，个体完全受制于他/她在这里和现在的生存处境，受制于身体、感官和环境的外部刺激。在个体发现自己所处的偏见中，他/她还不了解自己是一个

第二章　生存—内心性的辩证法的接受过程与义理分析

自我，因此对自我没有意识。但在这个最遥远的阶段，已经有了内心性的绝望的种子，这是为了唤醒自我的认识，最终认识上帝。但戏剧性的一刻发生在《非此即彼》上卷的《诱惑者日记》的后半段①，诱惑者约翰尼斯因为自我与自我的内心化的相遇而陷入失控的恐慌，这一内心性的恐慌可以解读为作为"被诱惑者"的角色仿佛发生了倒转，即约翰尼斯不再是纯粹的旁观者身份，他开始从千篇一律的、作为分母的诱惑图像中挣脱出来。这一角色的倒转使他不能游刃有余地置身事外，却又意外地提升了"诱惑"的辩证性，既是诱惑者，又是被诱惑者，让一种新的自我从先前沉醉于感官性的约翰尼斯之中顺利生产出来。顺便说一句，考尔德丽娅才是潜在的主角，正因为她（最初的被诱惑者）无形中意外诱惑到了约翰尼斯，"诱惑的辩证法"才真正显露出来。看似每个阶段都是独立存在的，实则不然。细心的读者会从克尔凯郭尔的诗性—辩证性的人物塑造中等候那个破与立的过程。综合来看，各个阶段形成了眼前的阶段，这可能不是生存的全貌，也可能是内心性的沉沦。然而，要实现的是通过不同思想路线的相互联系和相关的精神运动的进展，获得对精神领域的洞察力。因此，每一个生活在感性—审美阶段的人都有本己的、绝望的、恐怖的秘密，因为他/她很清楚，生存—内心性的张力导致了绝望，同时他/她也知道这种张力已经扎根于自我之中。个体想要在与他者的关系之中保持着一种不被破坏的差异，在这种差异中拥有并保持自己的生命与信仰。一方面是差异，它的基础是没有自我；另一方面是处于相反类别之间的质的紧张关系，这一点由个体性和普遍性、理想性和现实性、无限性和有限性、灵魂和肉体、可能性和必然性以及永恒性和时间性—现世性对立的关系来解释。

一旦审美者认识到自己是被抛入忧惧心境的那个人，其任务是通过综合进行调和，他/她就会试图升华或跳跃到生存的伦理阶段，从而跳跃到威廉法官式的自我的永恒有效性之中。或言之，一旦个体知道自我处于这种差异之中，他/她就会选择拥有本真的自我，开始脱离这个受制于漠然无殊状态的旧的自我。个体选择了自我并意识到自己在跳跃之中可能经受的失败，这是生

---

① ［丹］克尔凯郭尔：《非此即彼》（上卷），京不特译，第525—536页。

存的双重性所带来的不可规避的责任。承担起本己的责任，如亚伯拉罕一般，他总是带着责任在二元对立的中心找到自我，毕竟伦理是一种选择，宗教同样是一种选择。但更重要的是遵从内心性（真挚性）层面上的严肃选择。生存的伦理阶段的绝望来自个体自身的事实性，他/她拼命地想成为自我，想在所有生存处境下成为自己命运的主人，但由于自身的有限性，仍然无济于事。在绝望面前，个体了解到他/她所期望的总是一个假想的自我。

亚伯拉罕作为信仰的骑士，通过信仰之跳跃上升到生存的宗教阶段是引人深思的，其结果是个体知道自己被置于人—神关系之内，而对自己的全部谬误的宽恕是由上帝给予的。这种由上帝宽恕自己的过失的做法规避了人的精神能力，被证明是一种只有通过信仰才能发生的悖论。人通过信仰发现自我的内心性所带有的绝对性，暂停了伦理的、理性的、哲学形而上学的理解。克氏认为，信仰的辩证法是最好的，也是最奇异的，具有可以想象的改进，于是他在《畏惧与颤栗》中新增了三个问题。自我作为一个积极的综合体，作为一个先决条件，急于向前了解由它散发的关系，即自我已经被安置，它需要一个构成性的实例，在其模仿中了解自我。按照克尔凯郭尔的说法，这种构成性的权威本身只能通过神/教师来说明自我。

以亚伯拉罕这位信仰之骑士为榜样，个体通过信仰之跳跃意识到了内心性层面的自我。但是绝望一同增加到单一个体对自我的认识之中，迫使个体接近信仰的悖论，告诫个体绝望一直潜在于内心性之中。念及绝望的发生是由于个体尝试在人性和神性的张力中认识自己，同时需要一个综合原则，能够把信仰者（亚伯拉罕）和审美者（诱惑者约翰尼斯）等同起来。那么，只有在后者被综合而不是被否定的情况下，才能真正克服想象性的生存，达到宗教境界。

一般来说，自我意识，是与自我的内心性有关的决定因素。意识越强，欲望越强，自我越强。一个完全没有意志的人算不上一个自我；拥有更多的自信，意志就越大。然而我们必须承认，许多世纪以来，一些基督教徒并没有正确地理解这一点。重点往往是病态地放在基督受难的痛苦和悲伤上，这也反映在历史上的图像中。在许多关于基督在十字架上的图像中，他被渲染成一个被破坏的形象——完全被他的事实性所打败。这样的图像没有传达

"降世"与"瞬间"的意思，反而只传达了我们被事实性和有限性所束缚的信息。有限性、事实性和永恒性混合在一起，而有限性与事实性最终会让位于对永恒性的开放。克尔凯郭尔的生存—内心性的辩证法没有停留在基督受难的历史复述上，而是强调个体在自我的内心性的沉潜的基础上去体验苦难，他将内心性定性为受难，意在宣告信仰是个体在"永恒性"与"时间性—现世性"之间完成信仰之跳跃的一种私有事件。信仰者通过自我的内心性的坚忍为之，既可以无限放弃现世性却又能再度回到现世性，生存—内心性的辩证法仍有很大的空间来帮助克服当代虚无主义。一个思路是构建一种不仅考虑到自我，而且考虑到他者（邻人）的列维纳斯式的他异性的伦理。同时不妨审思一下，在我们这个日益世俗化的时代，应以何种方式建立亚伯拉罕事件中克尔凯郭尔所悬搁的伦理。

第三章　生存—内心性的辩证法之思维变革中的同时共在性

生存—内心性的辩证法拒绝完全集中于黑格尔式的思辨或纯粹思维的绝对自我与思想者的经验自我之间的关系问题，克尔凯郭尔以退为进，以反讽的口吻声称，纯粹思维所重视并超越的健全的人类启蒙就是它的立场。克氏以启蒙的名义批判启蒙的方式无疑贯彻了他自己的博士论文的反讽要义。

然而，当生存—内心性的辩证法将其视野的中心由纯存在或纯有转向个体的生存之时，也先行决定了个体需要不断地生成、成为自我。这里的生成不是相对于他者，而是基于自我的去生存或者自我的新生。在基督教哲学的语域内，即生存者/信仰者成为主体、成为精神、成为基督教徒的使命。所以当我们说"成为基督教徒"而非"是基督教徒"时，显然已经承认了作为一种重复事件的"成为"。在"重复"中，自我的存在被重新接受，并转化为不断创造的努力，只有这样，"永恒"才会在"时间—现世"之中切断现在，并出现在同时共在性之中。重思克氏的思想试验，在重复的瞬间，那永恒的和那现世的相互排斥，但最终在永恒真理中结合起来。这是生存的内心性，被分裂和统一的持续动态所穿透，这无非是信仰者在七万寻的深处的辩证之潜泳，去探访作为生成者、时间—现世中的教师的内在现实的真理，同时也为生存者/信仰者而在的生存—内心性的真理。克尔凯郭尔在信仰者的这种内心性的现实中寻求从生存主体的"自我异化"中获得真正的自我恢复的可能性。逃离黑格尔辩证法，生存主体原先因为思辨或纯粹的思考失去生存，变易为一种感性—审美阶段的想象性的生存，实际算不上生存。但在思维与存在的关系的变革之中，威廉法官曾经发声的自我关系的透明性才是人类生存的真正自我实现的一个标志。生存的透明性事实上是信仰层面上的一个描述，

第三章　生存—内心性的辩证法之思维变革中的同时共在性

生存—内心性的辩证法推崇双重性的生存与内心性的沉潜，"时间性—现世性"与"永恒性"之间的张力从不止息，在其中，安全性与不安全性并存。现世性失去永恒性意味着生存者/信仰者迷失了自己，生存者没有领会信仰的质之定性，也错失了绝对的悖论蕴含的同时共在性之思。

第一节　生存—内心性的辩证法对思维与存在关系问题的再审视

前面诊断的结论是，任何从"无预设"的思考（"我思"）开始的辩证法主张，即从"无确定和无任何内容"开始的、缺乏开端与第一者的辩证法主张，都会消解思考过程以及思想者，将其扼杀在生存的萌芽状态。不参照现实的纯粹思维，只是数学思维，这就是为什么它基于常规化的公理，并可以在完美的自主性和内在性中进行；另外，思维领域是属于抽象的本质领域，在现实的存在中，只有单一的个体，因此涉及可能性，即形式上的客观性。但是黑格尔，由于那个不能开始的没有预设的开端、第一者甚至不能建立一个可能性的领域，此外，黑格尔必须拒绝现实性，因为体系辩证地确定了可能性和现实性，同样确定了自由和必然、本质和存在、主观性和客观性——所有这些都是通过黑格尔的辩证法而展现，体系不能在生存之中迈出一步，仅仅是纯粹存在，是死亡，而且必须在其诞生之初就死亡。死亡被黑格尔定性为纯粹存在[1]，克尔凯郭尔却把死亡通过生存的极限远端揭示出来，可以说，克尔凯郭尔对现代的"我思"的批判是转向个体存在一个开端。克氏在理论上的相关意见似乎是：对黑格尔来说，人们必须从眼前开始，这要求最大的反思，具有无限的显著特性，但这又意味着反思本身不能被自我阻止。换言之，反思的主体失去了操纵、控制自我的权力。的确，黑格尔自己把这种反思的无限性称为"坏的无限性"（schlechte Unendlichkeit），是必须尽快放弃的东西。克尔凯郭尔反思的是黑格尔为什么会锁定坏的无限性？但是，如果一个人已经用坏的无限性做了"开端""第一者"，那么为什么它又被认

---

[1] ［德］黑格尔：《精神现象学》（下卷），贺麟、王玖兴译，第14页。

为是必须要被抛弃的卑鄙的东西？现实即黑格尔辩证法的基本缺陷是，体系并不是立即开始的，即从直接的现实开始，而是通过反思实现的——根本原因就在于反思不能停止自己，反思不能脱离概念，反思不能转化为生存、转化为内心性，所以反思失控了。黑格尔或任何黑格尔主义者大可不加掩饰地说：如果我们可以在这里谈论直观的话，在开端的、第一者的纯粹不确定和空虚中没有任何东西可以直观；也就是说，这里只有纯粹、空虚的直观。

在这里，克尔凯郭尔通过生存—内心性的辩证法继续提出了一个与我们的考察相一致的意见，即谴责黑格尔说，面对不可能通过这种纯粹思维来进入存在的情况，黑格尔自己放弃了生存，并呼吁众人，为了克服留在纯粹思维之外的东西，黑格尔更是离开了思想的领域，落入了想象的领域，在这个意义上，他放弃了概念（脱离物质的绝对精神），要求时间的表征（精神变动的直观表达）来施以援手。当在纯粹思维中，人们说到自身中的反映和其他事物中的反映的直接统一性，并且人们说这个直接统一性被拿走了，那么，人们必须在直接统一性的瞬间引入某种东西。面对这种补偿的说法，克尔凯郭尔从开端处予以痛斥，"时间在纯粹思维之内是找不到位置的"[①]。在存在与时间的关系上，克尔凯郭尔与海德格尔在思辨领域并非巧合地一致指出，黑格尔的立场缺乏伦理学，实际上它破坏了伦理学的原创性；继而否认了宗教，首先漠视了基督教的特殊性。这是克尔凯郭尔生存—内心性的辩证法对黑格尔辩证法的两个批判焦点。

在黑格尔辩证法的纯粹思维的幽灵之外，克氏坚定地区分了量的辩证法和质的辩证法，并直言"质的辩证法隶属于生存"[②]。对克尔凯郭尔来说，伦理学的立场和基督教的特殊性在自由事件的生成论层面上深深地联系在一起，并且必然相互依赖。克氏认为，"所有的生成均来自自由而非必然性"[③]。正是在这一点上，"伦理—宗教"阶段是克氏在假名著作中着墨最多的生存阶段，其中，作为绝对悖谬的质的辩证法基础的主体性或自由的深刻意义才得以体现。一旦事实上冷漠的时间的表征被要求来证实存在，人类历史就变成

---

① ［丹］克尔凯郭尔：《最后的、非科学性的附言》，王齐译，第264页。
② ［丹］克尔凯郭尔：《克尔凯郭尔日记选（1842–1846）》，王齐译，第201页。
③ ［丹］克尔凯郭尔：《哲学片断》，王齐译，第90页。

了普遍历史的冷漠事件的连续。当今时代的公众——在克尔凯郭尔的时代已经如此——以数量压倒和湮没质量，个体近乎是数字0，从而沦为基督教世界这个巨大幻象的同谋与帮凶。克尔凯郭尔对此提出质疑，原因是伦理和伦理性的瞬间构成了每一个人存在的不可避免的特征，这种要求是如此不可避免，以至于一个人在这个世界上可能做出最令人震惊的选择。如果他/她在做出选择时没有澄清自我在伦理阶段的立场，从伦理的角度澄清他/她的责任，也会变得可疑。因此，黑格尔辩证法提出的"调和"是非伦理性的。伦理学对普遍的世界历史保持警惕，因为这很容易成为一个陷阱，成为认识主体的一种消沉的审美感性的消解，"什么"具有和不具有世界历史意义之间的区别被置于"量的辩证法"的层面。所以说，即使善与恶之间的绝对伦理区别也在宏大的、重要的审美—形而上学的决定中以审美历史与世界历史的方式被调和，而恶与善都可以平等地进入存在。因此，伦理学家必须警惕量的原则，即多数人本身就构成了真理，并警惕结果原则，进一步指出个体的生成是真理的确认和保证。

　　没有形而上学的超越性，就没有伦理学；存在与非存在的不可调和的对立以及与之相关的矛盾原则仍然是客观真理的基础，而善与恶的不可调和的对立，以及对无限的至善或永恒福祉充满渴望的绝对命令，是实际的答案。克氏的生存—内心性的辩证法却坚持人的自由与神圣的全能是不可分割的：没有受造物对造物主的完全依赖，就没有自由和选择中的自由，在基督教信仰的语境里，谁不首先选择上帝，谁就无法实施选择的自由，而是在纯粹的体验中失去自我。也就是在随机性中，在"恶的无限性"中沉入虚无，这在精神的生活中是疯狂的，是缺乏基础的虚无深渊。克尔凯郭尔指出，堂吉诃德是主观疯狂的原型，在这种情况下，内心性的激情拥抱着主体之路的危险。依克尔凯郭尔之见，看不到这一点的人错失了此刻拥有的视觉喜剧与生存张力。这里的重点是，普遍的历史在其真实的内容、结果和价值中，只有上帝才能接触到，生存者将在自由与神圣之间做出最终的判断。因此，黑格尔已经引用过的"世界的历史就是世界的审判"的断言是不正确的，实际上是一种无神论的定调。在克氏眼中，对上帝来说，也许情况就是这样，上帝在全知中掌握平衡，即外部和内部的相称性；但人类精神不能以这种方式看待人类历史。普遍历史的概念是由上帝在最大和最小的事物中对人的意识进行内在的、秘密的知识渗透产生的。如果某君是一个无精神性的人，那么他就是量的辩证法的受害者。

正如伦理学在上帝那里有其绝对的基础，并在个体与绝对者的绝对关系中得到实现一样，信仰者作为主体也是一个生存着的个体化的人，他/她是通过自我在上帝面前成为一个自由的人。假名作者约翰尼斯·克利马克斯告诫人们很快就会在奇妙的"我＝我"中结束思辨，"从没有任何一个人不是一个特定的个体"。① 理论上的联系是，那个"我＝我"是空的，就像"存在＝非存在"：因为"我＝我"是一个不存在的数学意义上的点，因此，它永远不可能有着实际性的实在。而且，因为这一个或另一个（我＝我）都不是真实的，它是云中的幻想相遇、是不育的交往，这个单一的自我与这个空的海市蜃楼的、镜花水月的关系从未被指明。须得指出，黑格尔辩证法声称将许多人还原为"一"和"整体"的"中介"，是一种幻觉，正如我们所看到的，这表现在它放弃了矛盾原则而采用了同一原则。在黑格尔那里，内在性的哲学取得了与它所提议的相反的结果；它没有在自由中落实和立足于内在性，也没有在真理中落实和立足于自由，而是通过假设存在与思维、思维与意愿的同一性，消除了现实和它们之间的意义。

生存—内心性的辩证法摆正了思维与存在的关系问题，克尔凯郭尔通过区分"作基督教徒"（being-Christian）与"成为基督教徒"（become a Christian）找到切入点，阐明个体之生成（becoming）对于"作/是"（being）的主体性超越与未来性。他在《附言》中总结道："在客观的意义上探问的只是思想范畴；在主体的意义上探问的则是内心性。"②生存—内心性的辩证法没有困囿于"基督教徒是什么"的客观的定性，而是将信仰的价值推至"基督教徒的怎样"，即信仰之践行的层面。克氏对自己的要求是将基督教带回基督教世界，不是作为实体的、可见的基督教，而是作为精神、内心性的基督教，是作为生存矛盾、生存沟通的基督教。他对黑格尔哲学批判的发力点在于生存不等同于纯在，不止于此，生存个体的内心性是不断"成为"且"作"基

---

① ［丹］克尔凯郭尔：《最后的、非科学性的附言》，王齐译，第160页。
② ［丹］克尔凯郭尔：《最后的、非科学性的附言》，王齐译，第164页。

第三章 生存—内心性的辩证法之思维变革中的同时共在性

督教徒的标记。

当我们谈论思维和存在的关系问题时，已经有了克尔凯郭尔生存论的指引。思维更多地标识着主体的思维、生存者的思维，通过生存—内心性的辩证法的主体之路对应着思辨以及纯粹思维的客观之路。作为反面，一切变身空想的存在都无权知晓生存的本质，克氏回避无责任的、不诚实的评判。也因此，生存—内心性的辩证法出自绝对的自我与经验的自我之间的综合。或言之，克氏辩证法将思维与存在的关系问题优先置于生存论的视野之内。纯粹的思维不仅被发展为绝对的思维，而且还被发展为关乎绝对的自我的思维。在自我的定性上，在生存论注视的纯粹思维中，思想家的经验主体和绝对主体是一体的。

生存—内心性的辩证法假借罪的范畴进一步审思了思维与存在的关系。每一门科学要么在于一种逻辑的内在性，要么在于它无法解释的超越的内在性。现在，罪正是这种超越、这种危机。在其中，罪作为单一的个体进入了单一的个体。①这是《忧惧的概念》提供的线索。克尔凯郭尔在这里建立的本体论二分法是"逻辑的内在性"和"超越的内在性"之间的二分法，他指的是一种绝对的认识体系，其中理性能力可以全面地把握整个现实性；他指的是对现实性和主体性的内在说明，它是在其自身理性能力的恢复运动之外的事件。克尔凯郭尔对任何将逻辑运作等同于生活实际经验的理想主义的主要批评之一是，它包含了一个不能被逻辑同化的类别，即偶然性。偶然性意味着在现实性和主体性的发展背后缺乏统一的理由，同时也说明事情可能永远是另一种情况。承认现实性之核心的偶然性，同样也是承认缺乏一种统一的理性力量，能够为逻辑科学提供一个全面的解释框架。因此，偶然性意味着我们的内在的和直接的条件总是能够被一些完全新的和外在性的东西所超越，这些东西破坏了既定的可能性和逻辑条件。这就是为什么克尔凯郭尔经常将偶然性等同于宗教，如在《哲学片断》神降世为仆的例子中的一个偶因；一个特定的事件（道成肉身）必须被直接拒绝为不真实，或者必须迫使人们重新定位自己的逻辑和本体论的可能性领域。要么基督不是真正既是神又是人，

---

① 参见［丹］克尔凯郭尔《畏惧与颤栗 恐惧的概念 致死的疾病》，京不特译，第188—193页。

要么基督既是神又是人,而我们现在必须重新考虑什么是真正的可能,什么又是不可能。偶然性并非傲然自立,它以深渊(Abgrund)为基础,存在于生存边界之内的核心地带。

偶然性的还是辩证性的生存论,也就是说重点不在于存在某种一致的、合理的结构永远超越我们的认识(一种或多或少的康德式的形而上学),而是说没有一致的、绝对的结构可以被认识称为体系。我们可以再次思考克尔凯郭尔的瞬间概念。这个概念标志着对偶然性的主观占有和接受非基础性的存在方式,它为善和恶创造了条件,打开了空间。在这个空间里,任何事情都是可能的,而当下的条件总是可以改变。克尔凯郭尔所做的是一种宗教的形而上学的努力,更准确地讲,他的思想试验本质上是一种生存论。克氏在日记中为这个瞬间的事件做了评价:"上帝的儿子变身为人肯定是至上的形而上和宗教悖论,但却并不是最深刻的伦理悖论。基督的临现包含了与存在的冲突。……至上的伦理悖论在于,上帝的儿子步入整个现实性之中,成为其中的一部分,屈服于所有渺小的事务。"[①] 对于克尔凯郭尔来说,没有任何深渊将我们这些认识主体与现实隔开,而是现实本身在现实和可能之间不断地断裂,而沿着这个裂缝,思维与存在同一,个体直面悖论,生存者步入了现实。

第二节 质的辩证法

正是对形而上学绝对的质的超越,成为个体对绝对和永恒的伦理选择之上的"信仰之跳跃"的生存论超越的唯一基础。那么,生存—内心性的辩证法具体的质又指的是什么呢?它包括与上帝进入时间的决定相对应的绝对的悖论,也就是作为单一个体出现在历史中的神—人:克尔凯郭尔借由《哲学片断》中的思想试验诠释了"绝对悖论的质的辩证法"。

质的辩证法或定性辩证法意味着"时间—现世"和"永恒"之间的质之关系,神或者教师以道成肉身的方式经由永恒进入"时间—现世"。在人的层面,个体通过信仰的决断,追逐着永恒的希望试图跃出"时间—现世",死离

---

① [丹]克尔凯郭尔:《克尔凯郭尔日记选(1842-1846)》,王齐译,第40页。

尘世。降世为仆的事件对克尔凯郭尔来说，预示着基督成为真正的神和人，也就是神—人。"时间—现世"和永恒在基督里的相互触摸是真实的生成，而不是纯粹的、思辨的辩证法的中介。"生成的变化就是从'可能性'到'现实性'的转换"①，而这预先假定了人和上帝之间无限的质的区别，既是被造物和创造者的差别，又是最重要的、本质上的罪人和圣者的差别。克尔凯郭尔在这里指出，必须保持这种不可理解的、悖谬的辩证法。它以《哲学片断》开始的思想试验为原型，以作为教师的神与作为弟子/谬误的生存个体为诗性对象，以世界历史和救赎历史为辩证视域。

那么我们可以说，生存—内心性的辩证法的永恒之"质"是基督教哲学所特有的。基督教表明单一个体"怎样"成为一个基督教徒：它是宗教辩证法的第二种力量，因此基督教在《附言》中被克氏称为宗教 B。相对而言，第一种力量宗教 A 是自然宗教，没有历史的起点。对克尔凯郭尔来说，宗教 A 的代表人物是苏格拉底，他生活在对永恒—不朽的渴望中，并甘愿为之赴死。事实上，伦理学是在自我主张中实施的，苏格拉底的宗教性是在自我毁灭的痛苦中表露的，但在本质上是在内在的。另外，悖论基础上的宗教 B 打破了人本主义的科学认知，使生存陷入绝对的矛盾之中，宗教 B 不在人本主义之内，而是反对人本主义，其所说的矛盾显然不是逻辑学的，而是事关生存的。这意味着在上帝那里，"永恒"进入"时间—现世"的一瞬间，上帝（生）成为（blive til）人，同时保持永恒本身的永恒性和时间本身的时间性—现世性。同样，在神—人差异的定性下，上帝保留上帝自身的存在，也保留人的形式的存在，保留一种神—人的形式现身于世。

考虑到思辨，包括古代的诺斯替主义和现代的思辨哲学，把基督教变成了一个永恒的故事，变成了一个形而上学的教义，其结果是上帝变成了人，人又变成了上帝。克氏深入宗教 B，深入基督教所特有的质的辩证法，肯定了本质上是永恒的教师/神和在时间中成为或生成的教师/神是一样的：他出生，他成长，他受苦，他死亡（然后又复活）。②在基督教哲学之中，尘世的

---

① ［丹］克尔凯郭尔：《哲学片断》，王齐译，第 89 页。
② 参见［丹］克尔凯郭尔《最后的、非科学性的附言》，王齐译，第 170 页。

一生意味着，造物主真正成为基督教的救世主，宗教感是生存的内心性，悖谬性的宗教性构成了信仰的范畴。在神—人的信仰辩证法中，"质"的确定的标志是进入世界作为生成者的神/教师，正是这一点为道成肉身这一绝对的悖论提供了依据。因此，如果人们想谈论上帝（在基督里），就必须说：上帝。悖论更深的一面是，基督，神—人，来到世界上受苦（内心性的本质），这是他替人赎罪的平等之爱的体现。

消除基督中的神—人的张力，消除了这个绝对的悖论，并随之消除了信仰的辩证法，即特殊的历史悖论性现实，可能吗？它形成了《哲学片断》第四章（当代弟子的情况）和第五章（再传弟子）中涉及的"莱辛问题"。克尔凯郭尔坚持认为，莱辛提出的"永恒的救赎不能建立在一个历史事实之上"的疑问价值非凡。所以这里有一个历史事实，即耶稣基督，人—神的生活记录。对于这个疑问，克尔凯郭尔的回答是肯定的，但这个回答只对基督本人、对基督的生活有效；莱辛的回答是否定的，因为基督与神学、与普纽玛（pneuma）一致，一开始就不在基督里承认人—神的现实性，也就是说，否认基督的神性，因为莱辛拒绝信仰。因此，基督教信仰是建立在一个具体的、单一的历史事实之上的，即"道成肉身"，即《新约》中所载的基督的生活。但这个事实在历史上也是确定无疑的吗？克尔凯郭尔回答说，决定性的瞬间并不是有关事件的历史科学的结果的确定性；即使它是所有历史上最确定的事情，这也不是最重要的；人们不能直接从一个事实，只要它是简单的历史，过渡到永恒的救赎并将之建立在历史科学上面。救恩来自耶稣基督——一个历史上的人，只要他能表明他同时也是上帝。

那要怎么证明呢？克氏采取了一种非证明方式的证明——通过大地之上生存个体的信仰的跳跃："我选择"。不是证明上帝存在于唯一的"生存的体系"之中，而是通过个体在"永恒的原子"（瞬间）之中对自我的信仰之跳跃给出证明。这一历史事实使信仰者的整个生命得到了承诺。信仰者将他/她的整个生命交付给瞬间。这就是生存—内心性的辩证法的无限张力，在选择的基础上，它是"自由的辩证法"。这被称为冒险之路，倘若没有风险，信仰也就无从谈起。按照克尔凯郭尔的解释，信仰与精神相关，就是接受检查：梦着的精神抑或苏醒的精神。信仰或者想要去信仰，就是个体使自己的生活成为一种持续的检查（在威廉法官的意义上），日复一日地与信仰建立联系；每天的检查是信仰的张力，它伴随着主体性的至上激情，即信仰不能满足于客观不确定性，信仰可以被荒谬的不可理解性（悖论）所拒绝，这就是为什么可悲的瞬间与辩证的瞬间是一致的。

因此，克尔凯郭尔运用这种辩证性的张力形塑出人自身的结构，既是"精神"（Aand/ Geist/ spirit）中灵魂和肉体的综合体，作为"第三者"，特别反映在信仰的张力中，又是"成为基督教徒"这一愿景中持恒的、日复一日的努力。成为基督教徒，作为克尔凯郭尔所阐扬的生存—内心性的辩证法的一个永恒的使命，更多地提醒我们必须区分生存—内心性的辩证法与苏格拉底助产术的不同。因为在不朽方面，人与自己和观念有关，但不能像苏格拉底那样错失永恒性与时间性—现世性的外在关系。但是，既然一个人选择了相信基督，便选择了把自己的生命交付给基督，他/她就可以立即在祈祷中直接求助于基督。因此请注意，这是生存—内心性的辩证法在时间—现世中的核心——历史现实是信仰的场合，同时也是信仰的对象。还有一个结论，也是生存—内心性的辩证法的永恒公式，它同时表达了基督教在生存境界的本质：永恒福祉和世俗快乐是在时间中决定的，与历史的东西有关。因此，不朽问题被从思辨辩证法中减去，并被提议分发给个体化的自由：思辨想要把它转移到永恒，而信仰则要把它引回到时间—现世①，并要求每个信徒在时间中解决这个问题，也就是在自我的生命、生存中培育自己的灵魂。永恒或者永恒的救赎是在时间中抵达的，因此个体要经由时间或时间中的信仰之决断来省察自我的永恒有效性。

对客观历史事件的提及，也是对人—神和时间—永恒的客观综合，截断了莱辛在主观领域的第二个漏洞，即"选择左边"——宁愿选择不间断的愿望，也不愿选择真理的确定性。因为在信仰中，提出要求并要求顺从的历史人物是作为神—人的基督中的上帝。信仰如若一直停留在可能性的领域里，那么信仰之跳跃将始终无法完成，亚伯拉罕的利刃会一直悬在空中，约伯则会不住地亲吻那只施予苦楚的手，这是值得商榷的一种理解。

---

① 威廉法官代表的生存观与亚伯拉罕代表的信仰观。

本节标题"质的辩证法"表明，我们关注的正是生存—内心性的辩证法之"质"的定性。一方面，单一个体如何把握他/她所遭受的苦难；另一方面，他/她如何在苦难中以清醒的精神把握自我的永恒有效性。这个困难也勾勒出克尔凯郭尔的生存—内心性的辩证法的关注点：它总是已经反对纯粹的思维，通过思辨，人们得到了一些东西，却不知道如何与获得的知识发生关系。因此，与观念论基本概念相对立的生存范畴总是已经向现实开放，也就是说，观念论的内容只有通过与生存者的互动才能真实显示出来。就克氏的生存概念而言，它背叛了一种肯定的策略，以非定义的方式践行双重性的生存，甚至放弃定义。在概念之外，生存概念的发展是与对内心性本身的理解联系在一起的，克尔凯郭尔用它来描述一个人对自己以及对其有限和无限的关系的立场。这使我们意识到，克尔凯郭尔的辩证法必须保持流动性甚至激进性，因为精神定性被铭刻在生存者本身的辩证法中，而且正是从那里它第一次体验到其自身的决定和意义。我们发现克尔凯郭尔的核心范畴总是被描述为个体生存的表达方式，在某种意义上是"以自己的行为方式"表达质之定性的现象。如果人们在这个意义上询问生存，基本上就是询问自己对生存者的行为方式的观点。正是在这种对现实的理解中，克尔凯郭尔主要批评了黑格尔的这种观念，即"那外在的就是那内在的，那内在的就是那外在的"。对于具体的人来说，反对意见是，起决定性作用的恰恰是生存者如何凭借自我定位内心性与外在性的关系。在这个意义上，只有生存者自己才能带来调和，克服内心性和外在性、真理和现实之间的鸿沟。要言之，克尔凯郭尔的生存—内心性的辩证法应被理解为一种积极的质性运动，它以两种方式显示自己：一方面，作为生存者本身对存在的矛盾的把持；另一方面，作为从外在性到内心性的运动，通过这种向内的运动，生存者的内化、深化和转化的过程展现出盎然的生命力。

生存的质之定性是一本原著，内心性的质之定性是受难，生存—内心性的辩证法首先作为作者与读者自己的生活经验的主题出现，很快就凝结为占有的知识与真理的主题，并发现其目的是对他/她自我身份的深化，这也是克氏哲学创作的一个起点。在其中，假名作者约翰尼斯·克利马克斯探讨了人类如何能在真理中生存的问题，这也是我们先行确立的克氏真理观。克氏用质之辩证法——与当时的思辨哲学不断对比——来发展他的生存—内心性的辩证法的人类学和形而上学基础。

质之辩证法也可以令人印象深刻地追溯到生存与内心性两个主题的整合。永恒的原子再次出场,"瞬间"首先作为一个过渡和成为的时刻进入人们的视野,同时也是一个生存情致的主题,它描述了内心性的最高行动(即信仰的决断),通过寻求与真理的联系,揭示"人们只能通过自己占有真理的方式自救"①,此即"为我的真理"。

在生存—内心性的辩证法的质之判定上,克尔凯郭尔否认路德是一位辩证法家,这与路德对"律法和福音"的理解密切相关。克氏指明,在苦难对模仿基督的要求(必须模仿)和其越轨的不可能性(不能模仿基督)之间的辩证张力中,基督教徒通过"恩典"获得了一种新的救赎性生存的可能性(可以模仿基督)。路德不曾发现其中的辩证法的秘密,克尔凯郭尔研究的新任务将是从"模仿神学"中构想出一种基督教的社会伦理,并在受难的基督形象中提出"模范"与"调和者"的辩证法。除此之外,克尔凯郭尔关于罪的著作还反映了他对所处的新教路德宗环境中关于罪的标准说法的不满。在《致死之疾病》和《忧惧的概念》中,安提-克利马克斯和哥本哈根的守夜人分别试图提出一种替代奥古斯丁式地对罪的理解,即背负继承的罪责,人类如何才能最好地解决绝望、忧惧和内疚的生活现实。

第三节 绝对的悖论

在克尔凯郭尔看来,真正的辩证法,不止步于绝望、忧惧和内疚的生活现实,而是允许永恒福祉(与"至善"同义),是由绝对的悖论构成的辩证法,只有当自我在其自身的透明性中陷入困境才有可能激活自我的生存辩证法。生存—内心性的辩证法的"额外"基础将会对辩证法运动的构思方式产生盂方水方的影响。两极的对立被加剧了,激进到无限的梯度。我们不妨以个体的姿态通过生存各阶段努力征服自我,征服克氏的"第二伦

---

① [丹]克尔凯郭尔:《克尔凯郭尔日记选(1842-1846)》,王齐译,第49页。

理学"① 或纯粹的内心性。作为对比,黑格尔辩证法明确指出,内在性只能存在于与外在性的关系中。然而,人类从来没有自然地平衡这种关系,从而完全成为自我,所以克氏在《致死之疾病》中讨论了基于自我与自我的关系的一种失衡状态。只有当单一个体接受与外在性道别,来到与上帝的关系时,他/她才能达到隐秘的内心性,彰显卓越的信仰品质,并奔赴本己性的永恒福祉。

在黑格尔辩证法的背景下,局部的和临时的综合将被彻底地变成相对的、偶然的和即刻的调和。它们将立即重新体现在对立面的两极之间的无限张力中,没有任何综合能够以"扬弃"宣告终局。影响的互补运动也永远不会停止,除了一个微小的时刻,因为这将是它被改变和不稳定的标志。转动着矛盾的辩证法家注定是"旅途中的人"(homo viator),走向矛盾中的永恒福祉。生存之旅途还体现在辩证的意向性起源于一种先行的生存状态。在柏拉图"回忆说"中,人在他/她的记忆中拥有他/她所寻求的真理,因此在他/她自身中(学生即真理),在内在性中拥有对真理的认识条件。在克尔凯郭尔哲学中,知识与一个被称为"超验"(transcendent)的因素一起工作,即绝对的悖论在人的生存中不能被思考。对克尔凯郭尔来说,这个因素就是上帝在耶稣基督身上的历史性启示的事件,即使他没有将其明确地命名为绝对的悖论,而只是在一个表征性的辩证法中呈现它。绝对的悖论不仅属于一般哲学用法意义上的"超越",它将超越真理的内在知识,作为其最后的结论,或者反过来说,作为其首要前提,而且它完全处于真理的内在知识的可能性之外。绝对的悖论甚至不能出现在知识的道路上,并使理智在遇到绝对的悖论时倒戈于一个非真理(学生即谬误)。

对克尔凯郭尔来说,以悖谬理解的内心性和超越性之间的相遇,其位置不是某种思辨,不是作为人格化科学的哲学和神学之间的相遇,也不是对理性和启示性的知识之间的界限进行体系化的调和。这种相遇发生在人对自己的存在进行反思,并试图同时存在于他所思考的情境中,以便于辨别真理与非真理。

生成在绝对的悖论中发生,整个生存—内心性的辩证法就是围绕着重复

---

① [丹]克尔凯郭尔:《畏惧与颤栗 恐惧的概念 致死的疾病》,京不特译,第160—162页。

第三章 生存—内心性的辩证法之思维变革中的同时共在性

的可能性问题展开的,生存—内心性的辩证法就是生存与信仰层面的绝对的悖论的提词人。生存与信仰更是紧密结合,信仰就是生存之悖论。① 既然个体要在重复中成为自己,而不是另一个人,那么它的辩证法就是:已经存在的实存,现在要进入存在(即生成),这个过程仍是相同的自我,主体没有其他的变更。因此,自我将被重复。然而,已经存在的东西将在一个新的、质地不同的生存模式中被重复、激活以致生成、新生。因此,已经存在的实存必须首先被移除,然后才能作为一个新的实存被重复。对克尔凯郭尔来说,这种重复只有在宽恕罪的行为中才有可能,它本身包含两个行为,一个是消极的,一个是积极的。首先,消极的一面是,以前不在精神和永恒的决定之下的感性审美和时间性,变成了有罪性。有了这个,罪就作为一种立场出现,即作为非存在。同时,从正面看,随着永恒性的进入(神降世为仆),罪的非永恒性地位被废除。这不是通过出现一个以前不存在的新的存在者(物)而发生的,那是不可能的,因为非存在也不可能简单地被消除,而是通过非存在作为存在而出现,即通过作为罪进入世界的同时性重新出现,但现在作为历史,作为精神的综合体,其中永恒的重复创造了爱和现实。

在绝对的悖论的影响下,整个"重复的辩证法"仍然只是克尔凯郭尔在假设的条件下设置的一个思想试验,即个体不能借助于内心性所给予的条件来享乐于想象性的生存,反而需要去伪存真达成自我的生成、新生。克氏是如何得出这个假设的?克氏凭什么赋予"罪"以普遍意义?克氏自己说,他是在做一个教条式的预设,而这个预设对于存在来说是毫无根据的。他在假名著作《重复》中直言:"重复的辩证法并不深奥,因为被重复的东西已经存在,否则就不能被重复;但恰恰是已经存在这一事实使重复成为新的东西。"② 换言之,绝对的悖论昭示了基督教与异教最决定性的质的区别的概念是:罪,罪的学说;由于这个原因,基督教也相当一致地假设异教和自然状态的人都不知道什么是罪,实际上它假设需要上帝的启示,才能彰显什么是罪。"这并不像一个肤浅的观点所假设的那样,赎罪的教义是异教和基督教的质的区别。

---

① [丹]克尔凯郭尔:《畏惧与颤栗 恐惧的概念 致死的疾病》,京不特译,第36页。
② [丹]索伦·克尔凯郭尔:《重复》,王柏华译,第47页。

不，必须从更深层次开始，从罪开始，从罪的学说开始，正如基督教也是如此。因此，如果异教对罪的定义是基督教必须承认为正确的，这对基督教来说是多么危险的反对。"① 对罪的决定性确定，即它是一种立场而不是一种否定，也是一种教条式的陈述，尽管克尔凯郭尔后来指出了它的全面意义，但反过来也不能从生存论的分析中获得。正统的教义学和绝对的悖论一直在为这一点而斗争，并把每一个将罪变成仅仅是消极的东西，变成软弱、感性、有限性、无知等罪的定性的理论当作泛神论来拒绝。

我们需要追问异教与基督教最为鲜明的差异——绝对的悖论。现在让我们问一下，这些教条式的预设对于克尔凯郭尔的信仰之跳跃的生存论根源有什么意义。它们是想指出这种跳跃可以发生的真实条件，还是只想提供一个解释原则，根据这个原则，信仰之跳跃可以随后被提炼为存在主义的解释？"于是神以教师的身份出场了"②，毫无疑问，克尔凯郭尔是通过绝对的悖论（上帝降世为仆）来揭示个体信仰的生存论意义。通过这些教条式的陈述，他并不想建立或阐释关于人类存在的一般真理，但他想固定启示的历史事件，通过它的发生，生存—内心性的真理成为可能。当然，人们可以反对这种区分，反对我们赋予绝对的悖论的意义，即教条式的声明始终只是一种理论上的断言，它可以被解释，其本身不必反映一个事件的现实性。"生存悖谬地被强化为罪，永恒悖谬地被强化为时间中的神"③，克尔凯郭尔本人很清楚这一点。这也正是在绝对的悖论的事件诠释中生存—内心性的辩证法的辩论不以教条作为论据的原因。所以回到我们的具体问题上，克氏并不是简单地从教条式的前提下获得对罪的认识和对罪的赦免。在克氏关于应该在哪里以科学的方式对待罪的审议中，他反复得出结论："实际上，罪在任何知识界都是不受欢迎的。它是布道的对象，在那里，个体作为个体对个体说话。"④ 在传福音的场合，克氏说传道的艺术是与听众进行对话，听众

---

① 参见［丹］克尔凯郭尔《畏惧与颤栗 恐惧的概念 致死的疾病》，京不特译，第508页。
② ［丹］克尔凯郭尔：《哲学片断》，王齐译，第68页。
③ ［丹］克尔凯郭尔：《最后的、非科学性的附言》，王齐译，第295页。
④ ［丹］克尔凯郭尔：《畏惧与颤栗 恐惧的概念 致死的疾病》，京不特译，第155页，译文有改动。

的回答并不重要,重要的是听众意识到有些东西要归于自己。克尔凯郭尔在绝对的悖论中发现了"归属正是对话的秘密"①,而这也是生存—内心性的辩证法的秘密。

第四节　不安全的辩证法

生存—内心性的辩证法将生存个体在"时间—现世"中的信仰视作"新的器官",在批判柏拉图"回忆说"的同时借助一名新的教师(时间中的神)与弟子的关系阐明罪的意识这一前提,并由之声明了瞬间之中神的出场示意下的当今时代的首要任务——个体的出场。人在与神的自由的、精神性的关系当中无法获得安宁,而是面向未来,通过辩证地凸显一个真正的宗教范畴(同时共在性)来诠释个体拯救自身的困难性——在内心性之中沉潜地越深,个体的生存就越有意义。

一个宗教意义上的信仰者不会通过自我终止自我的痛苦(即肉中刺),在本质上,信仰者不会获得安全感,内心性的生存论解释使得生存—内心性的辩证法变成一种"不安全的辩证法",它涉及自我的保持与失去,"因为凡要救自己生命的,必丧掉生命;凡为我和福音丧掉生命的,必救回生命"《马可福音》(8:35)。这里生命的得与失涉及交叉引用(Cross Ref)的一个例子。②信仰者想拯救他们的生命,并迫使这种拯救提前来到他们身边。正如克尔凯郭尔在陶冶性的演讲中写道,这是事物的逆转,"谁想在播种之前收获,谁想在开始之前获得确定性"。生命是脆弱的、易碎的,但信仰者不能通过把自身的安全建立在客观知识的理想上来拯救自己。

> 因为说"一个人在上帝面前一无所是"极其容易,而在生存中表现

---

① Die Zueignung ist gerade das Geheimnis des Gesprächs.
② 此处交叉引用的其他出处包括:一、《马太福音》(10:39)得著生命的,将要失丧生命;为我失丧生命的,将要得著生命。二、《约翰福音》(12:25)爱惜自己生命的,就失丧生命;在这世上恨恶自己生命的,就要保守生命到永生。三、《路加福音》(17:33)凡想要保全生命的,必丧掉生命;凡丧掉生命的,必救活生命。当然,最为我们熟知且被克尔凯郭尔多次使用的却是《马可福音》(8:35)的下一句(8:36)——人就是赚得全世界,赔上自己的生命,有什么益处呢?

出来就困难了。①

一个积极的贡献在于一些神学家和基督教学者指出，我们不应该只谈论安全，还应该在生存中谈论类似于确信的东西。我们可以从宗教，特别是基督教信仰中学到一些在主流的安全思想中不被尊重的东西：我们不能只在以安全为目的的体系中通过外在性手段实现安全，而是要深入寻求一种具有宗教性质的内心性的安全和保障。信仰者的救赎并不掌握在自己的手中。相反，根据确信的救赎之路，人接受救赎是出于上帝的恩典。救赎道路在基督教哲学中不是虚幻的，而是唯一真正的确定性。

然而，《马可福音》的这两处文本（8：35-36）呈现出一种动态，无法用这种以解决方案为导向的方法来捕捉。这种动态存在于一种既不解决也不保证的不安全的辩证法中。如果信仰者把这段文字想象成一条有条不紊的道路，他们就会误解这种动态：首先信仰者放下对自我的确定性的虚幻冲动（因为想拯救自己生命的人反而会失去生命），然后信仰者在真正可以找到新的直接性的地方寻求他们的拯救和救赎（他们为基督和福音的缘故失去生命），最后信仰者在神—人关系之中再找到真正的安全和保障（他们拯救自己的生命）。

但是，克尔凯郭尔在陶冶性演讲中强调，危险在于一个人想在概率中抓住上帝，但不理解不可能的事情：你必须失去一切才能得到一切，并如此真诚地理解这一点，以至于他不会在决定性的眼球眨动时，当胆怯的颤抖已经穿过他的灵魂时，迅速再次来拯救自己。然后，克尔凯郭尔说，你将强制执行一个"不适当的胜利"，并将实际任务变成"世俗的计算"。所以当福音话语被转变成一种手段—目的的结构时，它的活力就被解除了。

那么，福音是怎么做的呢？福音，它是教育之智慧，它不会通过介入一种与人的想法之争或者语词之争来向他证明：这应当如此。福音很清楚地知道，事情并非是，"一个人首先明白这是如此，如福音所说，然

---

① ［丹］克尔凯郭尔：《最后的、非科学性的附言》，王齐译，第380页。

后决定无条件地顺从";恰恰相反,通过无条件地顺从,一个人才开始明白,这是如此,如福音所说。所以福音使用权威并且说:你应当。①

痛苦也被世俗的安全完全抹去了,但本质上,生存的脆弱性并没有得到疗愈,幸福更是无迹可寻。那些为了基督的缘故而失去生命的人必须敢于一次又一次地失去它们。救恩永远被期待来自安全之外的其他地方。按照克氏的划分,人面临着三个生存的阶段/境界或三种生存的可能性、人生观,生存者/信仰者必须从中选择一个,感性—审美阶段、伦理阶段或者宗教阶段。严格说来,个体在同一时间只能进入这些可能性中的一种,只能在其中一种阶段中存在。这种绝对排斥的表达方式的辩证法最初体现在《非此即彼》中。要么是感性—审美阶段,要么是伦理阶段,克氏为此安排了感性代言人 A 与伦理代言人 B。而在以亚伯拉罕为代表的秘密的辩证法中,要么是伦理阶段,要么是宗教阶段。感性—审美阶段和伦理阶段的辩证法发生在注重快乐与痛苦的特殊生活和注重善与恶的普遍生活之间,但更贴近生存—内心性辩证法的不安全性的是"伦理—宗教"阶段的信仰之跳跃。克尔凯郭尔在《畏惧与颤栗》中通过亚伯拉罕的故事建立了这种不安全的辩证关系。亚伯拉罕用他的儿子以撒接受了上帝的考验,亚伯拉罕从信仰的考验中脱颖而出,成为一个最高的人物——"信仰的骑士"。当上帝命令亚伯拉罕牺牲他的儿子以撒时,亚伯拉罕放弃了理性的原则,悬搁了伦理,暂停了普遍和现世的原则,冒着杀死他唯一的儿子的危险。换句话说,通过在理性和信仰之间做出明确的、悖谬性的选择,他选择了不顾一切意义上的、无条件的、毫不迟疑的"信仰",选择了放弃乃至无限放弃,选择了忠于上帝之言。对克尔凯郭尔来说,这种选择荣耀了亚伯拉罕,而在这个故事中,信仰对理性的荣耀表明了一种典型的不安全的信仰主义的倾向。克尔凯郭尔哲学中的这种不安全的基本取向也适用于加尔夫为他写的传记的立场。克尔凯郭尔认为自己已经把整个生命献给了上帝,他放弃了伦理契约(订婚与退婚),与上帝结成秘密婚姻,把自己和自己的著作完全交给了上帝。对此,在一篇名为"我这样理解

---

① [丹]克尔凯郭尔:《陶冶性的讲演集》,京不特译,第356页。

整个作家生涯中的自己"的 NB 日记中，克氏自白道："通过我的工作我还一直相信，我越来越清楚上帝对我的意思了：我背负痛苦，那是上帝加诸我身的缰绳，然后或许成就非凡之事。"① 将自我完全交出带有个体化的、至上的激情，因为社会是理性的领域，而信仰则纯粹是特殊的、个体化的事宜；也因此，基督教世界将信仰制度化似乎是一种腐败，它败坏于把理性纳入信仰的领域。

生存三阶段连续出现的、不同的假名作者，每一个都代表着一种独特的、细微的立场；这种挑逗性的人物关系、作品风格试图建立在作者和读者之间，就像苏格拉底式的牛虻一样是一种生产性的反思的手段，是一个作者的标志。克尔凯郭尔心中有更多的东西，而不仅仅是对读者的抽象化的理解的呼吁。因为克尔凯郭尔是在意识到沟通过程中的不安全而写作的，他把这理解为对建立在个人生存中的不安全的反映。在伦理—宗教阶段，为了实现真正的理解，区别于知识的虚幻表象，这里需要一种"双重反思"。在反思的第一阶段，主体思想家只是发现了一个普遍的原则；在第二阶段，主体思想家发现了这个原则对自我及其生存处境的特殊适用性。例如，伦理学反思的第一阶段是寻找作为规范和理想的普遍的人；第二阶段则是将这一抽象概念纳入这一具体的特定的人身上。这最后的反思为行动开辟了道路，不是也不可能是一个综合的、普遍化的中心议题，而是单一个体在其生存中的东西，一个基本的秘密。通过双重反思，个体将自己孤立起来，不安全性如影随形，因为它使真理成为属于个体化的东西，而且只属于个体之自我，亦即克氏口中的"为我的真理"。这种双重反思及其本质特征产生的意识，将使所有的伦理和宗教的沟通变成一种不安全的治疗。

克尔凯郭尔/假名作者约翰尼斯·克利马克斯在《附言》中自嘲所拥有的只是一点讽刺、一点悲怆和一点辩证法，实则足矣。在笔者看来，当伦理学被称为"示范"时，讽刺、悲怆和辩证法是需要重提不安全的一面。克尔凯郭尔不厌其烦地描写了不安全的辩证法问题被忽视了，历经丹麦黄金时代，公众改革世界的天真信念变成一种并不完全陌生的信念，但对腐败中的基督

---

① ［丹］克尔凯郭尔：《克尔凯郭尔日记选（1842 – 1846）》，王齐译，第 324 页。

教世界而言如同饮鸩止渴。基督教世界是幻象，公众同样如是，它们忽略了生存个体，遗忘了自我的精神定性与永恒有效性，对于基督教信仰而言是根源上的危机。生存—内心性的辩证法主要通过价值判断来运作。人类的生存本质上是对满足的寻求，而每一种满足对于单一个体来说都包含着一个真实或虚幻的价值，这并不安全。对克尔凯郭尔来说，价值判断受制于"真—假的辩证法"，就像相应的满足感和幸福感的概念一样。我们假定这种判断是信仰的洞察力的问题，因为黑格尔主义者完全没有意识到目前那些关于生存意义的理论，在提供解释的幌子下寻求一种彻底的无力的纠正。也许很幸运的是，这种纠正仍然是一种纸上谈兵的安全的思辨结果，在日常生活、生存中是无法进行的，因为客观思想家几乎不会想到要进行这种尝试。

　　生存—内心性的辩证法凭借戏剧性的、不安全的神—人对话作为基督教哲学术语的起源的印记，它并非在其逻辑发展的结果中展开对立面的相互对抗。作为生存论的方法论，生存—内心性的辩证法试图澄清生活、生存问题，为双重性生存中的个体引上主体之路，这是一种基础性的、充满激情的、不安全的选择。在这一点上，生存—内心性的辩证法与苏格拉底的助产术有着家族相似性，苏格拉底的反讽是对无知的忏悔，也是面向内省不疚的努力。至少有一点是肯定的，那就是生存者并非现成存在者（物），在生成或成为的转变中，生存者无法安全地保持他们的原样。由此可见，辩证法凸显生活、生存中的不稳定因素，现有的个体始终是一个学习者，因为他/她的双重性生存是一个不断努力的、充满不安的过程。

　　生存—内心性的辩证法不是朝向科学的运动，而是朝向决定性的选择和生命与信仰之充实的不安全的运动。黑格尔的辩证法不是主体化过程，而是作为逻辑体系的理念的自我演化所采取的形式，并当然地体现为历史过程中客观理性的工作。但对克尔凯郭尔来说，逻辑的领域不受任何形式的进化、过渡或运动的影响，显得过于安全。克氏认为，否定没有创造的力量，也不能与过渡混淆；中介在逻辑中没有地位，因为它以过渡为前提，而过渡是逻辑所包含的超越。一方面是逻辑的必然性；另一方面是所有形式的成为，这两者的不相容性在《哲学片断》与《忧惧的概念》中被详细论证。通过辩证思考和随之而来的选择在个体身上带来的质之转变属于克尔凯郭尔所说的不安全的转变的范畴，个体通过紧张关系和诸多痛苦成为他/她所要成为的东西，这种成为是典型的伦理—宗教阶段的生存形式。黑格尔的辩证法与沉思世界进程的观察者有关；生存—内心性的辩证法与作为生活的积极参与者而面对未来的个体有关。这两种观点产生了一种截然不同的意识。例如，一个单纯的沉思意识在任何地方都看不到绝对的立场；这就是为什么黑格尔辩证法记录了立场的调和或综合，保留了两者的本质，同时消灭了对立面的分离性；它的口号是"两者兼而有之"。生存—内心性的辩证法用质的区别来突出信仰的不安全性，并凸显了不能被调和的、孤立的、断裂的综合；它的口号是"或此或彼"。

悖论即客观不确定性，当我们客观地询问真理时，我们的反思是客观地指向真理，指向与之相关的对象。反思的重点不是放在信仰上，而是放在客观对象是否与之相符合的真理的问题上。但是，当我们在主体性上探求真理时，反思的重点是主体性即真理，特别是主体的生存—内心性的真理。即使个体代表的是非真理（谬误），个体也能在主体性中找到答案。如果一个人进入真神的殿堂，在他/她的理解中对上帝有一个智性的正确概念，却以虚假的精神祈祷；而另一个人在偶像面前鞠躬，却在无限的激情中倾泻他的整个灵魂；我们现在问哪里有真理，对于每个没有被科学和科学客观性完全贬低的人来说，只能有一个答案。

客观的反思探究上帝理念的真实性，并提出上帝存在的本体论证明问题；主观的反思探究个体的主体性、生存方式。个体是否与某种事物有关系无关紧要，而真正的个体与上帝的关系是一种密语。客观的探究者对自然和人类历史进行研究；他（们）看到许多表明智慧和全能的东西，但也有许多使他不安和怀疑的东西。他（们）永远无法克服所有这些疑虑，即使他（们）能克服，也必须担心明天可能发生的事情会把那点证据打得粉碎。因此，客观的探究是一个永无止境的、普遍怀疑的接近。生存个体不可能把上帝客观地带到他/她面前。在信仰语域中，上帝是精神，而精神是主体性，主体性是一种内心性，这种内心性只有在追求上帝的信仰者身上才会被揭示出来。选择主观方式的思想家充分理解了不安全的辩证法的困难，即他（们）必须用一些时间，也许是很长的时间，来尽可能客观化地找到上帝。生存个体意识到，他/她可能明天或在寻找结束之前就死了，但他/她需要上帝，甚至是为了能够寻找上帝而失去自我。在热情地实现这一目标的过程中，生存个体在内心性中拥有上帝，不是凭借任何客观的思考，而是凭借他/她内在的、悖谬的、不安的无限激情。克尔凯郭尔作为辩证法家的伟大之处在于他果断而坚定的选择，他专注于主观反思，将其作为通往最高真理的道路。因此当生存个体在意识到与其说是他/她在审视生存，不如说是生存在审视他/她的时候，生存个体培育的灵魂就已经成熟了。主体性真理的合理性并不是说没有对象或任何客观的参照物；这是一种误解。克尔凯郭尔指的是他所拒绝的是完全的客观性，即主体方面的无私的心态；他不是指对一个对象的参照，这是每个智性功能的普遍特征和区别标志，是经验主义者和逻辑实证主义者倾向于完全忽视的，因为这会使他们的认识论陷入混乱。但是克尔凯郭尔假定，在精神世界中存在着一种在有限的目的和价值的世界中所没有的情况，即对象和主观态度之间的一一对应关系。例如，不朽的概念作为永恒真理唯一的主观关联物，具有无限的、热情的、个体性的、伦理的相互关系。追寻永恒真理的可能性就是个体不朽的可能性。当这种兴趣成为个体生活、生存中的主导激情时，个体就证明了自我的主体性与内心性，绝对地改变了自我，并将所有有限的价值降低为一种相对性，使之向不朽屈服。

  主体性的生存模式的"怎样"直接决定了真理的"什么"，这是富有成效的探究的新起点。在生存—内心性的辩证法的信仰问题上，克尔凯郭尔把上帝的实存变为主体思想家的一个被迫选择，这是一个大胆的预设。这将使上帝成为生活、生存图景之外的一个想象点，具有为其观点提供理论统一性的功能。但对宗教 B 的信仰者来说，上帝不是在生活、生存之外，而是在生活、生存之中，甚至是生活、生存的全部。当个体性的激情问题得到最大程度的发展时，信仰就会在个体的自我意识中破土而出，成为上帝对个体所必需的一种假设、一种生命的必需品，因为上帝是生存个体克服绝望的解决方案。克尔凯郭尔的反讽箭头指向的不是科学，而是对科学的诡辩性使用，以削弱道德和信仰的混淆存在。我们把这种不安全的辩证法称为生存—内心性的辩证法，一部分原因是它到处强调生存模式的多元与无序；另一部分原因是它反映了信仰内心化的肉中刺的基本特征。

那么，克尔凯郭尔对生存这个术语的使用有何特殊意义？首先，生存是处境和使命的综合体。畏于不安全性，使命可能被弃之不顾或被粗暴地执行；但生存的主体性的处境问题仍然困扰着个体。当柏拉图在《会饮》篇中说，爱是贫穷和富足的孩子，因此总是处于匮乏之中，是一种寻求满足的行为，柏拉图显然是指爱是人类生活的全部；而贫穷和富足的综合体是对时间—现世和永恒的互渗的一种比喻。就生存个体而言，正是永恒赋予了生存个体以奋斗的连续性；永恒在个体的理想化的激情的高潮中才变得具体而特别。如果一个人要评价自己生存的境况，那么没有激情的生存就是不可接受的平庸恋人；一个人内心性的无限激情在其不安全的顶点产生了时间—现世之中可以得到的最高礼赠。生存的时间考验被不断强加在个体身上，生存者的生活则始终是一种在世的努力。在生存之双重性的努力中，无限和有限、永恒和时间—现世，都是彼此聚集的。一个现存的、脱离生存实际性的个体并不能保持在永恒中，而最多只能不安全地反复接近；因此，只要生命还在延续，个体的重复和生成/新生就仍是生存—内心性的辩证法的价值目标。

因此，生存—内心性的辩证法，以不安全的综合为基础，将被用来消解各种形式的虚幻的最终性，这种最终性将以某种方式结束为生存真理所做的奋斗。生存—内心性的辩证法将强调并探索与生存不可分割的不可捉摸性、不安全感、不确定性等风险。生存和客观的安全并不一致。因此，主体思想家将积极发现生存的消极性，并同个体的积极性一样保持在平衡的状态。在理智层面，主体思想家不会让自我停留在客观知识的确定性上，避免因相信习以为常的恒久性而产生的安全感，并积极地让自我认识到每一种既定秩序的不稳定性。个体将允许随时死亡的可能性的意识弥漫在自己的思想中，就像永远生存于这一背景中一样，将每一个如此坚实的安全感转化为与自我有关的客观不确定性。在伦理层面，个体不会允许自我的生命被石化在一个"服从"而缺乏理解力的程序中，将个体的伦理生存的其余部分变成一个早已完成的文本最轻微的边注。当然，生存这本原著也不允许主体性的缺失。

生存—内心性的辩证法这一不安全的辩证法没有将宗教生活固定在一个公式（教义）或一个机构（教会）上，作为决定人生所有问题的最终安放点。安全或客观确定性是客观思想家用黑格尔式的辩证法来避免不可思议性、

第三章 生存—内心性的辩证法之思维变革中的同时共在性

不可理解性与不可能性的目标。为此，克尔凯郭尔主张一种"不可见的宗教"来保持生命与信仰的辩证性的张力。为了保持精神上的至上的激情，辩证法必须积极发现那些不安全、不稳定和不确定的因素。不安全性、不稳定性和不确定性是主观能动性中永恒的动荡，是信仰之得胜而不是妄想的保证。即使是所有事物中最确定的东西，即神圣的启示，在"我"把自我设定为主体的时候，也会在自我与自我的关系中变成辩证的；即使是所有承诺中最固定的东西，即无限弃绝的决心，也会在信仰之跳跃的瞬间变成辩证的。当信仰者把安全的辩证法拿走的那一刻，他们忧惧地、日复一日地、努力地重新获得曾经获得过的至高的东西——信仰。这段话的总体目的反映在苏格拉底的一句名言中，即使一个人知道如何使自己不朽，但只作为一种获得幸福的手段，这对他没有任何好处，除非他在获得不朽之后也有正确地使用其不朽的智慧。总之，不安全的辩证法很好地理解和解释了这种信仰和幸福到达之前的智慧。

第四章　生存—内心性的辩证法之时间向度与未来哲学的建设

克尔凯郭尔的生存—内心性的辩证法将人的主体性视作一个基本的主题，以不同的方式贯穿了从笛卡尔开始的近代欧洲哲学与宗教思想。前三章首先提供了一个历史概要，强调生存的主体遭遇黑格尔式的思维与存在的同一性关系所导致的人的生存的抽象化，因此不但抽离了生存—内心性的辩证法的时间性，还一并阻隔了生存概念中的未来哲学的因素。在克尔凯郭尔的生存论建构之中，主体性不仅是一种个体化的生存原则，也是一个时间哲学的问题，准确地讲，是一种尼采式的（Nietzschean）未来哲学序曲。在现代哲学之前主体本身就被模棱两可地决定了，主体可以既是依附性的又是独立的，让主体思想家陷入普遍怀疑之中。克尔凯郭尔从未来哲学的角度出发，宁愿让主体思想家"去绝望"，也不愿看到这种普遍怀疑的坏的无限性的趋势延续下去，他在《非此即彼》的下卷直接指明了生存无法喂饱主体身上的怀疑使之不再饥饿。绝望让主体在其自身的永恒有效性之中重新意识到自己，这关乎瞬间的哲学疑难。瞬间问题指出了生存—内心性的辩证法两个主题——生存、内心性——所获得的显著的指向性，尤其是克尔凯郭尔文艺复兴时期关于辩证法问题的讨论以及海德格尔哲学在20世纪激活的此在的时间性断想。本章以两个基本的直觉为出发点：生存者的自我在时间上提供了连续性，以及自我在瞬间中的决断与被决定所带来的非连续性（信仰或者不信）。这两个直觉的概念化的传统尝试——从自我的在场状态或仅仅是绝死的一跳（Salto mortale）来看——将被证明是有问题的。

相反，从"人是精神"的角度看，个体意义上的自我就是自我与自我之间的平衡关系的定性，而瞬间是自我的永恒有效性的质之定性的一个来源，既概述了对精神的复杂理解,即永恒性和时间性—现世性的共属一体,又关注个体瞬间感受到的永恒性和时间性—现世性之间的联系。不止于此,信仰之跳跃带来了哲学的辩证法与宗教的辩证法的分野,通过绝对地选择(包括"去绝望"),个体在将自我选择出世界的同一瞬间依然能够让自我回到世界,敢于放弃现世性、有限性去赢得永恒性,却依然专于时间性—现世性的美丽,这是《非此即彼》与《畏惧与颤栗》共同塑造的瞬间观念与信仰之义。单一个体带着自我的整个内心性去进行选择,单一个体被带入一种与那永恒的力量的直接关系之中,在哲学与宗教的相互需用之中,那永恒的力量通过瞬间渗透进了个体的整个生存之中。克氏认为,个体/信仰者勇于去抓住永恒性是伟大的,但更伟大的瞬间存在于个体/信仰者放弃时间性—现世性之后仍然坚持时间性—现世性。瞬间的辩证法对于理解个体/信仰者的"信仰之跳跃"与大地的关系,以及双重性的生存有着共同的线索。克尔凯郭尔善于在他的诗性而非权威的原则下保持思想的间接沟通,凭借生存—内心性的辩证法在思想的张力中让复调式的假名作品的"诗性—辩证性"的同一性得到了充分涌流。

第一节 瞬间的辩证法与信仰之跳跃

"关于瞬间的辩证法并不困难","瞬间是永恒的原子",克尔凯郭尔在《哲学片断》和《忧惧的概念》中巧妙且微妙地述说着瞬间。[1]从苏格拉底的立场出发,瞬间既不可见也不能被突现,它现在不存在,过去不曾存在,将来也不会存在,瞬间在古希腊哲学中被虚无化了。因此,在柏拉图"回忆说"的框架内,学生自己就是真理,作为偶因的瞬间只不过是一个玩笑,就像一本书的扉页,很可能是最后才写成的,本质上它并不属于该书。为了超越苏格拉底,生存—内心性的辩证法的观点却恰恰相反,生存者决断的瞬间是愚拙而非偶因的玩笑,反倒作为最具宗教性的"道成肉身"事件

---

[1] [丹]克尔凯郭尔:《哲学片断》,王齐译,第62页。[丹]克尔凯郭尔:《畏惧与颤栗 恐惧的概念 致死的疾病》,京不特译,第281页。

的第一前提；生存—内心性的辩证法重新将目光锁定到了生存者/信仰者身上，那么从瞬间中他们又能学到什么？"在每一个瞬间都是如此：'个体'是其自身与那族类。"① 因为一旦决断被确立下来，学生就会陷入谬误之中②，正是这一点才使得信仰在瞬间中的开端成为必然。瞬间与悖谬皆愚拙，这是对冒犯的表述，而在冒犯发生之前，个体/信仰者会畏惧悬顶的那把利剑；让个体/信仰者说"理智是荒谬的"其实正是悖谬的要求，理性的权威被无形中取消了，理性像是从冒犯中传出的回响。可是当悖谬把理智变为荒谬的时候，理智视为重要的东西也就没有任何标记了，就只剩下了个体以瞬间的决断为标志的信仰之跳跃。

"时间之充实"来临了③，克尔凯郭尔在《非此即彼》《畏惧与颤栗》《哲学片断》《忧惧的概念》《人生道路诸阶段》等假名著作中以之表示瞬间或"时候满足"。区别于感性—审美阶段的刹那（Moment）的瞬间（Augenblick）是克氏认定的永恒的原子，它常常在忧惧情绪中现身，因为"忧惧是个体生命中的瞬间"④。一方面，瞬间是神—人差异的体现，唯有神/教师才具有从永恒切入时间的"能力"，在永恒与时间相互触摸、相互渗透的时刻，瞬间自永恒打开时间的第一件事、第一个反照就是夺取时间的流逝，即让它停滞、静止。但这并没有发生，瞬间决断中的信仰之跳跃仅是短暂的一跳（仿佛时间停滞了），而非信仰者的绝死的一跳。正因如此，另一方面，信仰之跳跃不是一劳永逸的、安全的选择，瞬间在，选择就在，信与不信的鸿沟就一直在。透过瞬间，永恒不断尝试着"侵入"，时间也趁机不断切割开永恒，个体则不断尝试着抓住这个永恒与时间—现世相互触摸的瞬间，但在克氏的信

---

① ［丹］克尔凯郭尔：《畏惧与颤栗 恐惧的概念 致死的疾病》，京不特译，第188页。
② 克尔凯郭尔认为，学生/信仰者自己就是谬误，因为罪的定性决定了学生/信仰者在其生存和信仰中必须借助永恒真理的光照才能从谬误（非真理）之中脱身。参见［丹］克尔凯郭尔《哲学片断》，王齐译，第34页。
③ ［丹］克尔凯郭尔：《非此即彼》（上卷），京不特译，第170页。［丹］克尔凯郭尔：《畏惧与颤栗 恐惧的概念 致死的疾病》，京不特译，第9、283页。［丹］克尔凯郭尔：《哲学片断》，王齐译，第16页。［丹］克尔凯郭尔：《人生道路诸阶段》，京不特译，商务印书馆2018年版，第188、355页。
④ ［丹］克尔凯郭尔：《畏惧与颤栗 恐惧的概念 致死的疾病》，京不特译，第275页，译文有改动。

仰之跳跃中，时间并不足以撑起信仰之义。这也就解释了为什么威廉法官要在永恒中听到客厅（时间—现世）的钟声，且永恒首先意味着将来，威廉法官要在永恒的原子中收获着现世的意义与永恒的福祉。

信仰是对生成的觉悟，所以克尔凯郭尔立足生存论，将这种"时间—现世"的意义归因于跳跃本质上属于大地，而个体在世的生存亦归属大地，克氏立足于大地描述"个体在永恒下的生存"中瞬间向度的决定性作用。以一种与尼采（及其研究者）可能性的对话的构想，生存—内心性的辩证法指明了未来哲学中的内在抑或超越的境构之路：

> 因为在未来和现在之间有那么一个短暂的瞬间，这个瞬间使人们能够对未来有所期待，但却使在当下时刻拥有肯定性和确定性成为不可能。①

瞬间就是悖谬，导致了主体性的激情与客观不确定性的碰撞。《附言》语出惊人地声称"生存者设定了上帝——一种必然性"②，克尔凯郭尔此言以解构性的话语描绘了悖谬的激情。考虑到瓦尔特·舒尔茨（Walter Schulz）的辩解，"正如谢林的理性为了能够把自身理解成存在着的理性，所以它需要一种非存在的上帝，克尔凯郭尔的上帝也是被生存所需要着的，以便于生存能够在容忍着它本身的存在的同时理解着自身"③。在生存与信仰交锋的紧要关头，一种新的决断——瞬间（时间之充实/时候满足）来到了我们的视野。克氏认为，所有人都会在时候满足之时成为基督教徒，这是基督教质的辩证法独有的严苛观念。

基督教事关基督教徒生存的决定性信息，本质上是一种生存矛盾与生存沟通的综合体。克尔凯郭尔在基督教之中发现的生存—内心性的辩证法是一种检验生存与信仰以及信仰者的辩证法。生存—内心性的辩证法简洁地阐述

---

① ［丹］克尔凯郭尔：《最后的、非科学性的附言》，王齐译，第353页。
② ［丹］克尔凯郭尔：《最后的、非科学性的附言》，王齐译，第162页，注释②。
③ ［德］瓦尔特·舒尔茨：《德国观念论的终结——谢林晚期哲学研究》，韩隽译，第374页，译文有改动。

了信仰与理性的关系，克服了信仰主义或理性主义惯用的陈词滥调，表明了对信仰的思考是这位丹麦哲学家的萦怀，同时也阐明了他与宗教改革派神学家的立场的距离。克尔凯郭尔在《附言》出版的时候思想已经基本成熟，他坦言自己是而且一直是一个宗教思想家，或者更准确的是"宗教作家"。在他不可枚举的假名著作与署名的陶冶性的著作中，信仰的道路与生存—内心性的辩证法的建设是一同进行的。

众所周知，对克尔凯郭尔来说，就像对每一个基督教徒一样，信仰的问题与生存的问题是一致的，也就是说生存者的命运和辩证法的旨归是一致的；因此，信仰的问题始终是克尔凯郭尔的生存—内心性的辩证法的一面镜子，信仰在《致死之疾病》被定义为"自我在'是自己'和在'想要是自己'之中对自己透明地依据于上帝之中"①。在克尔凯郭尔文艺复兴时期，这种新的信仰神学对整个新教的生命概念提出了正式指控，这也能解释为什么克尔凯郭尔的著作在19世纪末和20世纪上半叶在德国曾有过一段非常权威的时期，今天已然在全球范围内有着成熟的接受与发展。但人们的印象还是停留在克尔凯郭尔过于激进的信仰让基督教徒孤独和被遗弃、被分裂为单一者的印象里。

这些担心和弊端，至少在第一眼看来并非毫无根据。事实上，克尔凯郭尔从头到尾从未停止过对"真理是主体性"的肯定。在达至现代西方哲学时期之前，理性以其无上的权威将上帝从人类的意识中赶下王座，将上帝降低到存在者（物）的尺度。克尔凯郭尔却通过瞬间概念重拾德尔图良的荒谬精神，主张信仰的对象是荒谬的，它是对世界的憎恶，是悖论，是非理性的甚至反理性的。在中世纪传统中，基督教生活的本质是苦难、迫害、殉道。克尔凯郭尔作品中的信仰问题的价值和意义是什么呢？他从未打算创立一个新的学院或建立一个体系，也不打算重回修道院之路，而只是想成为唤醒"沉睡的精神"的声音，撼动懒惰的、被误导的和昏昏欲睡的基督教。克氏所提出的信仰问题通过"信仰之跳跃"的选择与决断构成了对真正的基督教立场

---

① ［丹］克尔凯郭尔：《畏惧与颤栗 恐惧的概念 致死的疾病》，京不特译，第502页，译文有改动。

第四章 生存—内心性的辩证法之时间向度与未来哲学的建设

的回归,至少是托马斯主义(Thomism)立场的回归。克尔凯郭尔打算以瞬间的思想试验捍卫基督教的绝对超越性,抵御启蒙运动和理性的入侵,并摧毁来自黑格尔右派的误解。

理性的"荒谬"和信仰的"悖论"激发着生存—内心性的辩证法的可能性。它属于基督教的本质,即理性不能给自己启示真理的内在基础。黑格尔的论述,即思辨本身构成了信仰的真理,远不是一种辩护,而是对信仰的破坏。这不是依靠科学,而是依靠权威。信仰的辩证法始于这样一个问题:现在是如何依赖这个权威的?选择它有什么理由,还是纯属偶然?因此,就基督而言,辩证法的激情想要一个绝对的悖论,即上帝之子已经道成肉身,来到世界上,并以凡夫俗子的方式生活在那里,不被人注意。紧接着,基督身上的神性悖论是,他让自己变得显眼,至少通过被钉在十字架上,通过创造奇迹、神迹等,让信仰者回到基督教进入世界时的状况。

克尔凯郭尔在《哲学片断》中通过一个诗的尝试(第二章中神的引入)超越了希腊式的情致并在瞬间的方案中借助"信仰的眼睛"凸显了辩证法的激情。克氏坦言:"不过人们不该把悖谬想得那么坏,因为悖谬是思想的激情,一个没有悖谬的思想家就像一个缺乏激情的恋人,他只是个平庸之徒。"[①]为了与福音书保持一致,他区分了信仰行为的两种形式,或者说两个阶段——在最初的阶段,信仰者因为看到了神迹,或者简便地证明了神迹而相信。另一个阶段,即使没有神迹,信仰者也会相信,后者比前者更完美。

肉眼凡耳没有在瞬间看到、听见神迹和奇迹,不代表信仰的眼睛、信仰的耳朵不能做到这一点。思想方案对事情的安排是不同的。首先是相信奇迹的信仰,因为信仰者看到了奇迹;然后是第二种信仰,即使信仰者不再看到任何奇迹。这是信仰的两个类别:在这里有荒谬的和冒犯的迹象。相信上帝要做一些违背我们理性和理智的事情,即荒谬。但信仰的最高形式是尚未看见神迹和奇迹就选择相信并且丝毫没有信心的犹疑。所以,克氏在《哲学片断》中明确指出,"信仰相信未曾看见的"[②]。信仰的眼睛作为对现象世界的

[①] [丹] 克尔凯郭尔:《哲学片断》,王齐译,第44页。
[②] [丹] 克尔凯郭尔:《哲学片断》,王齐译,第96页。

一次作别，作为对倾向于解释一切的理性的一次逮捕，作为对科学、社会和那绝对的判断的一次助产。

在对理性的批判之外，瓦尔特·舒尔茨还发现了克尔凯郭尔在生存—内心性的辩证法中保留的信仰本意——"信仰就是生存的透明性（Durchsichtigkeit）"①。理性无法保证信仰本有的透明性，但充满至上激情的生存可以。抛开这一要求，理性的工作并不排斥信仰的对象本身，当然不单单是为了解释信仰，而是为了让人做好准备，以某种方式邀请唯理论者接受它。更妙的是，理性可以不回绝信仰的对象超越理性，不依赖于理性。克尔凯郭尔创造了"无法理解的理解"这一公式，他借托马斯·阿奎那（Thomas Aquinas）之口辩解理智对信仰而言是一种保障。瞬间引发的绝对的悖论，《哲学片断》大部分都是关于这个问题的，它既表达了理性和信仰的绝对异质性，也表达了理性在对原因（瞬间）有一定了解的情况下承认信仰之超越性的可能性。

在克尔凯郭尔的分水岭之作《附言》中，他延续了对《哲学片断》瞬间的辩证法与信仰之跳跃的考察，并在上述意义上具体化，甚至明确承认神学思考的可能性。基督教是一种生存沟通、一种生存矛盾，并不完全是一种新的教义。按照克尔凯郭尔的理解，基督教良知观念的第一个运动是从信仰到信仰，并且总是在信仰之内。"我要让成为基督教徒变得困难起来，尽可能地困难，但却并不比它本身之所是更为困难，这个责任我自己承担。"② 但在作为信仰之特征的仁慈中，基督教也允许行使理性，只要这不超越信仰自身的界限，并满足于理解它不能也不应该被理解：在最严格的基督教意义上，不应该有基督教的科学。《哲学片断》的公式是一个很好的公式：从信仰到作为目的的生存，而不是思辨，更不是将后者视为高人一等的、时髦的东西。

如果某君不能满足于简单的信仰，那么某君就会找到更高的东西：殉道，与他的模范相一致，被鄙视、被嘲笑、被判处死刑钉上十字架。回到假名著作，克氏讲述着人们总想走得更远，但信仰并非如此，信仰是质性的，实际

---

① ［德］瓦尔特·舒尔茨：《德国观念论的终结——谢林晚期哲学研究》，韩隽译，第372页。
② ［丹］克尔凯郭尔：《最后的、非科学性的附言》，王齐译，第324页。

上只存在信与不信的差异。但在黑格尔那里，科学开始解释它不能止于信仰，它必须走得更远。也就是说，到达思辨的最终目标，这就是《附言》直面黑格尔辩证法的意义之所在。在《附言》之前的《哲学片断》只是凸显克氏思想试验中的一个主要因素：瞬间，却是贯穿着整个生存—内心性的辩证法的质性因素。这部小册子因其批判色彩、宗教价值和辩证元素，将有一个不可限量的未来。我们假设，如果要有一门基督教科学，那么它就不能建立在信仰必须被理解的原则之上，而是建立在信仰是不可理解的这一原则之上，而这一假设显然行不通。

《哲学片断》不可被轻视的一点还在于信仰者辩证性的跳跃：从堕入罪中跳跃到在信仰中的得救（"基督面前的我"）。对基督教徒来说，这标志着在思想试验之中上帝面前的"我"上升到一个新的质：成为基督面前的"我"。人们可以说，由于基督完成了神—人合一，上帝已经无限地接近人，几乎掩盖了神性《以弗所书》（2：5-9）。但也必须要说，为了把人从罪中拯救出来，神/教师降世成为这个特定的人，因其大爱甘愿替人受苦和奔赴死亡，以永恒切入时间—现世的方式拉近了自己与人的距离，这是无限的仁慈之爱，亦即平等之爱的品质。

瞬间或"信仰之跳跃"中的无限的张力，即无限的亲近和无限的距离，在这两者的张力之间，自由决定了：要么在不信中坠入沉沦，要么在信仰中获得拯救。或者说，信与不信的鸿沟在轻盈的一跃的瞬间便已然形成了。因此，按照《哲学片断》"神降世为仆"的思想试验，我们必须说，如果上帝面前的"我"有神圣的尺度，那么基督面前的"我"就是一个被上帝的巨大让步所授权的"我"，被授权是因为上帝也为了这个"我"的爱而同意出生、成为肉身、成长、受苦和死亡这一事实，以自我的出场为人的出场做出示范并赋予瞬间以巨大的重要性。生存—内心性的辩证法的质之飞跃的公式现在也必须加以补充：更多的基督的观念和更多的"我"。

事实上，一个瞬间中的"我"在质上的定性就决定了信仰与不信的分野。神降世并转化为基督的事件，基督是尺度，"我"所具有的现实性被上帝以最清晰的方式表达出来，因为只有在基督里，在现世—时间中，上帝才是人的目标和事实尺度。未降世之前的神/教师是隐秘的，以至于人不能得见神之面容。因此，随着神—人在时间（历史）上的到来，人才在与上帝的关系获得了一种新的决断（瞬间），信仰必须渗透到基督教"你必须"的整个伦理阶段之中，但又悬搁整个伦理阶段。瞬间为信仰者提出了一个决断的时机：要么信仰者罪得赦免，要么不信作为谬误或非真理。不相信的人就会犯"罪"，就像犹太人听到基督赦免了罪而感到羞愧。

"所有的冒犯在最深层都是承受的。"① 理性的冒犯——在基督面前——是生存—内心性的辩证法中伤害性的瞬间；因为冒犯作为一种被剥夺的可能性也是信仰的可能性，冒犯被视为"对悖谬的正确性的一种间接测试"②。基督教从罪的学说开始，因此从单一个体开始。由此，出现了一种新的自由之质，仍是形式上的时间—现世和永恒的对立，甚至在卡尔·巴特"上帝在天上，我在地上"的释义中都看得到。在基督之前，"我"与罪的关系才是上帝以仆人的形象到来的背景。这意味着：神降世为仆是为了替人赎罪。《腓利比书》（2：7-8）写道："反倒虚己，取了奴仆的形象，成为人的样式；既有人的样子，就自己卑微，存心顺服以至于死，且死在十字架上。"重思罪论下的罪的教义，单一个体都是罪人，这个教义在上帝和个体之间建立了一个前所未有的深刻的质的联系。注意一点，瞬间催生了人—神关系的这一质的高潮，甚至"冒犯是与悖谬一起生成的"③，而更进一步，瞬间即悖谬。瞬间必须与基督教徒通过模仿基督而符合信仰的质的张力相匹配，假如没有瞬间（新的决断），时间当中的神（新的教师）就不会出场，学生就不是谬误，罪的意识（新的前提）就不会萌生，信仰（新的器官）就不会成型，克氏/假名作者约翰尼斯·克利马克斯就要返回苏格拉底的立场。生存者/信仰者在"每一个瞬间都在以生命作赌注，每一个瞬间都在失去生命，而后又找回生命"④，"瞬间"的引入赠予生存—内心性的辩证法所推崇的悖谬中的生命与信仰的张力。

---

① ［丹］克尔凯郭尔：《哲学片断》，王齐译，第60页。
② ［丹］克尔凯郭尔：《哲学片断》，王齐译，第61页。
③ ［丹］克尔凯郭尔：《哲学片断》，王齐译，第62页。
④ ［丹］索伦·克尔凯郭尔：《重复》，王柏华译，第145页。

第二节　哲学辩证法与神学辩证法

在哲学与宗教的相遇中，只有当我们把亚当和基督的辩证法与时间—现世联系起来考虑时，一种新的辩证法才会浮现出来，即克尔凯郭尔的生存—内心性的辩证法。然而，克尔凯郭尔的辩证法保留了一个悖谬（瞬间）的位置，即张力的克服只是在永恒的这一边被信仰所理解。因此，克尔凯郭尔没有把人类的能力放在能够感知到新生（新人的生成）以取代旧人的位置上。简而言之，在人类看来是不可能的，是他们与上帝之间的障碍，而上帝却认为这是可能的，并在恩典中克服了这一障碍，这是神—人差异的辩证法。如果上帝也欣赏辩证法，那么上帝在永恒的领域里进行综合。的确，在上帝和"我"之间有一个身份，一个自相矛盾但又统一的身份，这就是那个降世为人、为仆的第三者。然而，这是一个降格身份（有意扮为仆人），其矛盾性似乎更像黑格尔的身份，其中两个对立的成员被中介成一个身份，其矛盾性似乎不如克尔凯郭尔所肯定的悖论，对克氏来说，绝对的悖论取代了综合体的位置。简而言之，我们面临的问题是与一种观点联系在一起的，即由于克尔凯郭尔希望强调时间—现世和永恒之间的无限屏障，他于是只能主要站在主体的一边思考这种区分的必然结果。

> 如果对于你没有下一天，那么，你要么是一个正死去的人，要么是一个通过"死离出现世"而抓住"那永恒的"的人；要么真正地是一个正死去的人，要么是一个真正地活着的人。①

因此，克尔凯郭尔的信仰主题的中心目的是保障生存于时间—现世之中的有思想的人类个体的现实性，防止个体被吸入黑格尔的绝对理念的矛盾运动中。此外，正是克尔凯郭尔的生存—内心性的辩证法提供了一种继承性，所有辩证法家都必须面对这种继承性而表态，即个体是否站在主体的一边解

---

① ［丹］克尔凯郭尔：《克尔凯郭尔讲演集（1848－1855）》，京不特译，第100页。

释神—人关系,是否在克氏认为构成人类生存结构的有限与无限的辩证基础上进行解释?克尔凯郭尔对人的主体性被吸收黑格尔的绝对理念之中并不感兴趣。

作为生存—内心性的辩证法在《附言》之后的新发展,"质的辩证法"的基督教基础有了更深度的讨论。1845年春天辩论和结束的"阿德勒案"(但真正了结是在1851年6月),激起了《阿德勒之书》①(成书于1846—1847年),尽管克氏生前没有发表该书,却决定性地深化了"成为基督教徒"的基本观念,然后这一观念在新的假名作者安提-克利马克斯的《致死的疾病》和《基督教的训练》中延续着。这种深化的核心在于历史性的神圣启示的绝对特性和价值,从而对历史性的人来说,神圣的权威是超越性的。依据克氏的观点,阿德勒作为一种现象说明了当代基督教的混乱,问题是在他的时代,真正有足够宗教性并能从中受益的人少之又少。在《阿德勒之书》中阿德勒仍然是一个添头,对于好奇的公众来说,此事很容易变成克尔凯郭尔和阿德勒之间的一场斗鸡游戏。

在《阿德勒之书》之前,克氏不断从"诗"——审美者,从思辨——"哲学家",转到表明基督徒本质上的最内在的特质。我们不妨先从该书的附录二"一个天才和一个使徒的差异"②开始谈起。在神—人辩证法的语境下,人的品质(如天才)或人的权威与神的权威之间存在区别:因为前者是相对的,在时间—现世中消逝,而后者则是绝对的,在永恒中保持着不变性。事实上,当涉及政治、民事、社会、家庭、纪律等领域的权威或权力的行使时,

---

① 《阿德勒之书》表面上讲的是丹麦神学家、牧师和作家阿道夫·彼得·阿德勒(Adolph Peter Adler, 1817-1869),本质上讲的却是权威的概念。因为他在1843年7月出版的《布道集》(*Nogle Prædikener*)的序言中断言自己得到了一个启示,基督在其中规定了一种新的教义。他被暂停牧师职务,最终被教会上司解雇并发了抚恤金。该布道集出版后,阿德勒给克尔凯郭尔寄过一本。克尔凯郭尔对权威的关注在其博士论文《论反讽概念》觅得,即各种权威概念构成了某个统一的主题,例如诡辩的辩证法的权威(the authority of Sophistic dialectic)。参见 Søren Kierkegaard, *The Book on Adler*, ed. and trans., Howard V. Hong and Edna H. Hong, Princeton, New Jersey: Princeton University Press, 1998, p. vii, Supplement, p. 339. 关于阿德勒与克尔凯郭尔的关系,参见[丹]尤金姆·加尔夫《克尔凯郭尔传》,周一云译,浙江大学出版社2019年版,第323—337页。

② Søren Kierkegaard, *The Book on Adler*, ed. and trans., Howard V. Hong and Edna H. Hong, Princeton, New Jersey: Princeton University Press, 1998, pp. 173-188.

权威只是一个短暂的瞬间，它在时间—现世中冲淡了所有的差异。当然，尘世的权威由于个体的品质（天才或特殊的天赋等）也构成了"质的差异"而不仅仅是"量的差异"，但尘世的权威也会随着时间的推移而消失。绝对的新的质只有在上帝注定一个人拥有神圣的权威时才会出现，请注意，神圣的权威乃上帝委托给使徒的东西。这就是使徒的状况：追随基督且依靠基督，神圣权威的具体的矛盾的品质本质上与基督有关：权威打破了所有的限制和内在的相对性，并提出了绝对的存在性超越。

神圣权威的转手带来的直接后果是，在基督教中"使徒"这个词属于超越性，使徒通过上帝的特殊使命成为其所是，上帝使一个普通的人具有了权威，并派他去完成神圣的使命。也就是说，一个使徒是他自己的信仰的化身，凭借着历史的启示，使徒有了神圣的权威。因此，天才的出发点是在个体对自己的认同中；使徒的出发点是自相矛盾地超越了个体性的启示。使徒的使命被克尔凯郭尔称为"矛盾的事实"：在个体性与权威性的不相匹配之中，使徒终究与他者不同。使徒必须宣扬新的质，与此同时，神圣的权威是本质上的矛盾。无论在世界范围内宣扬多久，神圣的权威的本质仍然同样的新、同样的矛盾，因为没有任何内在的东西可以同化它。

神圣的权威是"客观上"决定性的质变时刻。因此，在宗教 B 的领域，质上的差异来自一个确切的历史事件，其主体是基督和提出新的教义的使徒，不是从方便、连贯和可能性来争论，而是根据使徒自己的证明，这是一个从神/教师那里得到的启示。因此，信仰者必须在使徒保罗面前鞠躬，因为他有神圣的权威。当然，每个人都可以自由地选择相信或不相信，也就是说，接受或拒绝使徒"占有"的权威。为了介绍他从神的启示中得到的真理，保罗或任何使徒告诫众人说自己所说的是通过启示委托的——那么你必须知道是上帝本身，也就是基督在说话。在基督教哲学的语境里，诚然在主观的瞬间使徒不能，也不敢强迫个体服从，但个体要通过本己的良心与上帝和及时到来的基督（神—人）的关系去做出决断，使自我对自我与这一教义的关系承担永恒的责任，因为使徒是按照被启示的方式来传讲，因此是以神圣的权威传讲。

哲学思想与宗教启示的关系，或者雅典与耶路撒冷的关系，让阿德勒事件有了更深的反思价值。也就是说，基督教的启示是历史的"静止点"，不受生存—内心性的辩证法的质之定性的影响。基督教的现实没有历史，因为基督教是上帝曾经在时间—现世中出场的绝对的悖论。这是一个撞击点，但也是一个起点；无论是1800多年前还是昨天。信仰层面上的距离不能用时间和空间的定量标准来衡量，因为它是一个定性（带有罪的意识）的决断（瞬间）、一个新的教师（时间当中的神）。这就是为什么一个暂时的、本身是偶然的事件，即基督教的启示，具有绝对的价值，以及为什么一个特定的人，即使徒的使命，要求绝对的权威兹有"客观的质的飞跃"。

作为"质的飞跃"的信仰行为的决定性的质——启示和布道的历史事件的"客观的质"，即基督和使徒对救赎的宣告，历史上的"飞跃"与"主观的质的飞跃"相对应，即信仰的决断（瞬间），通过它，信仰者从时间—现世进入永恒的生命的超越之境。在这里，自由的"质"上升到了第二种力量：它不仅是一个自我决断的问题，适合于每一个承担行为本身结果的自由决断，而且是全部风险，即承认作为神—人的基督，他的真正生命不是在时间中完成，而是永恒的，也就是"三位一体"化的、现在坐在圣父的右边的那个人。

基督教信仰的对象"撞"上了理性的要求，把它带到《哲学片断》"思想试验"，并在特有的类别中穷尽它：这就是为什么克尔凯郭尔称它为德尔图良式的"荒谬"，而更多时候则称其为"悖论"。克尔凯郭尔既不忽视也不否认信仰的对象有它自己的可理解性的凝聚力，但信仰不为有限的理解力所接受；相反，信仰是唯一的绝对真理和拯救的真理，它也是唯一的恩典。这是信仰与理性的"质的区别"，而这里的信仰是基督教信仰，是与救赎的历史[①]相联系的，也就是现代思想所宣称的涉及感觉和经验历史的直接性的"神圣历史"。信仰、化身、永恒真理这些概念，在基督教领域要追溯到一个具体的历史事实、一个绝对的悖论，被哲学家们与神学家们赋予了完全不同的含义。信仰变成了直接的意志行为而非客观认知，是自由的行为，它高于理性，追

---

① 卡尔·洛维特（Karl Löwith）的专著《世界历史与救赎历史》很好地解释了救赎的历史，更重要的是打开了未来哲学的潜在问题域，以末世论的引入区分了永恒向度上的未来以及现世—时间意义上的将来。

寻不确定的、非连续性的生存而非本质，信仰重复着信仰者生成的可能性。①所以说，信仰者的生成来自信仰这一自由的行为。

信仰者与基督的"同时共在性"是"质的飞跃"实施的前提。如果一个人认真对待基督教信仰，而不是把它当作智力上的分心，而是把它当作在基督里的生命转变，那么只有一条路：与基督的同时共在性，而且质的辩证法就是这种同时性的实现，这就是对基督的效法。对每一个基督教徒来说，在基督教历史的每一个瞬间，任务对所有人来说都是一样的，信仰者在同时性的张力中要么沉沦，要么被拯救。瞬间方案的引入，以及同时共在性的现象使信仰者处于双重性生存的紧张状态之中，使其选择具有质上的弹性。

因此，信仰的另一个含义是基督作为历史人物的现实与基督教的后续现实的相关性，即基督教的"持续时间"：同时共在性与第一段历史有关，而不是与第二段历史（即教会的历史）有关，因为这段历史将与第一段历史一起被评判，无论它持续多久。问题是，对每一个基督教徒来说，无论是最初的几个世纪，还是今天和未来，与基督同时共在的需要都是一样的。为此，首先要记住，基督教的构成性历史要素（永恒之神曾经进入时间，这一绝对的悖论）与基督教的历史（即其信仰者的历史）之间不可动摇的质的区别已经确立。上帝在神—人的矛盾综合体中使得每一个想成为有信仰的基督教徒都必须成为上帝的同时代人。这就是信仰者对于莱辛问题的回应。

如前所述，同时共在性作为对神—人信仰的实现，贯穿了约翰尼斯·克利马克斯与安提-克利马克斯两个假名创作时期。同时共在性包含了生存—内心性的辩证法的两个紧张的互为一体的时刻：基督—模范和基督—上帝。基督的模仿意味着接受苦难，在内心性的层面敢于放弃现世性并重新占有现世性，在新的决断（瞬间）中完成信仰的见证：在这里，同时共在性包括看到基督存在于病人、穷人、不公正的受害者等各种苦难之中。但在与模范的比较中，基督教徒首先在罪的重压中看到了神与人之间无限的距离，在此，求助于通过模范的受难和死亡而获得恩典的介入。同时共在性中自由和恩典的辩证法不是为了消除痛苦，而是为了实现对模范的模仿。因此，这就是生

---

① 参见［丹］克尔凯郭尔《哲学片断》，王齐译，第97—100页。

存—内心性的辩证法的内生动力——通过模仿神的出场,实现个体的出场。

但整个现代哲学——这是克尔凯郭尔的基本反对意见——已经尽其所能把信仰是一种直接的决定、是直接的知识状态灌输给信仰者;这种概念反过来又同情地消除了冒犯的可能性,同情地把基督教降低到一种"教义",同情地把神/教师和同时代人的困难情况删除。如果基督教是一种教义,所有这些都是完全正确的;正因为它不是,信仰与基督—模范有关。但基督(降世的教师)是一个矛盾的标志,它拒绝直接沟通并要求一种肉眼近乎不可识见的信仰。基督教所宣称的信仰是基于这样一个历史事实:上帝进入了时间,参与了人类历史,包括他出生、生活、死在彼拉多手下并复活。这是荒谬的。"荒谬指的是永恒真理在时间中出现,指上帝的生成,他出生,成长,等等。"①请注意:基督教信仰与时间有关,并使时间成为永恒的实例、永恒的自由域,也就是说,救赎取决于时间—现世,即取决于信仰者在时间中做出的质性选择。矛盾的是,正是在时间的短暂当下所做的决定,限定了未来,即切近的永恒。而对于黑格尔来说,历史及其元素,被本身不动的思辨性绝对以及短暂的永恒真理所吸收,在当代哲学的拉平化中,历史被稀释在时间事件的经验联系中。对于基督教来说,选择的瞬间决定了已经存在于当下的自由域,不是在其抽象的直接性,而是在对永恒本身的绝对价值参考。信仰的悖论被置于时间中,也就是历史中,它审视普遍的历史,而不是让人相信历史将由永恒来评判。

关于生存—内心性的辩证法,克尔凯郭尔在两种反思模式之间游走,那么,这两种模式可以被称为"神学"的辩证法和"哲学"的辩证法。克氏在这两种反思模式之间的运动也是辩证的。事实上,如果克尔凯郭尔给自己设定的基本任务是神学的,包括重述基督教的信息,将基督教传入基督教世界,那么这个任务只有在信息发送者与接受者的生存直接相关时才能成功完成。相反,对生存的哲学分析导致了个体难以忍受这种理所当然的无望的认识,有必要从思想试验中为缺乏希望的个体寻找一种解释,使个体能够从绝望中解脱出来。克氏直言,个体解放的答案就是这个名为基督教的"生存矛盾"

---

① [丹]克尔凯郭尔:《最后的、非科学性的附言》,王齐译,第170页。

与"生存沟通"。这种神学和哲学之间的辩证法的实施在《致死之疾病》两部分的衔接中——"致死的疾病是绝望"与"绝望是罪"——得到了清晰的体现。这种辩证法不仅在神学和哲学之间,而且在每一种语言和它们所反映的生存模式中。因此,有必要在克尔凯郭尔身上区分出"哲学"辩证法和"神学"辩证法。

对哲学家克尔凯郭尔而言,只要我们考虑到个体和生存的范畴,我们就会面临着一切都在辩证地运动的大环境。这一点的最好证明在于生存三阶段的基本情绪是忧惧,即"同感的反感和反感的同感",这个定义前面点题的一句话是"在我们观察忧惧之中的各种辩证定性的时候,就显示出,这些定性恰恰具备了心理学的模棱两可"。[①]生存—内心性的辩证法自然是关乎人类个体之自我生成的生存论的一个指南。此外,这种模棱两可性在《忧惧的概念》的副标题中被限定为"心理学",心理学在克氏的概念星丛中奇怪地成为哲学中的学科,忧惧源于此,因为这是精神的决定。因此,生存—内心性的辩证法将从个体的层面上端呈"精神"的存在方式。克氏双重反思所依据的生存论,实际上建立在三分法之上:灵魂、肉体、精神(第三者)。人是一个综合体,是灵魂和肉体的综合体,也是无限和有限、时间—现世和永恒、自由和必然的综合体。然而,如果两个辩证性的术语的这种关系不指向人自身,就还没有澄清克尔凯郭尔式的正确意义上的"生存";严格来说,还没有成为"综合"。为了成为真正的"综合"(即成为"精神"),这种关系需要由自我或精神赋予生存个体一种内心化的取向。正是这一点,使人在生存、去生成的意义上有了一种指引。换句话说,人的个体性在生存论的构成上需要一种结构化的标示,而这正是"人是精神"所做的界定。这种结构化将是辩证的,一旦离开结构化,个体只能是偏于以灵魂或肉体的方式被异化。

生存—内心性的辩证法被克尔凯郭尔设想为:不仅是对理性的要求,而且是对人这一生存者的结构化要求。然而,根据个体所选择的构造生存的态度,作为第三者的精神会充分地满足这一要求。因此,在基本的生存论诠释

[①] [丹]克尔凯郭尔:《畏惧与颤栗 恐惧的概念 致死的疾病》,京不特译,第199页,译文有改动。

之后，我们被引导去考虑克尔凯郭尔如何在生存哲学的层面上强调辩证法的出现，即用他的词汇来说，在生存道路诸阶段上。

生存—内心性的辩证法试图在人性层面对人类的生活、生存的辩证结构的生存论和存在论要求做出回应。因此在畏惧、忧惧、绝望等心境中，克氏辩证法既服务于一种忧惧的现象学，亦是自由的现象学，强调辩证的基础情绪，又服务于生存问题并直面以不可能性为标志的信仰问题，由此个体发现自我就在编写这种结构化的本己的生存的原始文本。克尔凯郭尔在《附言》解释道："所有的生存之见将根据个体辩证地向内心沉潜的程度分级。"① 感性—审美观念的特点是个体在自己内部不辩证，因为个体试图生活在纯粹的外在性或纯粹的直接性中；克尔凯郭尔补充说，审美者也可以在自己之外有他/她的辩证法，这就是黑格尔式的哲学家的情况，他在与自己的距离之外（脱离了自我与自我的关系）小心翼翼地玩着辩证法游戏。再进一步，伦理观念包括个体在自己内部辩证，即内在地肯定自己；由此可见，伦理者的最终动机不是在自我内心性中成为辩证的。伦理者肯定自己的道德意志，遵从道德准则，由于没有保持两极之间的必要平衡而取消了辩证法。依靠辩证的两极之一来实施辩证法，伦理学一开始就注定了自己在辩证法中的失败。最后一种生存观念是宗教，其中的辩证法处于被教义倾轧的危险之中并不总是得到真正的实施。

对宗教作家克尔凯郭尔而言，我们关注"自我在上帝面前的透明性"而不是"自我强化"。个体在自我与自我的关系中拥有"生存—内心性的辩证法"的平衡之道。某君若认为自己就能构造这种辩证法，这意味着某君否认了"神—人"关系。基督教信仰在其本质上拥有一种辩证的结构，这种结构不仅来自它是一种生存哲学这一事实，而且从根本上是由创造它的宗教性的事件强加上的：上帝在拿撒勒人耶稣身上的悖谬的启示。因此，克尔凯郭尔将基督教信仰描述为确定性（主体的至上激情）和客观不确定性的综合体。克尔凯郭尔论证基础是"上帝是精神"、"基督教是精神"和"人是精神"。现在重返精神定性，精神所表征的关系实则展现着确认无误的神学辩证法。

---

① ［丹］克尔凯郭尔：《最后的、非科学性的附言》，王齐译，第455页。

第四章 生存—内心性的辩证法之时间向度与未来哲学的建设

因此，人类生活、生存中与信仰有关的一切都必须以辩证的综合的方式来设想。在与基督的关系中，人不可能立即拥有自我的确定性。如果"我"有信仰，"我"也不能立即实现它的确定性——因为信仰恰恰是那种辩证的综合的平衡行为，虽然信仰者经常处于畏惧与颤栗之中，却不存在信心冲击。在神学辩证法中信仰是一种总是不确定的确定性，也是一种可以忍受（苦难）的不确定性。

这样的平衡行为意味着：哲学所描述的人无法承担并将信仰保持到底；而神学中的信仰者可以做到这一点，因为信仰者没有将自己摆成他们生命的辩证法的作者和主人，而是知道自己是被抛入世界的。因此，辩证法的价值从根本上取决于人们是否相信自我，这种与自我与自我的关系有关的关系，已经主动绽出了自己抑或被抛入世界。以生存—内心性为基底，自我的辩证法不会导致绝望。如果某君认为信仰只是与自我有关，想在信仰中让自我面前的自我变得透明，并将信仰建立在构成自我的力量中。那么，所有基本的内心性的残余都被消灭了，内闭性取而代之，也就是说，所有凭借自我或凭借某种世俗事例的信仰都失败了，个体因此内闭于生存的极端角落。因为信仰成为绝对的悖论，不是在内心性的框架内发生的，而是通过将自我与内心性对立起来，去相信那绝对的。在哲学辩证法中，绝对的悖论使信仰者能够将自我理解为从自身之外提出发问的生存者，并通过同时共在性组成"降世"事件之中同时共在的生存者。作为形而上的奇思异想，现在这个事件是悖谬性的，绝对的悖论并不在人类时间性的框架之内。

时间性—现世性和永恒性之间没有内心化的亲和力，因为在克氏的思想试验中永恒已经率先进入了想要建立这种亲和力的时间—现世。当永恒冲进时间，特别是冲进"我"的时间性时，"我"就不能再相信自我是时间和永恒的综合体；"我"对时间和永恒的任何自然的共生性、协同性、亲缘性的幻想就会消失。时间和永恒在"我"看来是真实的，又是完全疯狂的、特质性的、矛盾的；"我"由此意识到人类想要把时间和永恒做出综合的主张所代表的幻觉。

然而，相当不同的是，神学辩证法凸显了生存—内心性的辩证法的"末世论比重"。这种权重意味着辩证法本身的一极是在我们的世俗现实之外被提出来的。由此可见，在末世论中只有一极是决定性的，只有永恒能够保持在辩证法张力的"还原"的末端，而这一极总是可能在未来发生或再临。这种权重也表明，辩证法的意向性也在辩证的两极的张力之下做出一个额外的"否定"。这种末世论的权重并不修改辩证法本身的运作：它并不改变对立或统一的暗示。相反地，克尔凯郭尔的生存—内心性的辩证法保证了对立两极的完整性，因为它是辩证法的悖谬性的真正终止——永恒即未来。

> "终止""终审"之"终止"，意味着"永远""有"一个"未来"。尼采的"永恒轮回"乃是"永恒"的"未来"，"永恒"的"机会"。尼采的世界观—历史观—人生观乃是"未来主义"的，而"哲学"上的"未来主义"又必定是"哲学"上的"自由主义"。"自由者"的"目光"注视着"未来"。①

遵循叶秀山先生在《科学·宗教·哲学》中的解释，神学辩证法或基督教信仰的辩证法将是这样一种辩证法，在其中，生存的两极将是根本对立的，是无限矛盾的，但也是永恒重复的。重复是一个有待发现的新范畴，它是生存的严肃性，更是形而上学的旨趣。与此同时，有一些说客，如死亡，试图抢先一步通过概念来切断信仰者与基督教的联系，打断信仰者与基督教日复一日建立联系的重复。真正的神学辩证法的开端（即悖论）在于这些无限对立的现实整体通过重复这个新范畴被定义为一种与永恒相关联的持续性的内心化的受难。克氏假借《重复》中的年轻人之口说出了未来哲学的一个秘密："这里，唯有精神的重复是可能的，即便它不如永恒中的重复那么完美，永恒中的重复才是真正的重复。"② 符合绝对的悖论的辩证法将不得不把"时间—现世"与"永恒"这两极保持在非常紧密的辩证关系中，但这两极在现实中却又是无限分离的。在这种情况下，不存在选择一个极点的问题，不存在赋予哪一方特权的问题，甚至不存在简单地把一个极点比另一个极点多加一点"什么"的客观真理问题。

---

① 《叶秀山全集》（第8卷），江苏人民出版社2019年版，第376页。
② [丹] 索伦·克尔凯郭尔：《重复》，王柏华译，第144—145页。

真正的生存—内心性的辩证法是一种平衡行为，是一种不断来回的持衡转换，是两极之间的权衡与制衡。这是唯一可能的判定，因为其中一个极点是从我们的现实之外提出来的，甚至更根本的是，因为被要求构造这些极点关系的自我知道它也是由一个额外的"我"提出来的。永恒本身已经进入了它想要建立这种亲缘性的时间—现世，也就是说，这种平衡取决于与人的时间性相反的极点的密切而又完全矛盾的联系。因此，真正的生存—内心性的辩证法总是一种哲学与神学互赠的礼物之综合，总是以一个额外的否定为前提。

第三节　生存—内心性的辩证法的诗性与辩证性

根据情况，生存—内心性的辩证法会暂时将自己封锁在一个极点的双重反思上，这代表着所显现的危险只是冰山一角。综合是黑格尔哲学的杰作，即使它标志着生存者的个体性的历史，也必须保持局部的、暂时的和相对的分析。生存—内心性的辩证法给予黑格尔辩证法在其不断地反思中停止的可能性，克尔凯郭尔通过对现实这个概念进行双重反思，在时间—现世中掌控一切关乎有限性的"我思"。

克尔凯郭尔与黑格尔的关系集中在一个词和一个术语上，那就是丹麦本土词汇"重复"（Gjentagelsen）①，克氏用它取代了德语词的"中介"（Vermittlung）。这种对立是文化上的：一个古老的丹麦词"重复"取代了一个常见的德语术语"扬弃"（aufheben）。克尔凯郭尔认为这是一种质的超越，他断言重复"是且将一直是一个宗教范畴"②。原本黑格尔惊叹于在"扬弃"中发现了德国语言的思辨天才的标志，但在克尔凯郭尔眼中，看到的却是现实变得混乱的来源，甚至是一种语言的杂耍。在语言的对立中，涉及一种哲学

---

① 克尔凯郭尔对于重复的看重溢于言表，他甚至经常把重复化用在作品中隐秘的角落或边界处，比如假名作者的名字或缩写、假名人物的重复的行为、绝对的悖论这一事件等。克尔凯郭尔将信仰的要义或信仰的难题归结为一种重复：单一者，你和我，是否是信仰者，我们如何日复一日地与信仰建立关系。参见［丹］克尔凯郭尔《最后的、非科学性的附言》，王齐译，第350页，注释①。

② ［丹］克尔凯郭尔：《克尔凯郭尔日记选（1842–1846）》，王齐译，第79页。

上的对立。克尔凯郭尔对黑格尔的第一个批评是,他忽略了矛盾的原则。如果动词"扬弃"同时意味着压制、维护和克服,那么任何命题都可以得到支持,这是在《哲学片断》中给出的批评。在名词"扬弃"(Aufhebung)的逻辑批判之外,有争议的还有世界历史和精神的实现过程,这将在知识的总体化中达到对事物的充分理解和充分认识。对克尔凯郭尔来说,问题不在于设想精神的历史在世界的历史中得到实现;而在于思考单一个体怎样生存。体系的科学与单一个体的生存—内心性在此是对立的。

让我们通过两个批判性的声明进入克尔凯郭尔哲学与黑格尔哲学的关系,尤其是克尔凯郭尔自身的诗性与辩证性的关系。第一处是在《畏惧与颤栗》(1843)的序言中。"本书作者绝不是什么哲学家,他是,以诗意和精美的方式,一个既不写体系也不写关于体系的许诺,既不去作体系的客户也不将自己典当给体系的编外写作者。"① 第二种情况见之于《武装的中立》(1849)。"诗人,或者说诗人—辩证法家,不把自己作为理想,更不把自己作为一个人的法官。但他提出了理想,以便每个人,如果他愿意,可以在沉默的孤独中把他的生活与理想进行比较。"② 两个文本显然是不同的,在它们的对立中,也在它们的辩证关系中,克尔凯郭尔作品中的诗性与辩证性的关系才得以构成。我们很容易注意到这些差异。首先,有一个时间上的差异,这比年代学所显示的更为重要。1843年,诗性与辩证性的工作仍处于起步阶段,《畏惧与颤栗》的副标题为"辩证的抒情诗"。到了克尔凯郭尔认为他的工作已经完成时,在《关于我作为作者的活动的观点》(1848)中回顾了他的所有著作,注意到作品的多样性,但首先坚持整个创作的连续性和一致性。或言之,以上两种说法的区别应该从作品本身来理解。《畏惧与颤栗》是以沉默的约翰尼斯这个假名出版的,作者的个人承诺和一个虚构人物所说的话之间的距离总是可以引申的。至于《武装的中立》,它是一部遗作,作者在世时可以不断进行修改和扩充。因此,准确地说,在秘密写作的假名作品和暂时搁置的遗作

---

① [丹]克尔凯郭尔:《畏惧与颤栗 恐惧的概念 致死的疾病》,京不特译,《畏惧与颤栗》前言,第3页。
② Søren Kierkegaard, *The Point of View*, ed. and trans., Howard V. Hong and Edna H. Hong, Princeton, New Jersey: Princeton University Press, 1998, pp. 131–134.

之间存在着一种关系,即解释的距离。

无论是假名作品还是遗作,两个文本都是由克尔凯郭尔本人承担的。这个问题与其说是一个具体人的地位问题,不如说是他在作品中的地位问题。那么,我们如何理解同一个作者可以是一个"辩证的诗人",却不是一个哲学家?首先,这两种立场在逻辑上是不矛盾的,这就是问题所在。我们可以利用《畏惧与颤栗》中的断言,将克尔凯郭尔置于哲学领域之外;毕竟,他自己故意将自己排除在这个领域之外,心甘情愿地将其抛弃给体系的作者,例如黑格尔。在《附言》的"当代丹麦文学之努力一瞥"中,他将自己的作品完全与文学联系在一起,并以一种辩证的尖锐的原创的方式暴露了生存阶段的所有决定性因素。克尔凯郭尔最终将成为一个"非哲学家",这个词被理解为最多样化的意义。随着克氏在《附言》文末做出公开说明,他被置于相当模糊、边缘化的作者类别中,既被冷眼批评,也被盛赞接受。

确切地说,这位丹麦哲学家或许是哲学的异乡人,是一位诗人—辩证法家。在这个奇怪的句法中,在这个内部充满张力的表达中,其中一个词难道不可以作为另一个词的属性,甚至是另一个词的第一属性,但显然两者又是相互从属的、共属一体的?克尔凯郭尔是一个具有辩证性质的诗人,能够进入争辩,能够达成从赞成到反对的连续逆转,但本质上仍是一个诗人,即原创作品的作者、生存原著的出版者、诗意风格的发明者、丹麦文学的创新者。或者说,克氏本质上是一个辩证法家,特别关注写作的艺术,更新思想的语言,以新的修辞方式呈现双重性的生存,但首先他关注定义的精确性,要求论证的严谨性,总之拥有哲学家所要求的基础品质。克尔凯郭尔难道不是一个辩证性的诗人?难道不是一个诗性的辩证法家?如果这两种假设都能被考虑,也许有论战的意图,那么应该注意到,在"诗人—辩证家"这个句法中,两个词都不是谓语,都没有限定对方。两者都是名词,而且正好构成了一个新的名词,在其中,或许是一个没有写过诗的诗人和一个没有参与对话的辩证法学家。

> 如果我只是一个诗人,我肯定会陷入简单地将基督教诗化的无稽之谈,而不会注意到这是不可能做到的,一个人必须包括自己,要么自己

表达理想的存在（事实上这是不可能做到的），要么将自己定义为一个努力奋斗的人。如果我不是诗人，我肯定会把自己与理想混为一谈，成为一个狂热分子。那么，除了"治理"对我的主要帮助之外，还有什么帮助了我？我是一个辩证法家。①

在1850年的NB日记中，克尔凯郭尔明确指出了诗人与辩证法家兼而有之的身份。他的独特之处在于成为一个诗人和辩证法家。他研究了两个边界假设：如果他只是一个诗人，或者如果他不是一个诗人。在第一种情况下，风险是远离自己所说的话，将自己的言语与自己的生存分开，仅仅是陷入迷醉狂想。在第二种情况下，风险是认真对待自己所说的话，成为一个开放的人，甚至认同理想。然而，面对这两种过激行为，同样的补救措施在运作，这就是辩证法本身。定性的一面在于，辩证法使人注意到生存的具体化，但同时，辩证的一面在于，它标志着与直接生活的距离和痛苦的普遍存在。简而言之，这是一个通过概念渗透内心性，通过反思来纠正直接性（无论是审美感性还是信仰层面）的问题。克尔凯郭尔在他的《观点》中也提出了这一点，他说自己既是一个过剩的诗人，又不是一个真正的诗人，他把自己表现为一个边缘的人。这正是他思想的辩证结点。然而他太像一个诗人了，不能成为"真理的见证"（truth-witness）②。克氏处在这些立场的边界上，然而他却以一种绝对正确的方式与历史的未来发生了关系。

那么，回到第一处声明，是什么割裂了沉默的约翰尼斯不是"哲学家"和克尔凯郭尔是"诗人—辩证法家"？《畏惧与颤栗》的研究无法绕过这个问题。根据作者自己在1849年NB日记中的判断，它是为后人准备的书：

哦！在我死后某一天，仅《畏惧与颤栗》就足以使我作为作者的名

---

① Søren Kierkegaard, *Kierkegaard's Journals and Notebooks*, Volume 7, Journals NB15 – 20, ed., Niels Jørgen Cappelørn, Alastair Hannay, Bruce H. Kirmmse, David D. Possen, Joel D. S. Rasmussen, Vanessa Rumble, and K. Brian Söderquist, Princeton and Oxford: Princeton University Press, 2014, p. 31.
② Søren Kierkegaard, *The Point of View*, ed. and trans., Howard V. Hong and Edna H. Hong, Princeton, New Jersey: Princeton University Press, 1998, p. 120.

第四章 生存—内心性的辩证法之时间向度与未来哲学的建设

字不朽。然后它将被阅读，被翻译成外国语言。人们几乎会对书中可怕的情感不寒而栗。但是，当它被写出来的时候，当那个被视为作者的人一副无赖、机智和轻浮的模样，以伪装的花花公子的身份四处走动的时候，没有人能真正理解其中的严肃性。哦，傻瓜们！这本书从来没有像现在这样严肃过。这本身就是恐怖的真正体现。如果作者看起来是严肃的，恐怖感就会减少。重复才是恐怖的畸形之处。

但是，当我死后，那么我将被塑造成一个想象中的人物，一个黑暗的人物——因此，这本书将是可怕的。①

克尔凯郭尔，他自己口中的"诗性—辩证性的天才"，间接地预言了克尔凯郭尔文艺复兴。克氏为后世准备的书作不止《畏惧与颤栗》。《重复》这本小册子凭借一个古老丹麦词的概念叙述以试验小说的形式发明了丹麦哲学的新范畴，并且表明了生存论层面的生成与存在论层面的虚无的基调，《哲学片断》这本小册子则直接通过绝对的悖论奠定了生存—内心性的辩证法的基石。我们将注意到，尽管《忧惧的概念》同《重复》一样打着心理学的旗号，但它是最明显的、最具代表性的哲学专著，也是所有假名作品中唯一一本献给诗人哲学家、已故的保罗·马丁·缪勒的著作。成名作《非此即彼》以及近似续作的《人生道路诸阶段》充斥着不同人生观的假名话语与相互批驳，而分水岭之作《附言》则直接点明了"外部的改变只是转移注意力的假象，在相同之中的改变才是内心性"② 的宗教的位置。通过这种内心性的调性，概念的普遍性与生存者在时间—现世中的个体性被置于一种辩证关系之中。正如王齐教授解释的那样，克尔凯郭尔通过《爱的作为》令现实概念滑向内心性同时令单一者概念滑向普遍的邻人。③ 除此之外，新假名安提-克利马克斯的《致死之疾病》与《基督教的训练》以及其他著作都不同程度地为生存—内

---

① Søren Kierkegaard, *Kierkegaard's Journals and Notebooks*, Volume 6, Journals NB11-14, ed., Niels Jørgen Cappelørn, Alastair Hannay, Bruce H. Kirmmse, George Pattison, Joel D. S. Rasmussen, Vanessa Rumble, and K. Brian Söderquist, Princeton and Oxford: Princeton University Press, 2012, p. 237.
② [丹]克尔凯郭尔：《最后的、非科学性的附言》，王齐译，第233页。
③ 王齐：《〈爱的作为〉中的"现实"和"内心性"——兼论阿多诺对克尔凯郭尔爱的原则的批判》，《世界宗教研究》2022年第10期，第80—87页。

心性的辩证法的形成与发展注入了辩证性的生命力。

> 如果跳过辩证性，整个基督教就会变成一个轻松的观念，变成迷信，而且是所有迷信当中最危险的一种，因为它是对真理的迷信，如果基督教就是真理的话。①

然而，出于追寻生存—内心性的真理的严肃性的考虑，诸多假名著作得到了一些交互的空间。《重复》和《畏惧与颤栗》是同一天（1843年10月16日）出版的孪生书，这不仅体现在日期上，而且在体裁上更是如此。两本书都是叙事性的阐释之作，因为它们的背景是一个故事，要么是虚构的，要么是从《圣经》叙事中借用的。而且，由于风格迥异，它们也是概念性的论争，阐述了新的范畴重复或信仰之跳跃。对称的是《哲学片断》和《忧惧的概念》前后脚出现（1844年6月13日和17日），这两本书不再专注于叙事，而转向思想试验中的概念诠释（信仰、罪的意识、瞬间、时间当中的神、忧惧）。在上述四部不同假名、成对协调的小册子之间的交集和激情性的张力中，生存—内心性的辩证法的心脏在跳动着。所有这些作品都带有最隐晦的诗性标记——假名，假名是一个虚构的个体，可以创造其他虚构的生命，即一种创作之嵌套。还应注意的是，前期的假名著作基本上伴随着陶冶性的讲演集的平行出版，因此假名著作和陶冶性的讲演之间存在着辩证的平行的关系。

也就是说，在其代表性的假名创作期，我们优先选取《重复》与《畏惧与颤栗》。克尔凯郭尔的辩证性是在非常不同但相互关联的作品的奇异二元性中找到的，每部作品都有其奇特的构成和复杂性。简而言之，克尔凯郭尔的辩证法在《畏惧与颤栗》和《重复》之间有着明显的关联的踪迹。《畏惧与颤栗》的副标题描述其为一部"辩证的抒情诗"。现在，在这个提名中，我们认识到辩证性的诗人。因此，沉默的约翰尼斯不是一个哲学家，却是一个诗人—辩证法家。在《畏惧与颤栗》前言中，假名作者就宣布他把自己表述为

---

① ［丹］克尔凯郭尔：《最后的、非科学性的附言》，王齐译，第357页。

诗人；而在全书的辩证法部分，他自称只是在辩证地进行，把自己表述为辩证法家。事实上，沉默的约翰尼斯两者都是，他是诗人—辩证法家。辩证地看，抒情的一面，亚伯拉罕和以撒的故事提出并肯定了越来越尖锐的情致，在三个文本中得到部署：前言，然后是心境，接下来是对亚伯拉罕的颂词。值得探讨的是，通过对文本修辞的研究，这种情致是如何增长和加深的，并在对亚伯拉罕的颂词中达到顶峰——亚伯拉罕只是默默地走了三天到摩利亚山。这篇颂词的四个表象标志着情致的上升阶段，这种情致在"暂时的倾诉"中再次被提起。正是在这里，抒情性和辩证性之间被明确地联系起来。接下来三个问题都植根于一种可悲的心境中，由几个生存阶段来代表，而这种情致为的是被思考，需要通过对抗、通过对预设的审问和通过对概念的分析来进行多次迂回。

作为情绪哲学的续作，《忧惧的概念》把忧惧揭露为情绪、气氛和概念的辩证衔接，这种情绪、气氛被认为是原始的信仰要素，也是《畏惧与颤栗》有待补充的。如果可悲的、抒情的和更明显的诗意的一面确实比概念的一面更重要，那么它是在本身已经携带了这个概念的情况下才有可能。这是真正的情绪辩证法，是掌握一个充满活力的浪漫主义的方式，是摆脱一个不断涌现的谵妄的方式，是在虚无深渊面前抵御眩晕的方式。锁链式的交错或相互暗示导致了浪漫主义和现实主义的结合，克氏通过在特殊性中把握普遍性来思考个体性。

还是关于重复的问题，康斯坦丁·康斯坦提乌斯将自己置于哈曼的庇护之下，宣布他将使用多元的文学手段和语言。平行地，在《畏惧与颤栗》中，亚伯拉罕在牺牲以撒的时候，说了一句神秘的话；且他没有撒谎，而是用"外语"说话。亚伯拉罕在说出"神必自己预备做燔祭的羔羊"时异化了。克尔凯郭尔的雄心确实是要通过使用一种对公认的哲学来说是陌生的宗教语言，通过诉诸哲学中不常见的修辞体裁来更新哲学。在沉默与隐秘话语的外衣下，克尔凯郭尔进一步揭示了生存—内心性的辩证法的间接沟通原则。

生存—内心性的辩证法通过间接沟通方法赋予沉默和秘密的辩证法以可识别性。通过论题的对抗和对立面的冲突，新的综合体出现了，现实被确定了。辩证法运动使分歧达到极限，使论题相互联系，从而使它们相互作用，朝着对立面的重合和一致性发展。辩证法的视域确实是统一的，尽管它首先强调的是二元性。黑格尔的扬弃概念，在克尔凯郭尔的同时代人（特别是丹麦黑格尔主义者）中一度被认为是辩证法的一个天才之作。承认、维护和保持的对立面被克服并提升到第三者，亦即被调和的位置。

克尔凯郭尔截然反对黑格尔，但其批判仍在辩证法的框架内。因此，我们可以戏说"师门"内部的对抗。让我们回顾一下两个对立点，体系与辩证法，它们是相关的。作为一个从《论反讽概念》开始的黑格尔的细心读者，克尔凯郭尔有时坚持"扬弃"，有时带着沉重的讽刺。扬弃既意味着压制，又意味着保留，它违反了矛盾律的逻辑原则；因此扬弃允许任何论题得到支持，它把混乱引入了一个宣称自己是理性之路的哲学的核心。另外，克尔凯郭尔的攻击更多的是针对《逻辑学》而不是《精神现象学》，他攻击的是思辨哲学的体系与丹麦的黑格尔主义者。在提到黑格尔哲学作为一个体系时，黑格尔保留了辩证法、历史与认识论的统一，但没有考虑到辩证法的构成性运动和生命与信仰的位置。我们把对扬弃的批评和对体系的批评放在一起，非连续性就会变得很突出，因为体系中的理性是由非理性的过程构建的。但首先，克氏对于扬弃与体系的质疑要转移；克氏辩证法将不再涉及体系，而是诗化地解读对体系进行反叛的生存。一个逻辑体系可能有它的连续性，但它不能描述生存。这是《附言》的一个结论："因此：（甲）一个逻辑的体系是可以得出的；（乙）但是一个生存的体系却不能得出。"[①]再次注意，克尔凯郭尔以反讽的方式，将黑格尔的辩证法限定为定量的辩证法，因此无法构想出质（特别是信仰之质）。从柏拉图开始一切都在于确立量的辩证法和质的辩证法之间的绝对区别，黑格尔作为一个思想的巨人，却将人的生存放到了人本身的背影里。在克氏这里，质的辩证法有生存的合宜的位置。问题是质的辩证法本身的性质，这种辩证法必须给诗意的行为以合法性的地位，给间接沟通腾出合理的位置，以讲明生存的三个阶段。我们认为，辩证法和诗之间的联系是内心性的，诗人—辩证法家的技艺在于知道怎样通过多样化的体裁来更新对生存问题的概念性的与实践中的探索。

---

① ［丹］克尔凯郭尔：《最后的、非科学性的附言》，王齐译，第78页。

第四章 生存—内心性的辩证法之时间向度与未来哲学的建设

也许克尔凯郭尔只问自己一个问题：生存是什么意思？生存的事实性是生存哲学最主要的品质，立即被赋予在世界之中，而且是不可还原的。生存就像第一真理，既不是推导出来的也不是直觉出来的，而是作为一个事实遇到的："我在"，以单一者的形式生存。生存甚至是人与上帝的关系中的一种特征、一种质之定性。质的辩证法是通过质的对抗和对立面的统一关系进行的。质是生存的要义，在这种情况下，生存所反对的体系被理解为一个封闭的整体。与之相反，生存是动态的、活生生的和不可预测的。生存或生存的事实性是瞬间性的，因此是不可分解的，但生存本身是可分析的。生存是一种实践智慧，可以被分析和筹划。这些生存论的分析是多重的，是从多个视角进行的，彼此一致，因为它们总是导向辩证之综合。克尔凯郭尔在多个假名场合说：人是一个综合（有待实现，在生存、去生成中），一个直接或虚拟的统一体，通过肯定自己的双重性生存，成为一个有效的统一体。这些元素被理解为质，可以陈述如下：肉体和灵魂，时间—现世和永恒，有限和无限，自由和必然等。在每一次综合中，这些元素都是不连续的，甚至是对立的。确切地说，生存—内心性的辩证法实行的是脱节的方法，在辩证性之外，每个元素的具体特征被诗化地解读，但生存的事实性仍然是绝对的。

《附言》诗化地解释了质之辩证性。质的分离是黑格尔辩证法的"调和"产物，克氏则强调生存的事实性是绝对的，它类似于绝对的悖论。悖论拒绝所有的调和，让对立面直接面对面，并以一种排他性的自我认证来表达真理。克尔凯郭尔肯定对立面的差异是不可通约的，在《附言》"主体性真理，内心性；真理是主体性"一章中，他从客体和主体方面考察了生存—内心性的真理的概念，并从其局限性提出了问题。客观的反思把主体性放在括号里，真理只是客观的。相反，对于主体思想家来说，在对立面被中介的情况下，真理是自我占有、主体性和内心性。因此，黑格尔式的质的分离分割了真理的概念本身，形成空隙。中介在这里没有提供仁慈的帮助，从而使真理成为主体—客体。如果一切都被中介化了，那么主体本身就在这种中介中被取代。克氏却坚持永恒与时间—现世之间的异质性，拒绝扬弃的同化过程，肯定了生存的不可还原性。然而，如果构成视域和辨别点的是质的分离，那么思考生存要在行为（生存的事实性、偶然性、激情、突变点）和概念（生存分析的敏锐性和生存的综合能力)之间寻求一个连接点。这样一来，分离就变得相对了；简而言之，生存被辩证化了。这个关键点是在标题为"主体思想家；他的任务；他的形式，即他的风格"的小节中提出的，一同被提出的正是生存—内心性的辩证法。

主体思想家是生存方向上的辩证法家，他/她凭借思想的激情来维持质的分离。但客观思想家简单地使用质的分离，将其相当抽象地应用于单数的人，那么人们就会面临一种危险。主体思想家以思想的激情拥有质的分离，但他/她拥有的是阻止一切在数量上铺开的最终决定。主体思想家并不抽象地求助于生存，否则反倒正好阻止了生存。因此，主体思想家通过生存的激情来实现具体的现实。所有的生存问题都是有激情的，当人们意识到生存的时候，就会产生激情。

在没有激情的情况下思考生存问题，根本就不是在思考何谓生存，而是忘记了一点，即人本身就是一个生存者。然而，不管主体思想家是不是一个诗人—辩证法家，本质上他/她都是一个生存者。诗人的存在与诗有关，辩证法家的存在与对话有关，都是没有必然性的设定。主体思想家不是一个知识论者，而是一个艺术家。生存就是一种艺术。克氏通过密集而尖锐的文字，揭露了整个生存—内心性的辩证法之中的现实的主体性。由于辩证法是一种不连续的方法，它确实附有处于危险之中的风格，既是写作的艺术，也是生存的艺术。在寻找生存的突变点的过程中，克尔凯郭尔分两步进行。

第一步，处理非连续性问题，揭示了辩证法质之定性及其意义。首先，思维和存在是脱节的；它们是两个异质的现实。脱节是具体的、有界限的，脱节并不总是割裂的。克尔凯郭尔在极限处论证：如果思维和存在之间存在分裂，也就是说，如果脱节是绝对的，会发生什么？那么，存在和思维是彼此相异的，就不再有任何辩证法了。一方面是人的生存(住在地上的大厦中)，另一方面是客观思想家所建立的他的体系(建立大厦却住在大厦的地下室中)。通过将这些质之定性绝对化，就产生了驳斥黑格尔辩证法的生存—内心性的辩证法。一边是存在，另一边是思维，辩证法显现此间的关系和微妙性。那么，对立面应该被拉长到什么程度？或者说，辩证法的运动或辩证法的生命之中，对立不走到极限，不发生脱节，不成为断裂。辩证法始终是在思维和存在的关系这个变动不居的、开放性的领域中构建的。

我们可以用"非此即彼"来表述这一研究，指明这个"非此即彼"不是一个排他性的分离，不是一个困境；但在分离中，在严格坚持的差异中，存在着一个结合的地方。这就是质的辩证法的要点，即找到或者创造思维存在着的地方，也即存在让自己被思维的地方。因为结合点是无限移动的，这意味着我们将永远不会完成对生存的思考。思想家无法占据一个悬空的位置。在这里，诗人和辩证法家可以而且确实必须交换角色，如果不是统一于一个作者的话，他们一起工作，各自以自己的方式改变写作的形式和分析的方法。质的分离同样是克尔凯郭尔哲学的结构问题。生存以及作为其特征的激情，才是最常见的质之定性。质的分离不仅被承认，而且作为一个极限点，它是一个试金石。而只有在生存之边界，或者通过特殊的经验，如原始的道德选择或信仰之跳跃，我们才会实践质的分离。

第二步，克尔凯郭尔通过差异性规定了主体思想家本质上是一个生存者、一个充满激情的主体。尽管克氏既不把自己定义为诗人，也不把自己定义为伦理学家或辩证法学家，但他同时也是所有这些角色。主体思想家，作为思想家的生存者，汇集了最不同的质，其中一些特质被指出，它们之间被建立了联系。在这一点上，我们参考了一个古老的希腊模式，特别是苏格拉底的方式。希腊的思想家首先是一个生存的人，他使自己的生存成为一个美丽的作品。正是这一点被"生存是一种艺术"的公式所强调。

如果克尔凯郭尔称自己为诗人—辩证法家，那么问题就来了，我们应该怎样理解这个概念的性质和两种身份的一致性。在1848年日记的一段话中，克尔凯郭尔通过假设这个概念的矛盾性来指出它的陌生性：

> 我已经说过很多次了，我不能经常重复：我是一个诗人，但却是一个非常特殊的诗人；因为辩证法是我与生俱来的天性，而辩证法恰恰是诗人所陌生的。[①]

[①] Søren Kierkegaard, *Kierkegaard's Journals and Notebooks*, Volume 5, Journals NB6 – 10, ed., Niels Jørgen Cappelørn, Alastair Hannay, David Kangas, Bruce H. Kirmmse, George Pattison, Joel D. S. Rasmussen, Vanessa Rumble, and K. Brian Söderquist, Princeton and Oxford: Princeton University Press, 2011, p. 44.

生存—内心性的辩证法研究

　　诗人—辩证法家的形式强调了两个词之间的联系，它似乎诱发了一种平等，或者至少在两者的衔接和联系中的对称性。但如果克尔凯郭尔是一个二元论和二分法的思想家，他就不是一个对称性的思想家。因此，在综合的陈述中，尽管他总是陈述相反元素的二元性（肉体与灵魂、时间—现世与永恒、有限与无限等），这绝不单是一个对称的问题。两个元素总是不可比的，应被理解为异质性，人们甚至不能肯定一个元素绝对优先于另一个元素。生存的综合的任务正是要辩证地看待两个元素。这是一个永远开放的任务，其中第三者（综合）确实是目的，但也有差异没有被抹去，解释的距离仍然是潜在的。

　　克尔凯郭尔哲学中常有两个术语的双向使用，关于诗人—辩证法家，我们可以说其是一种摇摆运动、一种逻辑暗扣、一种双重参照，但我们必须更加精确地提炼其中的诗性与辩证性。克尔凯郭尔承认自己是一个诗人，是一个辩证法家，是一个诗人—辩证法家，这最后一个句法可以解释为一个综合体。应该指出的是，诗人和辩证法家的概念并不简单，他们各自的复杂性使诗人—辩证法家的内在关系充满了活力。诗人这个词似乎至少有两种明显不同的含义。在《观点》中，克尔凯郭尔介绍了他的作品和思想发展的历史，他指出"与其说我曾经年轻过，不如说我成了一个诗人，这是第二次青春"[①]。诗人具有高超的技艺，创作了杰出的作品，但诗人却不生存；诗人把自己排除在生存之外。诗人描述生存、思考生存、改造生存，使得生存在深渊式的镜像中相互凝视；诗人给自己的幻想以诗的生命，但他/她避免选择。诗人在其诗中有自己的结局。现在，与这种消极的或至少是限制性的意义相反，我们发现一种更有价值的诗人，即克尔凯郭尔称自己是"宗教的诗人"。事实上，这个限定可以扩展到整个生存。诗性写作是创造和升华生命形式的行为，特别是刻画宗教性。虽然与宗教保持着一定的距离，但这种距离可以缩小到难以察觉的程度，诗人也许自己无法实现信仰之跳跃，却知道如何说出宗教的话语，使生存沟通变得充满诗意。那么，《重复》中的年轻人是否也

---

① Søren Kierkegaard, *The Point of View*, ed. and trans., Howard V. Hong and Edna H. Hong, Princeton, New Jersey: Princeton University Press, 1998, p. 84.

第四章 生存—内心性的辩证法之时间向度与未来哲学的建设

获得了第二次青春？

至于辩证法的概念，它具有不同的复杂性。在此，在不做盘点的情况下，让我们先注意以下几点。我们可以将克氏作品的特点描述为一种定性的、悖谬的辩证法；正是质之定性与悖谬性构成了克氏辩证法的核心。在这一点上，《重复》和《畏惧与颤栗》堪称典范。生存—内心性的辩证法并不迷恋传统的辩证法，它尝试成为诗和辩证法关系中的辩证法，亦即辩证法的辩证法。诗人—辩证法家的概念本身就是辩证的，因为存在着干扰和相互渗透；而且它也可以被称为诗性的，因为文学创作总是在诗化地行动。诗性的创作当然带有浪漫主义的印记，就像辩证性的审视带有黑格尔哲学的色彩。那么，我们会不会把克尔凯郭尔变成一个一半浪漫主义的一半黑格尔式的作者？克尔凯郭尔辩证法的独创性通过诗性与辩证性差异而显得更加清晰。既要面对，又要把创造性和严谨性、个体性和普遍性、诗意和反思结合起来，这就是诗人—辩证法家的精妙之处。因此，如果说诗人和辩证法家非常不同的质之定性之间没有对称性，那么也许存在着一种动态的平衡。这个问题也可以换一种说法：如果双方有对抗，但还有平衡，那首先是实现了一种渗透作用。诗性本身就已经在概念上打上了生存问题的烙印，它当然不会取代生存，但诗性会在生存中上演。这些思想图景的呈现启动了辩证性的阐述，没有调和情致，而是把它带入了抗衡，甚至是绝对的悖论之中，寻求信仰之光。

主体思想家的沟通形式就是他/她的风格，必须像他/她所带来的对比一样多元。黑格尔式的体系的"一、二、三，变"是一种抽象的形式，因此，每当它被应用于具体事物时就会陷入混乱。主体思想家是具体的生存个体，在同样的程度上，他/她的沟通形式也必须是活生生的。但是，由于主体思想家既不是诗人，也不是辩证法学家，所以他/她的身份绝不是简单的任何一种。主体思想家的沟通形式首先必须与生存有关，在这方面他必须有诗意的、伦理的、辩证的甚至宗教的生存体验。与诗人的身份相比，主体思想家的沟通形式将是简洁的；与抽象的辩证法家的身份相比，它的沟通形式将是冗长的。诗化风格是沟通的形式，由修辞决定，但首先标志着文本与对象的某种抒情关系。诗人—辩证法家这个术语，本身就是克尔凯郭尔式的，对这种风格的限定是间接沟通。假名最清楚地体现了这一点，假名的意义来自假名与它的反面——话语的生产——的关系,但也来自整个作品。那么,重要的是思想家与生存的多重复杂关系,被克尔凯郭尔称为主体性的"怎样",但也通过与客观意义上的"什么"建立关系。①沟通在很多方面都是辩证的。它的框架是"什么"与"怎样"的关系,在客观内容和主体行为之间。诗性,即便不能彻底将生存抽象化,但它总是书写着生存的问题。生存是在单一个体的日常生活和特殊情况的基础上被掌握的,这些情况在故事中被叙述,在研究中被描述、被审思、被理论化,所有这些方法或观点逐步被澄清,共同构成了生存的概念,并一步一步复归现实生活。生存指的是主体性的"怎样",主体思想家本身就是一个生存者,这使生存的行为和思考生存的行为都是个体性的。归根结底,生存概念总是对生存三阶段保持开放。

最具概念性的假名(哥本哈根的守夜人、约翰尼斯·克利马克斯、安提-克利马克斯)才是对生存概念的最佳阐释,但它们只是在与最具叙事性的假名以及话语的关系中做到这一点。叙事性假名恰恰是最原始的,它们更倾向于古老概念的转化。这种关系在《附言》中的"当代丹麦文学之努力一瞥"这一巧妙的虚构中得到了完美的诠释,克尔凯郭尔/约翰尼斯·克利马克斯使自己成为自己和他人、自己的本名和假名著作的博学而出色的读者。因此,生存之思需要最多样化的能力的交集,前提是主体思想家不想象自己被从世界中提取出来采用超验的观点,主体思想家记得他/她首先是一个生存者,是现世中的生存者,这正是生存—内心性的辩证法的质之定性的一个特点,即坚决主张立足于共同的世界之中,仔细研究人如何成为一个单一者,在普遍性抑或特殊性的相互作用中实现个体的出场。

生存—内心性的辩证法的质之定性还与真理问题有关,书中第一章第一节探究了何谓生存—内心性的真理。该论题由两个对立的命题组成:主体性是真理;主体性是非真理。每一个都是什么意思?我们如何从一个到另一个?一个共同点将它们统一起来:与主体性的关系。因此,存在着对真理的经典定义的颠覆,这些定义要么由逻辑上的一致性定义,要么由对象的充分性定义。这也不是一个真理作为存在的发现或揭示的问题。但最重要的是,两个

---

① 参见〔丹〕克尔凯郭尔《最后的、非科学性的附言》,王齐译,第164页。

命题本身是以第三个命题为先导的，它标志着真理的位置：真理就是主体性。

现在，为了明确客观反思和主观反思之间的路径差异，在此指出，主观反思中的探寻是越过思想范畴向后走到隐秘的内心性。生存主体的内心性的最高点是激情，激情对应着作为绝对的悖论的永恒真理；而永恒真理成为绝对的悖论的事实正是建立在那绝对的与生存主体的关系上。忘记自己是一个生存主体，激情就会消失，而真理也不会反过来成为某种悖论。当人们客观地询问真理时，人们客观地反思真理，将其作为认识主体与之相关的对象。人们并不反思这种关系，而是反思与之相关的真理或真相这一事实。当一个人主观地询问真理、反思真理与生存个体的关系之时，个体就在真理中，即使个体是在与非真理发生关系也不例外。当然，客观性仍然是真理的标志，但转至生存—内心性的真理，它推崇对主体性的探索。问题是怎样辩明外在性和内心性的差异。认识主体走向对象，它的焦点倾向于认识对象本身，倾向于外在性，倾向于他者，倾向于世界。克尔凯郭尔质疑的正是这个过程，他不是要否认认识主体，而是要背弃纯然的思想范畴，揭露一个内心化的生存过程。因为生存主体倾向内心性，克尔凯郭尔发现的是一种向外在性开放，但必须转向自身，回到自身，与自身发生关系的意向性。通过向内的运动，生存主体探索和审视自己，但最重要的是肯定和占有自己。事实上，这与其说是知识的问题，不如说是占有的问题。人们可能认为这个论题与"认识你自己"和"回忆说"有关，但在真理的定性上显然是不同的。

克尔凯郭尔陈述了两个明显可以转换的命题：真理是主体性，主体性是真理。如果我们把共轭词理解为身份关系而不是归属关系，我们可以认为它们是相同的；但这将回到客观的思考，误解了这些公式是如何建立的。首先提出的是"真理是主体性"的论点，它具有首要地位。主体性（特别是激情）是真理的第一个也是唯一公认的特征，真理的意识不是一种反思的意识，而是一种主体性激情的意识。这作出了对主体性概念与其他概念的关系的澄清，特别是对作为客观性的真理的澄清。其次是"主体性就是真理"。这种主体性是简单的自我的激情，是独特的自我生存路径。主体性成为真理的场所，或者说，真理的发生就是主体性在自我层面的发生。在真理中就意味着：成为自我、成为主体、成为精神。真理不再纯然是一个思辨性的概念，而是一个生存性、伦理性和宗教性的概念。通往真理的道路是分叉的，从越来越精细的接近科学之路，到双重性自我的激情占有之路与信仰之路。这种差异包含在一个公式中。"在客观的意义上，强调的是说什么；在主体的意义上，强调的是怎样说。"① 尽管克氏在真理问题上激化了客观真理与主体性真理的差异，但主体性的辩证性还有待进一步澄清。

克尔凯郭尔又提出了一个新的命题，与之前的命题相对立而又不矛盾。"那么，主体性、内心性就是真理；我们由此还能给出一个更内心化的表达吗？可以的，如果'主体性、内心性就是真理'的说法这样开始的话：主体性是谬误。"② 我们将在真理的发生上停下来，转向"主体性是谬误"，即非真理的层面。这是一种内心化，一种向后退到自身深处的运动。这当然是一个辩证的运动。主体性的深化导致了逆转，但跳跃或决断仍未发生；谬误也还是对自我的探索，只不过罪的定性呼之欲出。在"什么"与"怎样"的分叉之后，出现了一个逆转或倒退的运动，在"怎样"中发生，再次找到"什么"。这是一个关键，关系到生存—内心性的真理的辩证性。

主体性既是真理，又是非真理（谬误），那是因为真理的概念被区分为两种：苏格拉底的真理与基督教的真理。苏格拉底从内在性方面思考真理，并返回到自己身上。这就是反讽的意义，它带来了一种对"无知"的认识，但我们可以比这种非知识走得更远。节点是"怎样"和"什么"之间的联系，因为正是在"怎样"（生存的行为）这一点上，"什么"（生存即奋斗）被发现了。同样，基督教也探索并承认了主体性的深度，即非真理或谬误，肯定了非真理是生存者的原始状态。但它预设了一个前提：人是有罪的，与上帝相距遥远，与上帝分离。因此，说人处于非真理之中，身为罪人，是在陈述一个教义上的主张。那么，"我"发现的真理对所有人都有效吗？约翰尼斯·克利马克斯强调"知一则全知"（Unum noris, omnes）。如果我们深入到主体性的底部，就会发现每个信仰者罪的质性及其非真理性。简言之，克尔凯郭尔指出了主体性原则的逆转，在其极限处，它导致了客观性。对克尔凯郭尔

---

① ［丹］克尔凯郭尔：《最后的、非科学性的附言》，王齐译，第164页。
② ［丹］克尔凯郭尔：《最后的、非科学性的附言》，王齐译，第167页。

而言，真理不过是一个供私人使用的词——"为我的真理"，在这里，古典的真理概念即使没有被消解，也被颠覆了。

那么，在缺乏标准的情况下，我们如何能认识到一个真理与一个非真理呢？有一个概念可以让我们一目了然地掌握对非真理的分析：悖论。生存—内心性的辩证法是一种存有悖论的辩证法。在克氏研究的视域里，关注着绝对的悖论，在《哲学片断》中，永恒一劳永逸地化身为一个单一的存在者——时间当中的神。与其说永恒的真理存在于每个单一者之中，毋宁说每个单一者存在于永恒的真理之中。因此，对于诗人—辩证法家来说，悖论问题确实是一个内心化的问题，然后是面对绝对的悖论时充满至上激情的信仰之决断。主体性就是信仰之跳跃发生的地方，诗人—辩证法家只能提出这个地方。然而，生存—内心性的辩证法并不掌握"那绝对的"，而只是表明它。这是《附言》的一个关键性的陈述。辩证法本身并没有看到"那绝对的"，但辩证法以某种方式引导个体走向"那绝对的"，并说：它一定在这里，我保证如此。克氏认为，"真理就是通过最具激情的内心性在占有之中牢牢抓住的一种客观不确定性，这是对于一个生存者来说的至上真理。"① 客观不确定性通过折磨个体来抗议真理的晦暗不明，从而迫使个体迸发出最具激情的内心性的占有层面上的确定性。辩证法在真理中是一种仁慈的助力，它发现并帮助个体找到信仰的对象在哪里，"那绝对的"在哪里。在那里，关于真理和非真理的冲突将让位于信仰之跳跃。

信仰是反思之后的直接性，作为一个诗人、辩证法家和主体思想家，克氏已经在想象、情感、激情的媒介中阐述了一切。现在，生活、生存向"我"走近，或者说"我"向自我走近，"我"向自我走来。这就是辩证法的极限，也是诗的极限，同样是未来哲学的极限。

---

① ［丹］克尔凯郭尔：《最后的、非科学性的附言》，王齐译，第165页。

第五章　生存—内心性的辩证法的开放性
——个体的出场

在陆续阐述了生存—内心性的辩证法的空间、时间、质、量之定性之后，亟须解决辩证法的应用和指向问题。本章通过生存—内心性的辩证法中的个体开放性指出克氏未雨绸缪地从丹麦的黄金时代看到了盛世中的基督教世界的信仰危机，抓住了信仰危机的根源并提供了作为解决方法的辩证法意义上可能性的思想方案。正如他在作品中忽明忽暗地使用间接沟通的写作方法一样，在关于辩证法的开放性的阐述上也总会给人以柳暗花明的感觉。《附言》在叙事风格上显得过于温柔，至少与《一篇文学评论》相比过于含蓄。哲学的超越性不同于宗教的神性，在克氏诗性写作下的威廉法官等形象很好地将哲学的超越性留在了人性和世俗性之中，留在了大地上，留在了生存者的内心性之中。依叶秀山先生在《科学·宗教·哲学》的观点，哲学研究世俗中的神圣性，即人性中的神性——时间性、历史性，而非超时间的永恒性。[①]哲学的开放性与包容性决定了它在与宗教的相遇中不曾脱离大地、在追求永恒性中不曾漠视现世性、在神性的模仿中不曾遗忘人性。克尔凯郭尔的生存—内心性的辩证法的开放性与包容性扎根于他为了把基督教介绍进基督教世界而在《附言》中总结了他的时代任务——不再是一个由想象所激活、以辩证的方式安排好的可能性世界，而是个体的出场。《一篇文学评论》则提供了两个时代（革命的时代和当今时代）对比下的个体双重性生存的难处与世俗化世界中的个体化信仰的历久弥坚。内心性被喻作珍珠；隐秘的内心性需要在受难的坚忍中为可能成为启示的东西赋予生命。从古希腊到克尔凯郭尔，辩

---

① 《叶秀山全集》（第8卷），第4页。

证法始终是一种揭露矛盾的技艺；具体到个体的出场，自我的辩证法包含了自由的必然与必然的自由；回到生存—内心性的辩证法，个体避免外在性的矛盾、冲突而沉潜到自我的内心性之中寻找一种自我性的自由，并重新占有那些自我曾经为了必然性（确定性的知识）而放弃的自由。基于哲学的开放性与包容性，个体的出场释放的自由是时间性的、内心性的、自觉的，甚至是犹太—基督意义上的"创造"的、积极的、救赎的自由。

罪的质之定性的引入使得人具有了僭越的基因，亚当跨越了界限，偷吃了智慧之树上的果实，变得有"知"，眼睛明亮起来，甚至也知晓了至善或永恒福祉的天机。但伴随着这种自人性向神性的模仿，罪的惩罚也落到了个体的头上，罪让个体陷入一种自困的自由之中，这一不自由是赎罪的前提。在基督教哲学中，罪断裂了个体与上帝原先的伊甸园状态，个体因为惩罚被驱赶到时间—现世之中，并被赋予一份终极的礼物——死亡。生存—内心性的辩证法延续了基督教哲学的救赎要义，即救赎的意义在于"不死"，在于个体性的生存的延续。终有一死的人如何不死，这是悖谬性的疑难。克氏将人的"不死"定性为保持一种信仰之决断（瞬间）的自由，亦即重复的自由，强调信仰者在个体化的生存中日复一日地重复与信仰建立关系。

第一节　沟通的辩证法

克尔凯郭尔思想试验的第一个问题"真理是否可教"，我们悬置其答案，教与学的对话就是教师（神）与学生（信仰者）沟通的过程。克氏既要确立生存—内心性的真理，又要将沟通的辩证法推广到间接沟通的每一处文本。克尔凯郭尔认为，思维若要触及现实只能通过生存主体而非认识主体，真理不能以思维的演变为标尺，真理是个体的自我意识的生存性发生，是占（为己）有、化用或挪用的过程。也就是说，真正的真理必须是"为我的真理"。这种意识的生存性体验有三个等级：首先是感官性，包括身、心的感官欲乐；其次是伦理者的无限辞让，它建立在或此或彼的绝不相干的选择基础上；最顶端是信仰之骑士，信仰罢免了、悬置了伦理。在最高阶段，信仰之骑士是秘密与沉默的辩证法的拥护者，他与上帝的关系是一种密谋。亚伯拉罕基于信仰的自由选择发生在他与上帝的沟通之间，举起的利刃成为个体化、自我性的、本己的信仰之决断的标志。在亚伯拉罕献祭以撒的事件之中，克氏主张的自由尚未与既定的政治和意识形态体系相互对峙，这不同于《一篇文学评论》对公众与基督教世界的批判。

> 人作为"个体"、作为"单一者"的存在及其所享有的"自由"是"上帝"赋予人的尊严，是人之"神性"的反映。①

这样一来，自由的个体、单一者要么作为一个自在的实体，要么作为一个无法抗拒客观必然性的无神论者回到自我，要么通过信仰来到上帝面前，透过人性展露神性。这是克尔凯郭尔存在主义的生存论的核心——自由个体的生成，它反对德国观念论的黑格尔式的逻辑学意义上的"变易"，转而主张一种非科学的、结论以外的"生存"（去生成），通过现实定义自由个体的生存。

克尔凯郭尔在《一篇文学评论》中以爱情的名义展现了生存、内心性与现实的辩证关系：

> 恋爱是一个人的纯粹生存的顶点，而人的生存是双重性的，正因为如此，恋爱既是一种内心性的关系，同时也是一种外向于现实的关系。幸福的情欲之爱是关系的平衡。内心性较弱，（内心性）与现实的关系占主导地位，爱情就不那么美好；内心性占主导地位，（内心性）与现实的关系较弱，爱情就会不幸福。②

在克尔凯郭尔谢世之前唯一脱销的作品《非此即彼》便是围绕着感性——审美阶段的情欲之爱、最初的爱、诱惑的爱等恋爱形式建构了个体生命与沟通的片断。生存并不仅仅囿于恋爱这一纯粹形式，而是呼应《附言》中有限

---

① 王齐：《生命与信仰——克尔凯郭尔假名写作时期基督教哲学思想研究》，第204页。
② Søren Kierkegaard, *Two Ages*, ed. and trans., Howard V. Hong and Edna H. Hong, Princeton, New Jersey: Princeton University Press, 1978, p. 49. 两处（内心性）为笔者所加。

与无限、时间—现世与永恒之间双重性的张力。克氏意在破除内心性与现实的壁垒，实现内心性与现实的平衡，这是一个艰巨的内外沟通工作。为了澄清内心性与现实的关系，王齐教授将克尔凯郭尔哲学的关注点从"小爱"（恋爱）转移至"大爱"（平等之爱）。她以《爱的作为》为解析点，强调克尔凯郭尔从前期"竭力树立的表示活生生的生活世界的'现实'概念滑向'内心性'，并在基督教思想内部把'内心性'等同于'现实'；同时令与思辨哲学意义上的'普遍的人'相对抗的'单一者'概念滑向普遍的'邻人'"[①]。第一个滑落在于克尔凯郭尔将基于生存的现实全然以内心性加以规定，从而丧失了现世性、有限性这一《畏惧与颤栗》中的疑难问题的中心；第二个滑落在于克尔凯郭尔把个体的自我性与他者的他异性的沟通捏合于"邻人"，邻人既包含个体视角所面对的他者，也是他者眼中的另一个"他者"。在《哲学片断》渲染的平等之爱的语境里，邻人——好人、歹人、义人、不义的人等等——是使得沟通最有效的生存者。

　　由上可见，克尔凯郭尔的生存—内心性的辩证法（在感性—审美、伦理和宗教三个阶段）不仅意味着作为一个感受生存的人，而且意味着人类在生存之中追求爱情、邻人之爱、永恒福祉或至善的过程。当我们具体分析了克尔凯郭尔的存在主义写作方式，它使用了一种辩证的思想试验的形式，同时否定了通过消极思考充分反映人类生存困惑的可能性。通过对生存道路上各阶段背后的一系列元素之间的结构关系的重建，他强调了黑格尔的"调和"概念作为解释从感性—审美观点到伦理观点以及随后到信仰之骑士的普遍方案是不可接受的，《畏惧与颤栗》早已确立了个体高于普遍的现实性原则。黑格尔辩证法与生存现实的不互通，逼迫克氏借助生存—内心性的真理赋予个体层面上的冒犯、绝望和荒谬以生存论意义。

　　整个过程显示，对这位丹麦哲学家来说，宗教经验是一种内在的冒险—搜索，它势必不断地伴随着痛苦，因为内心性的本质就是遭受苦难。但作为宗教阶段之本质的痛苦可以与他者沟通吗？为什么要强调信仰者隐秘的内心

[①] 王齐：《〈爱的作为〉中的"现实"和"内心性"——兼论阿多诺对克尔凯郭尔爱的原则的批判》，《世界宗教研究》2022年第10期，第80—87页。

性？以亚伯拉罕为例，内心性是人的自我之内的两个世界，即自然世界和更高世界的冲突的综合。自然世界是给定的，而更高世界须得采取永恒的视角，后者是作为一种自我性的生命与信仰的可能性提出的，并取决于人堕入罪后的拯救与救赎。

为什么亚伯拉罕的故事中几乎寻不见直接而有效的沟通？很显然克尔凯郭尔哲学中的信仰以绝对的悖论的形式贯穿了生存—内心性的辩证法。悖论的第一个要求就是信仰者理解"不可理解性"。令人感兴趣的是，生存—内心性的辩证法是不是解释宗教（信仰）现象的合理的方式，更具体地说，是不是解释当代基督教的有效方式？为了追求克氏的意图，从"基督教即生存矛盾与生存沟通"展开生存分析不失为一个好的选择。在这里，在原始文本和生存这本原著的基础上，证明克尔凯郭尔从根本上说是一个宗教作家并不难，① 而且他的著作充满了假名的诗意与美感，主要是为了阐明在一个所有人都是基督教徒的世界里怎样成为一名基督教徒。在克氏 NB 日记中有一则"我这样理解整个作家生涯中的自己"短文，但唯一的一个侧页小注更能在他的"作者"身份上给出他内心的声音：

> 我服务于文学时一直都是把生存领域中所有决定性的范畴表现得辩证性地尖锐，表现得极具原创性，结果至少是我并不知道文学上有任何先例，而且我也没有任何作品可以参考。其次是我的沟通艺术，它的形式和一致性的贯穿；但是有一件事，根本没有人有时间去严肃地阅读和研究；因此时至今日，我的创作是被浪费了，就像对牛弹琴。②

克氏苦心经营的沟通的辩证法似乎并未如愿。接下来的思考涉及悖谬层面的生存—内心性的辩证法中的沟通艺术。在原始文本的基础上可以发现，

---

① 克尔凯郭尔在《观点》中对自己的定位就是"一个宗教作家"，海德格尔倒是不加解释地使用了这一判定，这是不恰当的。但回到间接沟通的写作思路分析，即便说出的也未必为真。例如，按照间接沟通克氏及其假名作者纷纷表态自己与基督教徒的关系，不是通过自证为最优秀的基督教徒来居高临下地表明信仰，而是以非基督教徒的身份来诠释如何"成为基督教徒"。我们在其中很容易发现苏格拉底的影子。

② [丹] 克尔凯郭尔：《克尔凯郭尔日记选 (1842 - 1846)》，王齐译，第 324 页。

第五章 生存—内心性的辩证法的开放性

克尔凯郭尔尝试将生存问题的解决方案与信仰问题的解决方案融合为一。生存—内心性的辩证法遍布于生存三阶段，实际上，主体性而非客观的反思更有可能实现那种"为我的真理"，这种主体性的反思伴随着信仰之考验的体验。在这里，基督教对克尔凯郭尔来说是一个悖论，它与其说是一种教义，不如说是一种个体的生存体验和见证，"基督教即生存矛盾与生存沟通"的解释再度呼之欲出。在基督教世界，人们不应该努力展示基督教的历史数据，甚至包括基督存在的历史性，而应该努力争取占有与基督相遇和共同生存的同时共在性。正是在这个问题上，同时共在性的问题在《哲学片断》与《附言》中以绝对的悖论的形式得到了详细的论述，而黑格尔在信仰方面采取的立场正好相反。克尔凯郭尔进一步对基督教权威进行反思，正面地反对黑格尔对基督教的解释立场的问题。这位丹麦思想家批评了基督教世界中宣扬基督教的客观知识的做法，不同于现有的直接沟通方法，在他看来，基督教真理应该融入人类之个体间接沟通的经验中被生成性地、内心化地吸收、占有。

沟通不仅涉及直接沟通与间接沟通，克氏将生存三阶段的诸范畴尽可能尖锐化地显现在他的思想试验之中，因此还关联着时间—现世、永恒、出场、同时共在性等哲学话语，叶秀山先生以"与古人游"表述了一种包容上述哲学话语的个体与他者层面的思想对话：

> "与古人游"正是"时间—历史""亲历"的意思——克罗齐所谓"一切历史皆是'当时—contemporary'史"的意思。"当时史"乃是"亲历史"，而非仅为"古为今用"、"为现在服务"的意思。"亲历"即"直觉"，于是克罗齐的"当时史"又是柏格森的"直觉史"的意思。我们看到，这个意思实起于苏格拉底，古已有之！[①]

当时史的定性意味着沟通跨越了时间间距，至少在解释学的意义上，沟通是可能的、间接的、有效的。如果是在个体的出场的意义上谈论思想沟通，那么后人反倒是更接近古人的同时代人，这也是克尔凯郭尔在《哲学片断》

[①] 《叶秀山全集》（第8卷），第36页。

中明确表达的同时共在性思想。如果不参照个体的生存,语言就是空洞的,生存必然被语言所中介。生存主体首先是对自我进行反思与判定,同时也是对生存矛盾、生存沟通作出审思,要么专注于对现实的领悟,要么投身于在上帝面前的透明的生活。上帝对克尔凯郭尔来说总是一个会说话的上帝,但在沟通的辩证法之中,上帝与个体之间的话语是一种缺乏解释、近乎沉默、不可延迟的密谋。亚伯拉罕的故事的开始和结尾都是这种秘密的沟通话语。

中文"信"字,从"人"从"言","信"者,"信""他人"之"言","信""自由者"之"言"。①

我们借用叶秀山先生的解释分析克尔凯郭尔的沟通艺术,不难发现亚伯拉罕献祭以撒的故事根本上是生命与信仰的哲学诠释。亚伯拉罕顺从上帝、听从上帝之言,相信上帝与他密谋的话语,并自愿通过悬搁伦理(献祭以撒)来持守他向来坚守的信仰。此外,这种生存和语言的辩证法是叠加在一个更广泛的辩证法上的,即内心性和外在性之综合的辩证法,这也是克尔凯郭尔经常强调的生存—内心性的辩证法的双重性一个标志。现在,语言和生存,外在性和内心性都必须是辩证的结构,因为它们是以时间性—现世性为标志的信仰的"场所",除了某些一出现就会消失的特权角色"瞬间"之外,还需要矛盾而又不可分割的共在,即生存者/信仰者与教师/神的同时性的相遇和同行。

在克尔凯郭尔那里,辩证法不是由"生存"——在克尔凯郭尔经常赋予它的限制性意义上——对人类生活中固有的紧张关系进行唯一结构化的结果:与生存如影随形,矛盾的两极相互召唤,而生存的任务是把两极"正确"地联系起来。如果生存这个词没有在其他地方被使用的话,这一点可以被称为否定辩证法的例子所证明。例如,当个体想要通过按计划来确保其生活的连续性,从而确保其生活的充实性与确定性,他只能通过考虑外在性来做到这一点,而且这种外在性在黑格尔眼中具有既定秩序的特征。如此一来,辩证

---

① 《叶秀山全集》(第8卷),第161页。

性的反讽在生活、生存中显得劳而无功、不合时宜、过于尖锐，因为内心性与外在性无关。

每当黑格尔的体系自在地和自为地把以前的"综合"所产生的辩证法的"合题"交织在一起，克尔凯郭尔很容易指责黑格尔只是把辩证性的思维并列到逻辑科学体系的建设中，而这种合题只能不断地被重新变易为正题，但最终难以被带回个体的生活、生存之中。在这里，我们不是有一个伟大的黑格尔的辩证法吗？我们不是有一个纯粹的、简单的、最终完全是知识论的理想主义的复活吗？实际上，克尔凯郭尔不可能是这种情况，因为生存—内心性的辩证法是精神或自我的辩证法——即使只是不自觉地、不受控制地强调精神或自我——但并非黑格尔的精神、费希特（Johann Gottlieb Fichte）的自我。克尔凯郭尔的辩证法所有应用都与一个共同的中心有关，这个中心应该具有以相同的方式构造它们的特性，那就是间接沟通。

假名作者们以基督作为救赎者和作为典范的两种形象来说明生存—内心性的辩证法中的精神或自我，这两种形象在克尔凯郭尔的创作中，特别是在《基督教的训练》中每隔一段时间就会重新出现。为了限定基督的工作，克尔凯郭尔非常明智地采用了正统的救赎学说，剥离了它所附有的形而上学的思辨，特别是在无限的质、量差异的背景下进行的调和，因为它被赋予了信仰的担责。克氏非常清楚地看到简单地接受这些既定的、现成的、客观化的神学前提的巨大危险，亦即将基督教审美化的危险。这种危险是停留在对基督善行的虔诚思虑中，从远处思虑救赎事件，欣赏基督，同时将"死亡—复活"的神学位置与基督生命的其余部分分离开来，不将救赎者的生命片断重新解读为受苦的生命。

没有受难，就抽空了个体性，阻塞了内心性层面的沟通，丧失了宗教性。

因此，通过间接沟通对既定秩序、正统教义与信仰形式（可见的教会）的纠正是必要的。在克尔凯郭尔眼里，能够允许这种纠正付诸实践，能够迫使真正的同时代人遭遇救赎与和解的悖论的答案，不是救赎者基督的形象，而将是模范基督的形象。然后，虚假的偶像崇拜将不得不让位于对教师的出场的模仿。对模范的模仿不应理解为重复模范的道德行为，而应理解为一种生存上的模仿，包括对自我的无限放弃与无限顺从。作为一个模范，基督以身示范了希望并不在信仰者的自然存在方式中。但基督教不仅是无限顺从，接受对信仰者之罪的彻底审判，同时也是对永恒福祉的一种前置性的给予。作为模范的基督并不能比作为救赎者的基督更有特权。倘若要对绝对的悖论做出正确的解释，信仰者要辩证地看待模范与救赎者。模范必须引导信仰者转向对永恒真理的信仰，否则就只会停留在宗教 A 的层面。但反过来说，还必须提防从模范的追随者而来的不可避免的自我否定的绝望。

> 我们把"历时性—时间性—自由性"的"内证"叫做"大证"，把"现时性—空间性—必然性"的"外证"叫做"小证"，在于一个强调"宏观"的，而一个强调"微观"的，并无褒贬之意。"大证"是"哲学性"的，"小证"则是"科学性"的。之所以以"大"、"小"名之，乃在于"大"者为"自由—无限制"、"绵延"，而"小"者则类似于一个"空间""点"的关系。形象地说，前者为"一片片"，后者为"一点点"。①

在这里，借鉴叶秀山先生的"大证"思路，我们从历时性—时间性—自由性的角度重新为信仰者对模范的模仿找寻一种无限制的沟通方式。克尔凯郭尔只是用两个词汇就表达了基督教存在的绝对的悖论和沟通的辩证法：律法和福音。克氏明确了《加拉太书》（2：19）所说的"我因律法，就向律法死了，叫我可以向神活着"。律法根本目的是显明罪，摩西的律法将使徒保罗定罪，使徒保罗以律法对应律法，即用恩典和自由的律法取消摩西的律法的合法性。基督却并非来定罪的，他是义与生命的给予者。依靠律法称义的行为被驳斥，完全对应于通常对信仰者与模范的关系的描述；但是模范，在以律法反对律法这种对掳掠者的掳掠被转化为别的东西，转化为恩典和怜悯，而且是模范试图抓住信仰者、支持信仰者，防止信仰者在自身有限性的晕眩中瘫倒。通过模范，信仰者已经死离尘世了。这里的悖论是，同一个神—人（基督），既粉碎信仰者，也支撑信仰者，在需求和恩典、律法和福音之间。从这些关于想要与生存接触的哲学语言和想要严谨地表达悖论的神学语言的

---

① 《叶秀山全集》（第8卷），第186页。

辩证沟通中，可以看出，所有的悖论之沟通都必须是辩证性的。

这种"沟通的辩证法"是由进行沟通的对象同时性地生产的一种综合体；当它实际上是一个被理解为"存在与思维之间的关系"的同一性问题时，沟通不能是直接的、简单的"教与学"的疑问，也就是说，通过以"思想的思想"为中心的化而用之，即"我"思考你的思考，"我"理解你的理解。必须有一种双重的反思，在这种反思中，沟通双方思考理念，同时思考自己生存在理念中或在自己与理念的关系中去生存。在第一种情况下，有一个简单的"知识的沟通"，在第二种情况下，有一个"力量的沟通"（一种"生存于真理中的力量"，与《哲学片断》中同时性的馈赠平行共在）。克尔凯郭尔随后在力量的沟通中区分了：感性—审美的沟通，其中接受者和发送者平分了反思；伦理的沟通中反思在接受者身上进行，发送者会在某种程度上消失，发送者只是为了促进他者的生成而变得有帮助；克氏最后还描述了伦理—宗教的沟通，这是"直接—直接"的"神—人"之间的沟通。伦理—宗教的沟通首先是一种伦理沟通，却与纯粹的伦理沟通不同，它在开始时包括一个知识的沟通的瞬间。然而，伦理—宗教的沟通不是朝着知识的方向发展，而是朝着力量的方向发展，更确切地说，是朝着责任—权力（权责对等）的方向发展；在伦理—宗教的沟通的范围内，知识的沟通是一个短暂的瞬间。因此，伦理—宗教的沟通必然是辩证的：它在直接话语和间接话语之间，在启示真理和生存沟通之间，不断地进行辩证性的运动。

在刚刚厘清的关于沟通的辩证法的内容中，有一句话意味深长：知识的沟通是一个短暂的瞬间。沟通的辩证法的目的是在发送者或接受者的自我理解中带来深刻的变化。为了做到这一点，仅仅通过间接沟通使个体重新关注自我是不够的；需要直接性的信息这一短暂的瞬间，顺便说一下，在接受者的主体性对这一直接性信息的占有之外，严格来说无足轻重。生存—内心性的辩证法必须绝对地把直接沟通和间接沟通联系在一起，它的目的是让信息的发送者和信息的接受者共享沟通中的"思想的思想"，当然，沟通的辩证法主要的思想重量被放在间接沟通的肩膀上。

第二节　罪的辩证法

整个世俗的生存就是一种身体不适，[①] 克氏此言并非危言耸听，生存个体的人生旅程总是伴有这种身体不适，在信仰层面上这一症状有着纷繁的名字：无精神性、忧惧、眩晕等。而基督教作为生存矛盾与生存沟通将个体引入一条名曰信仰的道路上，信仰之冒险由之而来，它是时间—现世中自由且任性的"大证"。在古典思想中，风险在客观的不可避免性中下沉，在其产生和灭亡的交替中，悲剧英雄（安提戈涅）和道德英雄（苏格拉底）都遭受了不可避免的死亡。在现代思想中，个体的世俗生存在其历史实现中逐渐被归结为人类的普遍性（基督教世界、基督教会、基督教等），在其中信仰之质被量吸收，自由被必然性禁锢，风险在人类学的概率论中被稀释。在基督教哲学思想中，生存的戏剧分幕于两个爱的行为之间：上帝对世界和人的自由创造；人面对上帝的自由选择。生存—内心性的辩证法表明生存的优先选择不再固着于智性与理性，而是爱与自由。这就是克尔凯郭尔对基督教世界和德国观念论提出强烈抗议中的生存—内心性的辩证法的实质。这种充盈着张力的质的辩证法只有在历史结束时，即完成基督的审判时才会结束。这就是安提-克利马克斯的另一个令人钦佩的分析主题，出自1850年《基督教的训练》。[②] 克氏辩证法反对自拘于"是"基督教徒的散漫，要求信仰者再次甚至重复"成为"基督教徒，但这绝不是多此一举的文字游戏。

信仰的艰巨性体现于罪这一概念，罪既是理解基督教信仰的核心概念，也是现代西方哲学切入不朽问题的关键点。实际上，罪根本不属于任何科学。在生存—内心性的辩证法中，罪是宗教生存的决断性的起点，也是生存—内心性的真理的悖谬性的表达。[③] 罪还是传道的主题，处于那绝对的或使徒与个体的沟通之间。克氏认为，罪是一个关于真理的挪用/占有的奥秘，是生存者

[①] ［丹］克尔凯郭尔：《最后的、非科学性的附言》，王齐译，第371页。
[②] Søren Kierkegaard, *Practice in Christianity*, ed. and trans., Howard V. Hong and Edna H. Hong, Princeton, New Jersey: Princeton University Press, 1991, p.183, p.392.
[③] ［丹］克尔凯郭尔：《最后的、非科学性的附言》，王齐译，第220、223页。

之主体性的双重奥秘——主体性是真理或者非真理。他在《忧惧的概念》指出，心理学可以处理的是罪的真实可能性，而不是它的现实。心理学可以给出一个并非实际性的解释。或言之，与解释有关的科学是心理学，但它只能说明罪的可能之在，只是为了反复地说明而已，并不能揭示罪的现实之在。

罪是一种过渡或中介吗？信仰的范畴是个体在生存—内心性基础上短暂脱离大地的一种断裂与跳跃，"跳跃"一词就表示了解释的极限，因为罪在黑格尔体系哲学之中根本找不到位置。然而，在对克尔凯郭尔罪的概念的接受中，有一些疑点尚待解决。首先，有必要澄清罪和传承之罪（Erbsünde）。第二，要理解罪是如何来到这个世界上的，每个人都只能从自己身上理解；如果某君想从别人身上学习，这样做就会误解罪。第三，罪是信仰者的重大关切，因为它涉及生而为人的意义问题、在世的价值问题和赎罪后的不朽问题。如果我们能解释罪的现实，那么我们就能解释人怎样借助罪的辩证法成为个体、成为主体、成为精神。

罪是通过进入个体而进入世界的，人们习惯把罪与最初的罪、亚当的罪、罪的堕落认作一种同一性。但是亚当是一个辩证性的生存者，他在罪与传承之罪之间维持着秩序。在本质上，传承之罪是有罪性，作为一个特例，亚当并不具备传承之罪，因为他是罪传入世界的开端。换言之，罪通过亚当而进入了人的生存之中，进入这个世界。在亚当之外，生存者以单一个体的身份通过传承之罪承受着自己的有罪性。以亚当为界，罪逐渐把有罪性放权给传承之罪。之所以说罪作为人类的一种终极关切，是因为个体透过有罪性既是其自身也是整个族类（Geschlecht），亚当也不例外。人们口中的最初的罪、亚当的罪、罪的堕落在生存—内心性的辩证法中都是质之定性的显现，克尔凯郭尔关于自由的论文——《忧惧的概念》——询问了主体的解释极限，将最初的罪定性为"'罪'通过一个罪而进入了这个世界"[①]。一个罪是指亚当的罪，在基督教哲学的语境下，罪是突然进入世界的，它是一个从亚当开始的个体化的跳跃问题：从无辜性到有罪性，意味着单一个体只在自己身上和

---

① ［丹］克尔凯郭尔：《畏惧与颤栗 恐惧的概念 致死的疾病》，京不特译，第190页。

通过自己去了解罪是如何来到世界上的。但在解释极限处产生的前理解问题是，作为一个自我意味着什么。这是一个"我—我"关系的问题；但对它的回答也有其局限性。我们可以给出这样的答案：人是作为自我而生存着的单一个体。该答案没有解释作为单一个体意味着什么，但它可以指出，个体与自我一起并通过自我知道自我是单一个体。借助罪来确定自我的主体性，完成从无辜性或无知性到有罪性的质的跳跃，关于忧惧与自由的现象学作品——《忧惧的概念》——才真正解释了何谓"作为个体"且"成为个体"。随着概念忧惧和精神定性的引入，罪的研究范围得到了进一步提升。罪既是忧惧现象学的问题，也是忧惧诠释学的问题。然而，无法解释的东西并不是剩余的、悬搁的、无关紧要的。罪不是一个外在性的遗骸，而是涉及人类主体性的生存意义问题。每个人都能在自己身上和通过自己理解这一点。然而，克氏并不是只为自己而理解罪，而是通过罪去揭示人类的自我可能性与自由的可能性。当然，这包括忘记自己的可能性。在《忧惧的概念》中，关于忧惧的写作变成了关于自我去生存、去生成的论述，只有这样才能解释"忧惧作为可能性的可能性的自由的现实性"① 的论述。

教条式思维和人类对生存的理解之间的紧张关系是现代德国神学讨论的一个核心问题。威廉·安茨认为克尔凯郭尔的作品确实指向这个方向，他指出这种紧张关系的发展在神学上是错误的，并试图进一步指出克尔凯郭尔本人身上的错误。② 克尔凯郭尔试图把教条作为生存论的范畴来把握，但缩小到生存论的教条是否真的根据它们自己的预设而被安茨质疑其正确性，或者它们是否最终没有被生存所调和？对克尔凯郭尔来说，教条只要能证明基督教存在的决定性行为就是正确的；它们包含的事实，例如世界的起源与终结是什么、永恒意识能否拥有一个历史的出发点，仍然没有离开罪而被深入地考

---

① [丹] 克尔凯郭尔：《畏惧与颤栗 恐惧的概念 致死的疾病》，京不特译，第199页，译文有改动。

② Wilhelm Anz, "Fragen der Kierkegaardinterpretation I. Kritische Bemerkungen zu dem Buche von Hermann Diem über Die Existenzdialektik von Sören Kierkegaard", *Theologische Rundschau*, NEUE FOLGE, Vol. 20, No. 1, 1952, pp. 26 – 72; Wilhelm Anz, "Philosophie und Glaube bei Sören Kierkegaard. uber die Bedeutung der Existenzdialektik fur die Theologie", *Zeitschrift für Theologie und Kirche*, 1954, Vol. 51, No. 1, 1954, pp. 50 – 105.

虑。就教条所陈述的救赎事实而言，这些都属于罪的辩证法的研究范围。就罪而言，信仰是唯一的、排他的、平等的"神—人"接触方式，它理解并占有罪的事实性。克氏有一种对信仰的过度强调，从他与思辨哲学的对立中不难理解，信仰不仅作为个体合法的生成方式出现，而且相对于其内容获得了一种批判功能。信仰不仅将信仰者的主体性放入绝对的选择之中，而且还决定其选择的现实性。克氏对信仰做了一个限定，信仰的对象就是神在生存意义上的现实性。①在永恒视角下，信仰的对象由信仰者的选择来界定。那么，信仰的内容由信仰的行为来界定的该类表述是否合理？信仰本身是否意识到它的批判性功能？在这里，教条确实已经成为一种生存论的批判对象，与黑格尔"外在性即内在性"的逻辑学思维并无不同，即它们都忽略了信仰的历史出发点并毫无顾忌地中介着。克尔凯郭尔通过"挪用/占有"的概念将现代主体性以真理层面的阐释引入了基督教信仰的传统之中。事实上，教条除了它的意向性之外，什么都没有留下。不再有"信仰的客观内容"（fides quae creditur）借助任何方式被赋予信仰者以启示。或言之，启示也因此不再作为一个客观的真理而存在；相反，信仰的行为给了信仰者证明自己"怎样"追求真理（主体性、内心性）的可能性。那么，在当前，教会的教义传统是否以一种新的、更为内心化的方式实际再现了呢？

当我们在形而上学中看待罪时，罪确实被克服了，但这发生在辩证的冷漠而非忏悔中。心理学把罪当作不能抗拒的东西来思考，逻辑学般地给出直接性却忘记了信仰是一种新的直接性。这反过来又改变了罪的概念定性，因为罪是存在的、与每个信仰者息息相关的东西。当罪在心理学中被处理时，它就成为一种逻辑化的状态。但本质上，罪不是一种状态，例如有罪的或无辜的，罪的现实性被心理学坚持不懈地取消了。易言之，罪不是作为一种潜在状态，而是现实，而且是信仰之重复中的现实，即信仰者日复一日与信仰建立关系的现实。离开心理学，克氏似乎将"罪是现实"这一课题置于伦理学的领域。伦理学把理想性作为一项任务提出来，以便把理想引入现实。事实并非如此，通过罪的要求，理想性只能被谴责，而不能答复信仰者赎罪后

---

① ［丹］克尔凯郭尔：《最后的、非科学性的附言》，王齐译，第274页。

的不朽问题。可以说，当且仅当伦理学通过培育灵魂的方式将忏悔串联在罪的概念上，罪才属于伦理学。

对克尔凯郭尔来说，这种超越个体的、伦理学无法驾驭的先决条件，就是传承关系。更确切地说，传承之罪使一切变得更加令人绝望，并提出了赎罪的困难，但不是借助于伦理学，而是借助于教义学。"教义学不否认罪的在场，相反，它预设了罪，并进一步地通过预设传承之罪来解释罪。"① 那么，传承之罪的这种预设是如何解释的呢？教义学没有直接解释罪，但它通过预设传承之罪来解释罪，就像希腊自然哲学家们所说的那个漩涡，没有科学可以把握它。由于教义学很少以纯粹理想性的方式处理罪，人们往往会发现罪的现实性如其所是地包含在其范围内，以至于教义学的异质化的原创性（Ursprünglichkeit）给人们的印象并不深刻。

但教义学的这种异质的原创性是什么？教义学开创了一门新的科学，即与严格意义上的所谓理想性的科学相反的、从现实出发的科学。教义学从现实开始，以便将现实提升到理想。这一点在罪的问题上又得到了具体体现，新的伦理学，克尔凯郭尔称之为第二伦理学，它以超越或重复为本质，以预设教义学为前提，与搁浅于人的有罪性的第一伦理学相反，是以对现实的教义学的认识为其现实任务的科学。心理学在教义学中也重新获得了自己的地位。心理学的兴趣在于罪的真正可能性（die reale Möglichkeit），它在不知不觉中为教义学服务，教义学只是在等待心理学的完成，以便能够开始自己，帮助心理学得到一种解释。心理学说明罪的现实可能性，而教义学则帮助第一伦理学解释传承之罪，即罪的理想可能性。

但是，教义学本身从哪里获得作为这种"新科学"的前提条件的声明？克尔凯郭尔在这个新科学学说出处——《忧惧的概念》——的引言中没有说到这一点。但很明显，他只是从教会教义中提取了这些内容，以便在《创世记》第 3 章的叙述中对其进行批判性研究。教义学的全部内容实际上都集中在这句话里：罪因着罪来到世上。② 如果不是这样，那么罪就会作为偶然的东

---

① ［丹］克尔凯郭尔：《畏惧与颤栗 恐惧的概念 致死的疾病》，京不特译，第 158 页，译文有改动。

② Die Sünde kommt durch eine Sünde in die Welt.

西进入世界，人们也许不应该试图解释偶因。智力的困难恰恰反衬解释的胜利，不可理解性的深刻后果是：罪预设了自己，罪以罪的方式进入世界，在那里，罪仅仅被预设了。如果理解力的神话里有什么东西，那一定是罪过（Sündhaftigkeit）先于罪（Sünde）。但如果这是真的，有罪性是通过罪以外的东西进来的，那么罪的概念就被取消了。但如果有罪性是通过罪进来的，那么有罪性就在罪之后。

罪是通过罪，即（罪）通过被"犯"而进入世界，这是宗教 B 关于罪的说法的一个标准。只要亚当梦幻般地站在人类之外，一切都会变得混乱而无解。因此，解释亚当的罪就等同于解释最初的罪，如果想解释最初的罪而不解释亚当，任何解释都是无济于事的。这在人类存在的本质中有着最深刻的原因，即人是一个个体，同时也是他自己和整个族类，所以整个族类参与到个体中，个体也参与到整个族类中。通过最初的罪，有罪性被设定为一种新的质之定性，因此与亚当的最初的罪完全对应。信仰者与亚当的区别只在于对罪的指向性的数量的增加，然而，这种倾向性在没有生产出新的有罪性的质之定性的情况下永远不会改变最初的罪的同一性。

罪是如何进入世界的？罪通过做的事实（"犯"罪）来设定自己。然而，罪存在的现象并不说明罪本身，这正是克尔凯郭尔论证中的决定性一点，它必须借助于一个罪之外的预设来解释。克氏想准确地区分形而上学和教义学，但这样一来，形而上学和教义学就必须通过"重复"的问题分开，正如克尔凯郭尔在《重复》中所说："重复是形而上学的旨趣，同时也是形而上学搁浅的兴趣所在；重复是每个伦理学观点中的解决方案；重复是每个教义问题的必要条件。"① 不设定重复，教义学就无法存在。形而上学的重复是什么？教义学的重复又是什么？在时间向度和生成指向上，重复涉及过去与未来、新人与旧人的分歧。信仰者成为一个新人（生成或新生）是克尔凯郭尔在《哲学片断》中的思想试验的一个核心现象，那么，新人对应的旧人又该如何定义呢？瓦尔特·舒尔茨倒是给出了一种形而上学的重复的解释，"旧人（das

---

① Søren Kierkegaard, *Fear and Trembling/ Repetition*, ed. and trans., Howard V. Hong and Edna H. Hong, Princeton, New Jersey: Princeton University Press, 1983, p.149.

alte Menschen）给重复（Wiederholung）的范畴赋予了真正的意义"①。如果说没有旧人，那么信仰者的新生（生成）就无从谈起。至于教义学的重复，罪是讲道的主题，那就意味着重复之所以出现，正是因为人与罪的关系被重复地提及。当重复发生在讲道中时，传道人不仅仅是与听众进行关于罪的理想可能性和罪的赦免的教条讨论，也不转移话题进入关于罪的现实可能性的心理学讨论，而是给出了教义学的重复的现实的条件，即基督—上帝就在传道人所宣扬的话语中存在。如果不考虑克尔凯郭尔的宗教演讲和布道词之间所做的区分，就会从根本上误解他，因为他又一次引入了一个教条式的预设。王齐教授强调，克尔凯郭尔自称没有布道的权柄，他站在"可见的教会"之外审视基督教，其基督教写作不是布道词而是建设性演说、基督教演说、基督教的审思，等等。②宗教演讲是演讲者和听众之间关于各种宗教可能性和真理的对话，这些可能性和真理不一定只来自宗教的一般历史，也可以来自圣经。但宗教演讲者将这些可能性提供给听众，呼吁听众的洞察力，让他们选择。演讲者除了使自己的提议尽可能有洞察力和令人信服之外，别无他法。使徒确实会做这一切，以避免在听众面前说话。但同时，使徒也会宣称有一种权威，授权并迫使他对听众说：你要相信罪的赦免。克尔凯郭尔本人曾就这种差异定义表态：基督教的言论在某种程度上默许了怀疑，即传道完全靠圣经的权威、基督的使徒来运作。或者说，一个真正想正确传道的使徒，当他读出基督的话语时，必须遵循《阿德勒之书》附录二"论天才与使徒的区别"的思路：

> 一个在演讲中完全正确的牧师，在引用基督的话时，必须这样说："这话是从基督那里来的，天上地下所有的权柄都给了他，这是根据他自己的见证。现在，我的听众，你必须自己决定你是否愿意服从这个权威，是否愿意接受或相信这个话。但如果你不愿意，那么看在上帝的份上，不要因为这句话精彩、深刻或奇美而接受它——因为这是对上

---

① ［德］瓦尔特·舒尔茨：《德国观念论的终结——谢林晚期哲学研究》，韩隽译，第373页。
② 王齐：《〈爱的作为〉中的"现实"和"内心性"——兼论阿多诺对克尔凯郭尔爱的原则的批判》，《世界宗教研究》2022年第10期，第80—87页。

帝的亵渎，这是想要批评上帝。"也就是说，一旦权威的主导地位，特别是自相矛盾的权威的主导地位确立起来，那么所有的关系都会发生质的变化，那么本来是允许的和可取的那种占有就会成为一种冒犯和专横。①

使徒从哪里获得原则上区别于宗教演讲者的权威呢？讲道对应于基督徒，对应于牧师，而牧师本质上是通过受命而成为的，受命是神/教师在时间上的悖论性转变，通过这种转变，他在时间上成为天才以外的存在者（物）。当然，没有哪个使徒是从永恒中被任命的，或者一出生就能记住自己是被任命的。使徒的受命带有一种不受约束的特性，时间在这里再次成为永恒的决定性因素，时间阻止了回忆对个体的永恒有效性的退出。《哲学片断》一开始就拒斥了柏拉图的"回忆说"，在教义学中，真理和现实不能通过回忆提取出来，而是建立在上帝在耶稣基督中的启示这一历史事件中。《哲学片断》中绝对的悖论表明，真理完全依据于启示事件的偶然性。教义学必须包含对偶然性的提及，偶然性对族类的影响是理解所有教条式问题的关键所在。克尔凯郭尔关于教条式思维的所有陈述都表明，他想把罪与形而上学思维区分开来，在最广泛的意义上把罪理解为关于人的族类的新的科学。

一方面，绝对的悖论是一种教条式的确定，它因荒谬而被排斥，并要求在显著的意义上代表基督教的信仰。另一方面，绝对的悖论是一个范畴，一种生存论的确定，它表达了一个现有的精神和永恒的真理之间的关系。又或者，信仰者与绝对的悖论的关系。但永恒的真理在世界历史的某一时刻已经成为历史："荒谬指的是永恒真理在时间中出现，指上帝的生成，他出生，成长，等等，跟特定的凡人完全一样地生成，跟所有其他凡人没有分别"。②那么，绝对的悖论的一个表现是，信仰者被认为与一个历史事实有关，而这个历史事实，同时又声称是一个永恒的事实。这种偶然性使绝对的悖论成为一种教条式的确定。事实性不能通过绝对的悖论向科学证明自己，

---

① Søren Kierkegaard, *The Book on Adler*, ed. and trans., Howard V. Hong and Edna H. Hong, Princeton, New Jersey: Princeton University Press, 1998, p. 185.
② ［丹］克尔凯郭尔：《最后的、非科学性的附言》，王齐译，第170页。

只能以权威的方式宣布。这意味着基督教的真理只能在启示的意义上被教条式地确定，只能建立在启示事件的偶然性上。由此可见，这种真理不是一种教义，而是一种权威性的沟通，即演讲。由于启示事件的偶然性，教义学要处理的偶然的现实最终只能在演讲过程中证明自己是真理。

克尔凯郭尔自己则试图通过他的生存—内心性的辩证法来寻找真理，以没有权威的间接沟通的罪的辩证法来实践信仰。通过这种方式，他想抗议基督教的教导和指导形式，因为布道是把基督教徒当作客观知识的一个对象。克氏很清楚，基督教的每一种沟通形式必须首先是知识的直接沟通。知识的沟通已经被赋权了，而且是通过教会的活动被永久地赋予。克氏将知识的直接沟通纳入他的间接沟通中，更准确地讲，在生存—内心性的辩证法中，他的"直接—间接沟通"的思想方案仍然适用，知识的瞬间仅仅是一个开始，直接—间接沟通实际上不是知识的沟通，而是能力的沟通。

有一个知识的瞬间，即与基督教有关的知识，但只是一个初步的东西。而现在，对于罪的问题，一切都将最终取决于克尔凯郭尔在何种意义上将教义学声明的这个知识的瞬间理解为仅仅是初步的东西。在生存—内心性的辩证法中，教义会不会最终被生存所中介化？教条式思维和人类对生存的理解之间的紧张关系会缓和吗？教义学和生存论能不能达成和解？正如我们所看到的，如果教义学具有强调基督教真理的历史偶然性的任务，那么教义学在生存—内心性的辩证法的道路上会一直勤勉尽责。教条式的决定作为整个生存—内心性的辩证法的先决条件，是其必要条件。这不仅适用于克尔凯郭尔在《忧惧的概念》与《致死之疾病》中明确提到教义学上的罪与绝望的学说，而且也适用于《哲学片断》及其《附言》中作为教条式的决定的"绝对的悖论"。

几乎没有人像克尔凯郭尔这样从教义学的角度对受黑格尔影响的思辨教条主义进行尖锐的批评。在信仰之重复之中，罪不仅会使克氏的生存—内心性的辩证法脱离与教会教义的关系，甚至会取代"可见的教会"。克尔凯郭尔认为宗教 B 应该自始至终决定一个基督教徒的生活，但它不能用任何东西（包括教义学上的罪）来合理地证明。事实上，对理性而言罪甚至是个讨厌鬼，罪是绝对的悖论的必然性。当精神试图构成一个综合体时，自由凝视着信仰者自身的可能性期待着不朽，同时又向自身有限性伸手寻求支撑。

第三节　断裂的辩证法与重复的辩证法

综观克尔凯郭尔对不朽与永恒福祉的追问，生存悖谬地被强化为罪，意味着罪是一种新的生存媒介。克氏为生存—内心性的辩证法的断裂找准了发力点——罪的意识，它是《哲学片断》中神/教师步入时间的一种强化方案，以神/教师的出场为信仰者的出场做了示范，并否定了"回忆说"式的以倒退的方式与永恒建立关系的错误的生存向度。《附言》是克尔凯郭尔生存—内心性的辩证法历程中的最主要的生存论的断裂。《致死之疾病》则通过引出人类学的绝望含义来完善罪的辩证法，弥合其断裂之处。到了《爱的作为》则通过克尔凯郭尔独特的爱的内心性界定来统一生存论、人类学和伦理学。但别忘了，人自身的断裂，即生成或新生，首先出现在《哲学片断》。换句话说，通过生成，个体变成了另一个人——"罪"人。我们需要剖析断裂的辩证法来描述克尔凯郭尔的生存论立场，因为断裂一词描述的是一个具有辩证性质的生存结构，同时双重性生存坚持断裂而非统一是生存论上的首要立场。

黑格尔辩证法通过纯粹思维那种天堂般的至高视角取消了区分与断裂，与之相对，克尔凯郭尔的生存—内心性的辩证法中的"断裂"不是把统一、结论或合题作为开始和完成辩证过程的绝对时刻，而是把断裂放在辩证过程的开始。断裂的辩证法为绝对的悖论创造了空间，这意味着对罪的辩证法结构的非总体性描述，并不是从黑格尔式的对立面的综合或统一中产生或达到的合题。断裂的辩证法为个体的出场创造了时间，这意味着单一个体在生存向度的"向将来而在"，并不是以回忆唤起所有的、固有的知识或者等待一个结论、合题，而是去生成，成为主体、成为基督教徒。《附言》将断裂定义为"通过与在时间中的其他东西建立关系的方式，而在时间中期待着永恒福祉"[1]。断裂不是我们常识中的缺陷，只能通过更高阶次的形而上学知识来克服，相反，断裂是真实的生存主体进行生存沟通的主要特征。

---

[1] ［丹］克尔凯郭尔：《最后的、非科学性的附言》，王齐译，第454页。

为了阻止基督教沦为一种风俗、习惯、常识，反对人们理所当然"是基督教徒"，克氏在断裂的辩证法的运用上要求个体在双重性生存中辩证地重复自己的生成。在日记中克氏透露出自己的本意："实际上只有唯一的一种质，那就是个体性。"①因此，在我们的主体性和现实的真实结构之间并不存在绝对的断裂，因为个体性本身就在生存之中且这一质之定性不会变更，或者说，在我们经验的内在性和绝对的超越性之间并不存在断裂。相反，在罪的现实性的核心有一个断裂，创造了断裂的辩证法，在这个辩证法中，主体性的自由或精神的条件被打开了。值得注意的是，断裂的辩证法与克氏之前的主流辩证法（柏拉图、黑格尔）的标准观点不同，因为断裂不是担任绝对的统一性作用的主要术语，它与中介、调和、合题相悖。对克尔凯郭尔来说，断裂并不代表存在着一个辩证的鸿沟，从而可以在个体的升华或综合的瞬间被形而上学地克服。相反，断裂是罪的现实性的一个特征，而不仅仅是我们自己的逻辑能力能够克服的一种欠缺。这一点对克尔凯郭尔来说非常重要，如果这种断裂不是主要的，那么我们就缺乏对人类主体性的真正自由进行说明的条件，任何对我们活动背后的理性或神性的说明都会剥夺选择、决定和自由活动的空间。

"何谓基督教"必须从生存之断裂中寻找答案，这种断裂是精神的苏醒和有意志的主体性的活动——信仰——的可能性的条件。克尔凯郭尔在《哲学片断》表示，"信仰不是认知，而是自由的行为，是意志的体现。"② 信仰作为超脱虚无深渊的新的器官不是虚无深渊的伴生物，而是有意志的、自由的、偶然的主体性的行为。断裂的空间，或者说绝对的悖论，正是罪的现实性的特征，它标志着一种信仰之"缺乏"，使自由和意志的主体性活动的存在成为必要。"断裂使内心性成为最大的可能"③，为生存—内心性的辩证法中内心性的一面创造了条件，包括对自由、悖谬和爱的描述。在断裂的前提下，欲赢得信仰，必经绝望与冒犯。作为生存之边界的虚无深渊，它标志着我们永远无法借助思辨思想从逻辑上解释不可预知的生存。虚无深渊揭示了个

---

① ［丹］克尔凯郭尔：《克尔凯郭尔日记选（1842 – 1846）》，王齐译，第106页。
② ［丹］克尔凯郭尔：《哲学片断》，王齐译，第97页。
③ ［丹］克尔凯郭尔：《最后的、非科学性的附言》，王齐译，第455页。

体有限性基础上的无知性与无辜性,因此在罪的现实性的核心之处创造了断裂,产生了主体与客体、可能性与必然性、无限性与有限性的辩证矛盾。必须再次指出,这一系列的二分法并不等同于黑格尔式的分裂开来的正题与反题,而是一种象征着双重性生存之中缺乏内心性的关联。换句话说,克尔凯郭尔的生存论的起点是彻底的谢林式的(Schellingian),而不是黑格尔式的,尽管他后来对精神发展的描述在本质上仍是黑格尔的。断裂造成了主体和客体之间的斗争,正如我们在讨论《忧惧的概念》时所看到的,断裂导致了主体性的自由与客观的必然性、可能性与不可能性之间的斗争。这就为罪创造了条件,即主体在意识到客观性将永远存在之后试图否定客体的活动。罪是一种绝对的否定,在这种否定中,主体对客观性的领域告别,以示一种差异、分离与断裂,试图完全立足于自我,在自我与自我的关系中保留着信仰的自由与意志。

然后,当犯了"罪"的主体凝视着自我生存之边界的虚无深渊,意识到自我的生存超越了因果关系,并以一种不提供客观必然性保证的自由为标志,忧惧就出现了。或言之,客观不确定性是创造主体忧惧体验的原因。罪是主体对自我之生存的一种尝试,一旦主体意识到自我之外总是存在着一个虚无深渊,无知性与无辜性就会变成有罪性,罪就会变成忧惧。然后,忧惧会导致主体接受自我的特定存在之前的虚无深渊的可能性(这将是善),或者挣扎着将自我置于可能性的虚无深渊之上并与之对抗(这将是恶)。那么,自由就是接受虚无深渊的可能性,超越主体自我定位的有限性。通过接受这种虚无深渊前的忧惧与自由,主体被限定为精神。在这个意义上,精神即自由,是主体性在与客观性的辩证互动中的自由的行为。

罪是主体试图作为自因而将自我置于与客观性的绝对断裂的名称,信仰则是主体接受其自我生存的有限性的名称,是跨越主体性和客观性之间的虚无深渊的过程,不是一个逻辑上的结构,而是一种生存论的新的器官,将主体带入信仰之跳跃的考验之中。虽然这种生存论以明显的谢林式的时刻开始,并以黑格尔式的结构推进,但重要的是要注意,克尔凯郭尔也不只是对德国观念论中两个突出的人物的体系进行宗教式的综合,而是为理想主义的轨迹增加了一些完全新颖的东西。生存处境是克尔凯郭尔的生存—内心性的辩证法项目的自由域，双重性生存背后的结构是观念论的，这一结构并不产生罪，但它为罪的现实性的形成创造了条件。主体的生存并不能以一种逻辑上的理念运动被体系化，那么如何恢复罪与主体之生成的关系呢？这种恢复包括生存—内心性的辩证法的质之定性的基础，它的基本方向是三维现实主义：审美感性、伦理、宗教。对克尔凯郭尔来说，这些维度或阶段之间没有连续性的通道，但有一个断裂，即罪的意识，它包含信仰之跳跃抑或风险中的自由选择。自由选择造就了断裂，只有通过选择的强度来弥合这一断裂，对此，生存—内心性的辩证法诠释了定性的自我性的自由。这种事关生存个体的自由，它的前提是内心性的运动，也就是主体性的反思。三个维度或阶段体现克尔凯郭尔从哲学形而上学向宗教形而上学的转变。在《非此即彼》之中，要么生存个体在绝对的伦理决定中具体化，要么生存个体溶解自身并落入想象性的生存，在那里，生存恰恰分散到坏的无限性之中。在《畏惧与颤栗》《哲学片断》及《附言》等处，当伦理建立在历史宗教的真正的绝对者身上，绝对的悖论才能成立，主体之生成才能弥合罪的现实性的断裂。

怎样保证主体之生成的基础呢？假名著作《重复》描述了去柏林重温旧日的学生时代的一个人，他试图以心理学试验的方式考察重复是否可能，以及在何种意义上有重复的可能性。由于他不知道什么是重复，重复是有待发现的新范畴，所以这种尝试逐渐变成了一场闹剧："我到了柏林。我马上急着跑去我的老寄宿房以便确定重复是不是可能。"[①]参观皇城剧院也是如此："我忍了半个小时，然后我离开剧场，并想着：重复是根本不存在的。这给我留下了很深刻的印象"[②]。再后来晚上的饭馆又让他失望而归，不死心的执念让他在接下来的夜晚又回到了皇城剧场。不出所料，这次他彻底动摇了，并得出结论："唯一重复的事情就是重复的不可能性"[③]。接下来怎么办？继续吧。如果一个人只是在外在性之中尝试或体验重复的辩证法，他就已经以一种无望的方式陷入其中。一切都呈现出永恒的荒诞特征。与忧惧相似，你既不能接近重复，也不能远离它，你不能尽情享受它，也不能彻底摆脱它，何其熟

---

① ［丹］克尔凯郭尔：《重复》，京不特译，第28页。
② ［丹］克尔凯郭尔：《重复》，京不特译，第49页。
③ ［丹］克尔凯郭尔：《重复》，京不特译，第50页。

悉的辩证性。即使是记忆在这里也没有成功地实现内心性的满足、释放和解放，更奇怪的是内心性被封锁为内闭性。在这种情况下，不可能再有任何重复。

怎样继续呢？克尔凯郭尔从无果的记忆或徒劳的挫折中成功得出第一个结论：重复只在内心性。而反过来说，内心性只能作为重复来抵抗内闭性，对立于所有客观性，内心性就是重复，没有别的。内心性的重复仍然是一个悖论，它没有从过去和现在的事物中生成任何东西，事实上，它让一切都保持原样。从外部看，重复就像一个水磨坊，在此处被转动和碾磨的谷物必须在彼处再次寻找其产物。但从内部看，如果不是磨坊本身，那么重复是什么呢？

与其等待变化或辩证的取消，重复事实上要求我们保持在生存阶段的某个具体处境里，并且像它一样站在原地。规律是：相同而又改变，但仍然相同。这里可以参照《哲学片断》思想试验中刻画的成为新造的人的那个个体，并不是摇身一变成为另一个人，还是自己。《附言》给出了更明确的解释："清醒冷静的精神的标志是说，它知道外部的改变只是转移注意力的假象，在相同之中的改变才是内心性"①。重复也是一个思想试验，其中没有结果、合题，只有更多的内心性或对思维与存在之同一性的认识。因此，人们必须不断地进行质的区分。"客观思想把一切置于结果之上，它用抄写和背诵结果和答案的办法来帮助人类作弊。反之，主观思想则把一切置于生成之上并且忽略结果。"②部分原因是重复恰恰属于主体思想家的试验方法，部分原因是主体思想家作为一个一直在生成中的生存者。克氏对客观性的判决是严厉的：历史知识是对感官的欺骗，因为它是近似的知识，思辨的结果则令人眼花缭乱。事实上，客观性并不表达主体的生存状态，每一个主体都是一个生存、去生成的主体，因此要防止在感官确定性中、在历史知识中、在思辨的结果中进入想象性的生存。

克尔凯郭尔以重复的辩证法反对黑格尔的中介理论，即内在性就是外在性，反之亦然。外在性与内心性的对立在这里恰恰不是被调和的，而是反过来被设定并使之有效地达到重复的辩证法。只能有一条道路，即内心性的道

---

① ［丹］克尔凯郭尔：《最后的、非科学性的附言》，王齐译，第233页。
② ［丹］克尔凯郭尔：《最后的、非科学性的附言》，王齐译，第53页。

路，没有中介或调和，就好比亚伯拉罕拔刀瞬间的那条信仰的道路。这一点更适用于宗教 B。当视角变得不同，把握个体的出场需要强调时间—现世以及永恒中的重复的生存运动。时间概念对于个体的每次出场都是决定性的，直到出现一种矛盾地强调时间的绝对的悖论。"现世和永恒之间没有内在性的根本关联，因为永恒本身将在时间中降临并且建立起一种关联。"① 在时间—现世被强调的同样程度上，人们将内心性从审美感性推进到了伦理与宗教的冲突之中。

　　克尔凯郭尔为了解释重复带有的形而上学的旨趣，直面了信仰的不可能性，他对绝对的悖论的激进解释始于激情，也终于激情。即使什么也没重复，除了内心性什么也没改变，清醒冷静的精神也是对生存的内闭性的永久抗议。生存中的激情基本上没有尽头，因为生存本身没有最终的结论或合题。从信仰角度理解，永久的努力是为了弥合罪的意识，而永久的学习是不断实现个体的出场。生存只能充满永恒的重复，这与永恒的奋斗或无限的激情相对应，从长远来看，这就是永恒视域下的个体的出场。正如亚伯拉罕无限放弃的伟大视角下，信仰不是被调和的，而是被绝对选择的，它意味着个体在重复的激情中获得选择内心性的能力，并在生存中表达绝对选择。重复因此是有意识的行为而非一种习惯或机械的行为。在这里，生存者的困难在于赋予生存以连续性，然而激情也有其自身的局限性，激情往往只在瞬间才有可能。本质上，激情是瞬间的连续性，体现着瞬间的辩证性，它同时抑制了运动，也是运动的冲动。生存主体的最高的内心性是激情，激情对应着主体性真理，而真理转变为一个绝对的悖论——永恒的重复是激情的最大值。作为"想要重复的勇气"的激情并不把现实看作已经完成的、正在完成的和将要完成的任务，而是把它看作是永远不能完成的永恒任务。在这个意义上，永恒的重复意味着将一切转化为内心性，以便将这种内心性本身再次暴露于一种超越性，这种超越性赋予内心性"现在"，但却完全剥夺了内心性和生存者自足的可能性。留在重复中并在重复中成为永恒，只有在超越的条件下才有可能，这种超越也将内心性再次置于危险之中。这种超越的条件被称为"时间当中的神"，

---

①　[丹] 克尔凯郭尔：《最后的、非科学性的附言》，王齐译，第 456 页。

是一种历史性的再现，也是信仰的生存—内心性（即宗教感）重复的一个前提。

怎样把握重复的超越性？克尔凯郭尔通过断裂的方式（罪的意识）来定义重复，因为他描述了荒诞的情况——时间当中的神——并在生存个体的生成中设定了一种绝对的非连续性。通过时间当中的神，信仰的重复与生存之间隔开了一个虚无深渊。以亚伯拉罕的故事为参照，信仰之所以是信仰，是因为信仰的悖谬性。在深化克尔凯郭尔理解的"信仰是什么"之前，必须理解对人类来说不可避免的、自相矛盾的、荒谬的生存处境下的"激情地生存意味着什么"。在不断超越自我内心性的意义上，生存者只能通过主体性的激情来弥合断裂，在悖谬的内心性这一最大的可能性中，生存者想要重复到无限或永恒的程度。

然而，重要的是要注意到，克尔凯郭尔式的信仰并非一劳永逸地进入永恒，尽管信仰从时间当中的神那里接受条件，但它也仍然处于客观的不确定性中，实际上信仰代表了生存—内心性（即宗教感）的极端强化。只有主体性的激情和客观的不确定性才能成为信仰中的真理的决定因素，使生存—内心性的真理这一概念具有一种断裂的、重复的形式决定性，即被规定为生存者敢于"通过最具激情的内心性在占有之中牢牢抓住的一种客观不确定性"①的至上真理。但在本质上，以此种方式确定的真理仍是对基督教信仰的圈定。信仰是内心性的无限激情与客观不确定性之间的尖锐矛盾。正所谓，没有风险就没有信仰。按照克氏的要求，如果生存者想在信仰中保持一种永恒的重复，就必须不断地遭遇客观不确定性，并在七万寻的深水中沉潜着内心性层面的痛苦与张力。

生存—内心性的辩证法与断裂、重复、宗教感以及时间性的主体之生成及其相关的瞬间和作为永恒意识的精神等范畴，都体现了克尔凯郭尔试图克服对客观可识别的逻辑科学的依赖，克服对在感觉中体验的自我连续性的依赖，克服对压倒积极生活的历史力量的依赖。在看穿了德国浪漫派和思辨哲学家的自夸与伪装之后，我们似乎又被扔回了断裂的罪的意识之中，克尔凯郭尔对科学启蒙的批判在此暂告一段落。

---

① ［丹］克尔凯郭尔：《最后的、非科学性的附言》，王齐译，第165页。

第六章　生存—内心性的辩证法的
实践进度与时代价值

　　既然我们不愿百科全书般地澄清生存—内心性的辩证法，那么我们最后必须考虑怎样从克尔凯郭尔的辩证法中获得当今时代的独特价值。克尔凯郭尔的间接沟通理论、宗教批判和社会批判已经清楚地表明他的生存分析以及他对生存—内心性的辩证法的诠释绝不是观念论式的反思方法与空洞内容。克氏在《关于我作为作者的活动的观点》中自述："对我来说，一切都是辩证的。"①作为典型而非范式，生存—内心性的辩证法会为克尔凯郭尔这一主体思想家主持正义，同时又将克氏与柏拉图和黑格尔一同标明一种基本的生存论上的对立。从表面看，克尔凯郭尔陷入一种假想敌式的论战的形式，但在构建他的生存—内心性的辩证法的同时，他总是箭无虚发，批评"回忆说"、体系哲学（以思辨哲学为代表，首先是黑格尔，主要是丹麦的黑格尔主义者），甚至在信仰层面撼动了当时如日中天的德国古典哲学的知识学基础。克氏的作品应从严格的诗性与辩证性的关系上加以疏解，这一纽带体现在克尔凯郭尔假名写作时期间接沟通方法中的暧昧性和模棱两可性。辩证法的特点，比如说否定的积极性、对立面冲突所产生的中介、对立面结合为第三者（合题），贯穿并影响着克尔凯郭尔的假名作品。

　　与那些将信仰危机遮蔽于丹麦黄金时代文化繁荣的海贝尔（Johan Ludvig Heiberg）等丹麦黑格尔主义者不同，克尔凯郭尔让危机直接显露于单一个体的双重性生存的选择与内心性的无限激情之中。尽管说他从黑格尔及其追随

---

① Søren Kierkegaard, *The Point of View*, ed. and trans., Howard V. Hong and Edna H. Hong, Princeton, New Jersey: Princeton University Press, 1998, p. 84.

者（体系论者，包括海贝尔）那里保留了许多观念论的话语，但在整体意义上，生存—内心性的辩证法与这些哲学家的叙事风格关系密切，辩证法这一古老而常新的术语对于克尔凯郭尔而言，影响着生存个体具体而微的选择。但与此同时，舒尔茨同样看到了克尔凯郭尔思想的核心——生存—内心性的辩证法也在社会总体性运动中，特别是在人类学中。人在双重性生存之中是一个综合体，是灵魂和肉体、有限和无限、时间—现世和永恒、自由和必然的综合，这是《致死之疾病》中对于生存的人所做的辩证性的"综合"。不过舒尔茨却反向批判克尔凯郭尔又落回了"纯正的观念论的方式"①，即把自身规定成了一种纯粹关联的关系，而在两者——在假名和真名之间，在已发表的作品和遗作之间，在美学和伦理学之间，在美学和宗教学之间，在伦理学的两个轴心（影响和情感）之间，甚至在第一伦理学和第二伦理学之间，在伦理和宗教之间，在宗教 A 和宗教 B 之间，在内心性和概念之间，在抒情诗和辩证法之间——诗性与辩证性这一纽带仍然存在，作为一种对立统一，但更主要地作为一种生存论的构成而存在。

　　谈到辩证法的实践进度，按照 G·J．斯塔克的疏解，涉及"从对某些特殊思想形式的说明，到关于自然过程、社会关系（社会过程）、存在的现实的本质的形而上学概念或本体论概念的说明过程"②。具体地定调，古希腊的辩证法是一种自概念出发的推理形式、批判方法和思维运动，既可以是建设性的，也可以是解构性的；既可以是正定的，也可以是否定的；既可以是可理解的，也可以是不可理解的。到了黑格尔哲学，辩证法摇身一变，成了现实中一切运动和活动的原则，甚至主张人的存在本身就是精神的伊利亚特的远征与精神的奥德赛的还乡。但在克尔凯郭尔的生存—内心性的辩证法之中，个体在其整个历史关切之外的永恒意识跃然纸上，以《论怀疑者》的表述加以概括，即"理想（概念化或语言）和现实（具体的、直接的经验）"之间的对立。克氏取缔了黑格尔纯然的在，赋予人的生存以现实性的、自我性的、不可通约性的意义。在对克尔凯郭尔双重性生存的进一步把捉中，斯塔克直

---

① ［德］瓦尔特·舒尔茨：《德国观念论的终结——谢林晚期哲学研究》，韩隽译，第 371 页。
② ［美］斯塔克：《论辩证法的概念》，邵水浩译，《哲学译丛》1981 年第 1 期，第 17—21 页。

言道："在感情和理智、概念化和直接现实、肉体和精神、天赋爱好和道德责任的'应该能力'之间，总是存在着辩证的紧张关系；生存是一种精神痛苦，是一种具有辩证阶段、契机和过程（它们构成自我）特性的垂死挣扎或斗争。"①可以说，斯塔克的评价在无精神性与精神性之间有力地凸显了生存—内心性的辩证法的选择张力与内心性的受难性质之所在。

第一节 生存境界的八路角：主体的选择与现实

值得注意，生存—内心性的辩证法在从欧洲传向世界的过程中并未如其所是般地还原，迪姆就曾针对盎格鲁—撒克逊的部分转译批评道："对克尔凯郭尔的虔诚主义误解的危险还表现在最近在北美对他的作品表现出的巨大兴趣上，只要这种兴趣附着在克氏的'内心性'上，而不跟随他的整个辩证法道路。"②一旦信仰的主体困囿于僵化的教义或迷信等不自由的形式锁闭了内心性，辩证法就会被牢牢地禁锢在主体的内闭性中，从而丧失其现实的生存张力。

克尔凯郭尔经常用到辩证法，甚至会为了描述整个间接沟通写作的某一部分或片断而留有综合之失衡或平衡的痕迹。因此，他把推广辩证法的本意不显眼地摆置在《附言》之中，即潜藏一种作者与读者对立统一的意识。"间接沟通使沟通成为一门艺术，其意不同于人们通常所认为的沟通者把沟通的内容提供给了有知者，这样对方就能对之进行评判；或者提供给了无知者，这样对方就能获得知识。"③ 如此一来，当沟通涉及作为生存—内心性的真理之时，信仰者完全可以透过丹麦黄金时代的文化繁荣，看到秘密的辩证法中多元的密语和甜蜜的混乱。或言之，假名作者、假名人物携手假名作品将邀请辩证法——这将是最常见的情况——通过展示主体的选择在明显的对立背景下把两极放在一起，更严格地去平衡每一极的重要性。让主体被相互影响

---

① ［美］斯塔克：《论辩证法的概念》，邵水浩译，《哲学译丛》1981年第1期，第17—21页。
② Hermann Diem, *Die Existenzdialektik von Sören Kierkegaard*, zollikon-zürich: evangelischer verlag 1950, S. 2.
③ ［丹］克尔凯郭尔：《最后的、非科学性的附言》，王齐译，第227页。

的某一极的运动带向统一，通过打开一极，把此极与它的对立面（彼极）放在一起。综上所述，我们可以说：辩证法由两个对立的公式表达，首当其冲的"甲或乙"，然后是"甲和乙"；第二个公式并不压制或超过第一个，但第二个规定并完成了第一个。

基于主体在生存境界之中选择的多样化，克尔凯郭尔称他的生存—内心性的辩证法为质的辩证法，而把黑格尔的辩证法称为量的辩证法。例如，感性—审美、伦理和宗教的生存境界在本质上是不同的，那里没有选项"甲和乙"，没有基于选项"甲"或"乙"的非此即彼的选择，没有基于悬搁伦理的综合，而是直面不可能性，只保留一种不可能性中的可能性——基于主体至上激情的信仰之跳跃。主体的生存总是时间性—现世性的、有限性的、可能性的，究其一生作为一种走向永恒性的、无限性的、不可能性的运动。作为正在成为的或者生成的存在者（物）并且践行一种纯然的不可能的唯一真实的重复，主体选择在时间—现世中以威廉法官和约伯为榜样致力于实现自我的永恒有效性。矛盾——正如威廉法官在祭坛和炉膛之间的选择——迫使生存的每个信仰之决断中产生的真理变成主体性、"为我的真理"与生存—内心性的真理。可以说，主体思想家在做生存选择的同时，正视了自我的现实问题，杜绝了萨特式的（Sartrean）自欺问题，审思了悖谬性的真理问题。

我们还应该注意到克尔凯郭尔用"辩证法"一词来谈论悖论（有时反之）的模棱两可性。悖论本身并不是辩证的：当我们想在语言中或在对其具有决定性意义的人的生存中解释它时，特别是直面绝对的悖论意义上的信仰之时，悖论就体现了辩证法所具有的悖谬性的信仰意义。因此，"辩证法"一词的使用，并不直接体现"主体—客体"的一般结构，却直接或间接地要求真正的辩证法——生存—内心性的辩证法——对黑格尔辩证法做出改造。克氏在辩证法外衣下的黑格尔哲学批判中，引入了本质层面和生存层面的区别，前者是逻辑思维的对象，以必然性为特征；后者只能通过主体性思维来把握，在可能性的范畴内得到解决。逻辑能够描述辩证法的结构，但不能产生自由的主体性的不可调和的生存运动；逻辑能够解释现实中固有的结构，但不能使任何存在者（物）生成；逻辑能够展现人类的思想运动，但不能产生生命运动，只有理解自身的主体才可以新生。个体的生存从来不具有普遍性，总是涉及个体本己的生存的特殊性。信仰之跳跃必须由个体自己去达到，世界的逻辑结构不会自己完成这个任务。在这个方向上，克氏反对以逻辑学意义上的普遍性和必然性作为主体的生命与信仰的标准，批判黑格尔辩证法思想中以知识学为导向的形而上学的旨趣。

按克氏的筹划，人类的生存拥有三种选择（享乐—沉沦；行动—获胜；痛苦），具有三种不同的价值旨归，并被区分为个体生存的三个阶段/境界或三种人生观。瓦尔特·舒尔茨就认为："克尔凯郭尔的生存哲学的真正诉求就是要在感性—审美阶段、伦理阶段和宗教阶段的辩证关系中来规定这三种境界。"①在生存的三个阶段，每一个辩证的极点的重要性可能是平衡的抑或占据不同的权重；这些极点的差异将影响对立的双方保持各自的张力，而不是借助调和的形式产出科学的、最终的、中介的合题。

生存个体在具体的选择中遭遇的第一个阶段是感性—审美阶段，在其中，生存个体在想象性的生存中体验到当下的直接性，并享受即刻的自欺的不可重复的感官欲乐，其代表人物是莫扎特歌剧中的诱惑者唐璜。第二个阶段是伦理阶段，在这个阶段，个体通过选择或绝对的选择重新确认他/她对普遍道德原则的遵守，它的模型是丈夫与父亲形象合一的威廉法官。第三个阶段是宗教阶段，在这里，人与上帝保持着直接的联系与生存沟通，并通过信仰之亲历持续回到瞬间的决断的重复之中，选择因自身的罪过沉沦抑或因信仰之跳跃得救。但矛盾的是，现世性被理解为一个无限放弃的选择，刻画了一个不再具有感性—审美、悬搁伦理因而凸显受难等内心性特征的现世性的生存境遇，例如作为信仰之骑士的亚伯拉罕。

依据克氏生存三阶段论，伦理—宗教阶段存在一种"额外的"辩证法，即辩证法的另一面或辩证法的辩证法。在这种辩证法中，间接沟通比知识沟通（具体的、直接的、短暂的经验）更具优势。克氏在《哲学片断》的开篇就打下了这个基调，一般来说，理性在辩证地发挥作用而不被基督教信仰所

---

① ［德］瓦尔特·舒尔茨：《德国观念论的终结——谢林晚期哲学研究》，韩隽译，第368页，译文有改动。

第六章　生存—内心性的辩证法的实践进度与时代价值

利用时，就不得不采取目的论的行动。苏格拉底式的"自知其无知"已经给出了例证，无知之知的目的是辩证地定义一种特殊的知识类型，这种知识类型以知识沟通的局限性作为打开另一面的敞开域。易言之，反讽将知识沟通的局限性无限放大并最终迫使对话者承认自身认知的有限性，并且陷进与无面面相觑的情境之中。"额外的"辩证法常常导致真理问题上的死胡同，甚至导致生活、生存中的绝望。在克氏眼中，辩证法的应用是不平衡的，并非一定尽善尽美，否则加权的一极迟早会成为唯一的一极，一旦一极因此与它的矛盾体切断，这一极就会产生异化，成为自我的绝望。

准确地说，克尔凯郭尔的生存—内心性的辩证法是一种站在神与人、永恒与时间、无限与有限之间质的辨别上的思想运动，而信仰只有在主体性的永恒视域下的时间—现世的生存中才有可能成为绝对的选择，威廉法官很好地以身示范了这一点。"人是时间性的，人无法承受在时间当中不间断地趋向永恒的生活，这也是人类卑微的一部分。"① 也许有人教导说，黑格尔辩证法对定性的主体性的生存做了量化，因而忽略了神与人之间脱节所暗含的信仰危机。这是肯定的，《人生道路诸阶段》给出了一个主体的质性选择的例证，在戈里布森林里有一个地方，叫作八路角。②八条路的交点构成了一个角，人来人往且交通繁忙的八条大路却存在着一个偏僻且隐秘的角落，这是路与角的辩证性的关系。为此，克尔凯郭尔将八条路定性为一种为思想而存在的可能性，主体思想家可能会在纷纭反复的思想大道之见偶觅孤独之思，并将其选定为自我观察的隐秘角落。这个视角却独具特色，它能广阔地审思这八条大道，却以偷看、偷听的秘密的方式，最有韵味且最令人迷醉。又一个辩证性的标志：孤独而心醉神迷，克氏将八路角的体验比喻为"饮自这沉默之海"，他刻画着另一种《非此即彼》之日德兰荒原式的信仰之境，在这里，个体孤独地进入生存、进入信仰：

> 你们这八条路，你们只是把所有人都从我这里引走，而恰恰把我自

---

① ［丹］克尔凯郭尔：《最后的、非科学性的附言》，王齐译，第399页。
② ［丹］克尔凯郭尔：《人生道路诸阶段》，京不特译，第19页。

己的思绪带回来给我。①

第二节 个体性与个人主义

在主体层面，生存—内心性的辩证法是为个体的出场而设计的一种自我之综合的方法论；在个体的界定上，克尔凯郭尔对"个体性"（individualiteit）而非"个人主义"（individualisering）的解释给予了深度的关切。说起个体，克尔凯郭尔对黑格尔的批评要点在于，这位伟大的思想家忘记了他自己本身首先是一个大活人、一个生灵，他在建造了恢宏的体系大厦的同时，却昏沉地蜗居于生存之外的那间地下室之中。黑格尔忘记了自己是提出思辨理论、构建科学体系并解释世界的人，从而成为一个抽空自己的思想巨匠，由此造成了一个尴尬的局面，以至于依靠黑格尔辩证法改变世界的任务便无从谈起了。作为对"关于世界的科学大厦"的一种批判，相较于黑格尔建立逻辑学体系的方法论原则之中没有对生存个体进行公正的处理，克氏主动将生存—内心性的辩证法的中心转移到了个体上面。

当然，按照克尔凯郭尔的说法，在普遍的层面上，个体也属于社会，而且是以家庭、教会和国家等形式显现普遍性，但回到生存—内心性的辩证法，最终来到了《畏惧与颤栗》中的"隐秘"的根据——"单个的人作为单个的人高于那普遍的"②，同时这个根据也是信仰之悖论（个体高于普遍）的标记，个体只是途经家庭、教会、国家却最终回到自我，完成自我之确认。对黑格尔来说，单个的人的任务是让自己的自由意志符合普遍意志，但对克尔凯郭尔而言，个体本有的优先权在伦理和宗教境界都适用。个体或单一者的身份揭示了信仰的主体，"只有在与单一者的关系之下来设定神，我们的思想方案才能'超越'苏格拉底"③。毕竟，只有个体而非"公众"或"无人"亲历伦理之决定以及信仰之决断，只有单一个体能够以自我透明的方式独自站在上帝的面前。《以弗所书》（1：10）有言："要照所安排的，在日期满足

---

① ［丹］克尔凯郭尔：《人生道路诸阶段》，京不特译，第23页。
② ［丹］克尔凯郭尔：《畏惧与颤栗 恐惧的概念 致死的疾病》，京不特译，第84页。
③ ［丹］克尔凯郭尔：《哲学片断》，王齐译，第123页。

的时候，使天上地上一切所有的，都在基督里同归于一。"这种对于基督—上帝的信仰方式，首先要求信仰者以个体性的生存者的身份等待着瞬间（时候满足或时间之充实），等待得道、得基督的那个瞬间。在基督教哲学的信仰语境下，个体、上帝（基督）皆是主体性的。一方面，信仰之决断是个体性的选择的瞬间，没有任何他者可以分担、尽责或夺走"我"的决断；另一方面，信仰者与上帝（基督）的关系是直接性的而非中介性的，信仰并不需要一个信使，它更接近于信仰者与上帝（基督）之间的秘密婚姻。

然而，这里已经表明了一个立场："个体性"和"个人主义"之间有很大的区别。后者经常被称为我们当前时代的社会最突出的特征之一。赵汀阳教授认为，现代个体主义承认自私的自然性，这没有问题，但把自私合理化，则制造了一个错误的文化事实。[1]不正义滋生的贪婪实际上腐蚀了人的个体性，也就是说，个体主义拒绝了解决冲突的合作的可能性，看似是个体与他者的共在的否定，实际上这是对个体本身的误解。

在当今时代，我们已经成为一个个人主义的社会中的一员，每个人的眼睛（并非信仰的眼睛）主要是为自己服务的，这样的责备并不少见。在拉平化的时代，克氏在个体性的双重反思中深刻认识到当今时代的痼疾。尽管个体层面的"自我"总是更大的历史、文化和社会不容忽视的一部分，但克尔凯郭尔并不主张这种非正义的、独善其身的、去"生存化"的个人主义，而是主张普遍性之中自我反思层面的个体性。"个体具体地被束缚在一个更大的整体中"（例如，没有人选择出生在哪个家庭或教会或国家的位置）和"在个体的生存问题上被抛回自己"（例如，疾病、死亡、忧惧、神—人关系、邻人关系等）共同构成自我个体性的双重时刻。克尔凯郭尔的这种个体性与（后）现代的个人主义完全不同。个人主义总是关于满足需求的选择和态度，以及相对于（有时以牺牲）他人为代价的以自我为中心的自我实现，而个体性的目的是在自我性的层面发展个体的（作为自由和精神的可能性）生成或成为的能力。克尔凯郭尔要求个体积极地选择个体性，接受它，同时使它成

---

[1] 赵汀阳：《深化启蒙：从方法论的个人主义到方法论的关系主义》，《哲学研究》2011年第1期，第90—93、129页。

为生命与信仰的现实推动力。我们又回到了这里：个体怎样站在自我与自我的生存关系中？个体怎样处理自我与他者的关系？个体怎样在上帝面前保持自我的透明？个体必须做出决定，哪怕在生存的八条路的某个路口：

> 人与人之间的怎样的一种共同体是最真挚的？痛苦之共同体。一个人的怎样的一种共同体是最至福的？那与上帝的共同体。①

克尔凯郭尔在宗教—基督教而非政治、社会或文化记忆层面设立了个体与他者（或邻人）的共同体形式，这种共同体不存在正义与非正义的纠缠，双方有着一致的信仰对象，也不存在利益上的贪婪与纠纷，因为信仰没有量的差异，只有信与不信的质之差异——要么在信仰中得救，要么在不信中沉沦。克氏强调主体在内心性（真挚性）的本质（受难）中结成一种信仰的共同体，并一致地凸显宗教阶段的本质——痛苦。痛苦的现实性表现为罪的现实性持续存在，痛苦是宗教性的标志，也是隐秘的内心性的标志。或言之，最真挚的（最内心化的）共同体在于信仰者以主体的姿态捍卫宗教性，最至福的（最至善的）共同体则在于信仰者处于与上帝的直接关系之中，这要求信仰者在成为主体的同时保持敢于直接地表述"我在这里"。"我在这里"是一个人回应上帝话语时最具个体性的"出场"，即摆脱物的遮蔽、概念的中介以及信心的犹疑等阻碍的透明性的出场，这是《畏惧与颤栗》与《哲学片断》等著作共同激荡着的生存—内心性的辩证法的信仰的回声。

在信仰的个体性原则下，生存道路的选择直接决定了个体在上帝和基督面前的自由或不自由的状态，同时也决定了个体信仰的质之定性。在宗教 B 之中，生存者起初犯了"罪"进而选择信仰，先迷失、后得救，但始终敢于作为单一个体站在上帝面前。人与其他动物物种的区别不仅在于通常所列举的智性的优点，而且在于质性的优点。通过自由（忧惧），个体超越了动物性。但自由（忧惧）又是自由意志之辩证的，在向将而来在的个体性中，自

---

① ［丹］克尔凯郭尔：《克尔凯郭尔讲演集（1848－1855）》，京不特译，第 325 页。

由的可能性就是忧惧；自由既意味着个体是一个非真理、一个罪人、一种谬误的身份，又肯定了完美的信仰终将属于单一个体。因此，每一种公开的集体主义和每一种把精神当作普遍性的概念解读，以及每一种内闭性的个人主义（不提及上帝），都会破坏个体作为精神的自由之质。在"罪"与信仰之间，在迷失和得救之间，在沉沦和拯救之间，存在着生存者的个体性的选择或决定。与基督（神—人）发生关系的现世性（有罪性）的"质"，即自由意志限度下的生存者作为个体如何看待"罪"。若是生存者认为自己是罪人，从而接受通过基督的救赎而减轻罪的教义，那么则未破坏作为精神的自由之质。个体以一种坚实的个体性的信仰撼动着流传已久的日趋中介化、代理化的教会信仰，克氏强调的不是以教义宣讲信仰，而是从信仰的无精神性的忧惧中接受救赎论的教义。

也就是说，《哲学片断》与《附言》聚焦的是上帝在教师里下降的时间性—现世性，上帝作为个体性的人进入时间——通过教师的出生、生活、痛苦和死亡——随着复活上升到上帝的右边，代表着正直与公正，成为唯一的拯救者、解放者与调和者，因此是每一个生存者和整个历史进程的见证者。从另一视角看，下降在某种意义上却是提升。生存者要通过信仰得到拯救，就要跟随作为模范的神—人：在宗教 B 中，天上地下只有一个名字，只有一条路，只有一个模范。《以弗所书》（2：10）有言：我们原是他的工作，在基督耶稣里造成的，为要叫我们行善，就是神所预备叫我们行的。因此，信仰者选择了高过诸天的模范，即在天地之间只有一条路：跟随基督；在天地之间只有一个选择：在大地上选择信仰的道路；在时间—现世和永恒之间只有一个希望：跟随基督成为精神；在时间—现世和永恒之间只有一个喜悦：跟随基督生活和死离尘世。

因此，克尔凯郭尔在谴责那些拒绝《新约》中提出的"质的辩证法"的人时，把不承认基督是神—人的现代思辨主义和不把他作为模范而只是把他作为救世主以适应和融入世界的"既定基督教"通过生存—内心性的辩证法一并加以批判。

生存—内心性的辩证法研究

第三节 诚实的辩证法

正如我们前面所说，克尔凯郭尔反对黑格尔辩证法的主要理由是，后者的哲学是不诚实的，他回避了生存个体层面的中心问题，用理性的狡计设置他的量的辩证法。在克尔凯郭尔1849年的日记中，有一条是这样写的：

> 如果有人试图用一个词来简要地描述现代哲学的混乱，用一个老生常谈的说法，它放弃了康德的"诚实路线"，如果我可以这样说的话，为了成为神正中心主义而挥霍了众所周知的一百塔勒，我知道没有比"不诚实"更好的词来描述它。①

克尔凯郭尔在这里指的是康德在《纯粹理性批判》中对坎特伯雷的安瑟伦（Anselm of Canterbury）提出的上帝存在的本体论证明的反驳。这个证明从最高存在的概念论证到最高存在的现实：当一个最完美的存在的概念形成时，这个存在首先是作为心灵的智力内容而存在的。如果它不同时存在于现实中，那它就不是最完美的存在，这样就可以设想出一个更高的存在，它不仅存在于头脑中，也同时存在于现实中。因此，上帝作为最完美的存在的概念立刻证明了他的现实。安瑟伦自己在基督教启示的前提下构建了这个证明，只有当存在能够在实际性的生存状态中被设想的前提下，即思维拥有现实性，存在的本体论证明才具有哲学上的说服力。

康德通过对理性的批判对这一预设提出了怀疑。在对上帝存在的本体论证明的反驳中，康德表明，在概念上一百个可能的塔勒和一百个真实的塔勒之间没有区别，但就其现实性而言，则有区别。因此，在概念的基础上对最高存在的著名的本体论证明只不过是白费力气；正是年轻的费希特指出了一

---

① Søren Kierkegaard, *Kierkegaard's Journals and Notebooks*, Volume 6, Journals NB11 – 14, ed., Niels Jørgen Cappelørn, Alastair Hannay, Bruce H. Kirmmse, George Pattison, Joel D. S. Rasmussen, Vanessa Rumble, and K. Brian Söderquist, Princeton and Oxford: Princeton University Press, 2012, p. 217. 或参见 [丹] 克尔凯郭尔《论反讽概念》，汤晨溪译，第106—107 页。

条新的道路，他抛弃了作为知识对象的外在于主体（自我）的客观性的问题，而在主体本身中寻求存在着的自我。整个认识论过程现在发生在自我内部，作为生产的自我，它与生成的自我是相同的。在自我与自我的这种抽象的同一性中，先验唯心论体系只以主体为出发点，试图解决"我—我"式的认识论问题。这条路线，在年轻的费希特、谢林之后，不仅是黑格尔，而且是克尔凯郭尔本人所采取的。尽管有这个共同的出发点，他们的落脚点在另一个出现的事关诚实的问题上迥然不同：现实。

> 哲学家们就"现实"所谈论的东西，常常在同样的程度上带有欺骗性，就像你去一家旧货店在那里读到一块牌子：本地熨衣服。如果你拿着自己的衣服来熨，那么你就上当了；因为那块牌子只是放在那里卖的。①

德国古典哲学的一个通病表现在"现实"上面，他们仅仅做了概念的抽象化处理而脱离了人的生存处境，而现实要求质的跳跃。随着对主体内心性的彻底转向，认识论的所有基本概念都失去了它们在从笛卡尔到康德时期的意义。在超越自我意识的客体沦陷之后，主体—客体问题不得不被赋予截然不同的意义。现在，思维以其自身为对象，旧的思想方案中怀疑的位置被双重反思或绝望取代。双重反思当然可以在自我意识中产生一个理性体系；但现在德国观念论者如何解决现实的问题？这是克尔凯郭尔对理想主义哲学的全部兴趣所在；这也是他与黑格尔等人发生冲突的地方。黑格尔拒绝康德在现象和自在之物之间的区分，在知识和信仰之间的划界，在思维的自我本身中寻求现实。在中世纪被预设并被康德质疑的思维的真实性，现在被黑格尔式的思维的内部运动所恢复。黑格尔确信，在思维的行为中，被思维的东西和思维本身是等同的。思维个体的这种自信是对精神的自信，在精神中，思维本身和被思维的东西是相同的，这反过来又使思维的自我和精神之间存在着与被思维的东西和思维本身之间相同的特性。

---

① ［丹］克尔凯郭尔：《非此即彼》（上卷），京不特译，第19页。或参见王齐《〈爱的作为〉中的"现实"和"内心性"——兼论阿多诺对克尔凯郭尔爱的原则的批判》，《世界宗教研究》2022年第10期，第80—87页。

生存—内心性的辩证法研究

针对现实概念而言，诚实意味着：人们清楚地认识到，这种思维是一种行为、一次选择、一个过程，思维中使用的概念并不是描述一种状态，而是描述一个事件。在这个事件中，上帝，即绝对理念，不断地在工作，所有存在者（物）都是可理解的。在黑格尔那里，思维是一种动态的"变易"的过程。生存者思维的现实是信仰中的上帝实在的一个组成部分，但上帝不能被静态地思维，生存者只能在上帝持续的创造和启示活动中沉思。因为人类的思维与理性的事件或精神的观念相同，这种思维带来的现实与上帝的实在相同，它是纯粹的思维，不受历史上所有偶然性的事件的影响，在这种思维中，绝对精神对自己进行思维。这就是克尔凯郭尔批判的地方，他说黑格尔的这种思维已经成为"神正中心的"（Theocentric）。

> 如果不是出自恩典，没有人变得至福，使徒也只是被带入了恩典。但是有一种罪使得恩典变得不可能，这罪就是不诚实；有一件事是上帝无条件地会要求的，这就是诚实。①

诚实与不诚实之间的界限是什么？这种纯粹的思维的对象实际上是什么？在这里，我们必须把自己从所有传统的按照主体—客体模式进行思维的想法中解放出来，思维的个体面对着一个实际性的对象。思维的对象意味着思想家本人在他/她的思维的行为中，思想家通过思维的行为在智性上创造现实来理解现实。这个现实不仅关乎个体的自我的现实，而且关乎整个历史的现实，思维的自我就生活在其中，进而黑格尔的绝对理念就在其中实现自己。我们可以这样说：这种思维的对象关涉到历史生活的全部广度和深度，被认为是理性的生活、精神的生活以及永恒的、绝对的真理的生活。因此，合理的东西变成了历史或现实；反之，所有的历史或现实都变得合理。这种思维的结果是一个包罗万象的真理体系。但这个体系本身被理解为从生活、生存中抽象出来的黑格尔式的科学构造，它描述了世界作为一种状态的合理性；这个真理体系是生活、生存本身的合理性，它在思维的过程中实现了自我。

---

① ［丹］克尔凯郭尔：《克尔凯郭尔讲演集（1848－1855）》，京不特译，第267页。

第六章　生存—内心性的辩证法的实践进度与时代价值

根据著名的黑格尔辩证法，这个过程从论题到反题再经过对立面的中介成为合题。这个三段论的影响无处不在，它显示在世界历史的进程中，每一个现象都走向它的对立面，最后以构成两个对立面之间更高的统一体的第三者的方式（合题）结束。这个综合体本身（合题）就成为新的辩证法运动的起点。在论题（正题）、对立面（反题）和综合体（合题）的不断循环中，后者再次成为一个新的论题（正题），思维在历史中实现了自己，世界的历史成为世界的判断。同样的三段论出现在逻辑学中，每一个概念都会产生它的对立面。矛盾的原则是无效的，因为每一个概念都会变成它的对立面，然后两者都被吸收到第三个更高的概念中去，这个对立统一的概念在两者之间进行调和。重要的是，黑格尔辩证法仍然在进行中，生存者不会在某一特定论题的否定性中停滞不前，从而陷入谬误、冒犯、绝望和罪中。黑格尔辩证法允许解决思维与存在、主体与客体、事物与理念、自然与精神之间的所有对立，在更高的统一中调和着所有对立面。表面上看，只要黑格尔成功地启动了这一全能的辩证法，就没有什么能再阻止他了。

但这恰恰是克尔凯郭尔在诚实的辩证法中追问的问题：纯粹的思维在自身内部的运动究竟是如何开始的，它是如何被带入坏的无限性的？在《附言》中他批判这种纯粹思维："纯粹思维是一个幽灵。如果说黑格尔哲学没有任何悬设，那么它赢得这一点就是通过一个疯狂的悬设——纯粹思维的开端。"[①]黑格尔的方法再怎么高明，也不能让反思与中介停顿下来，反而让反思与中介在坏的无限性中陷入疯狂。克尔凯郭尔在对黑格尔的中心概念"中介"的攻击中再次证明了这一事实，这个中间词旨在连接两个论题。克尔凯郭尔在这里看到，黑格尔只是善用理性的狡计，因为他无法回答这个问题。调和是如何产生的？它是由两个论题努力联合起来的结果吗？它是先验地包含在它们之中吗？它是作为新的合题出现的吗？按照克尔凯郭尔的说法，黑格尔无法以逻辑学的方式回答这些问题，因为他无视逻辑的局限性，把"成为"[②]的概念从人的生存处境偷运到逻辑中封闭起来。为了澄清"成为"的概念，

---

① ［丹］克尔凯郭尔：《最后的、非科学性的附言》，王齐译，第264页。
② Werden/ becoming，贺麟先生译为"变易"，但在克尔凯郭尔哲学的语义中往往选用"生成"或"成为"作为译文。

生存—内心性的辩证法研究

克尔凯郭尔以"精神是什么"为切入点展开了逻辑学中的变易与生存论中的生成的区分。克氏认为，精神就是促成肉体和灵魂这一综合的第三者。但精神不是一种黑格尔式的调和的产物，精神不能作为合题把肉体和灵魂扬弃，精神使肉体和灵魂的张力如其所是地迸发出来。在更深层的结构中，精神关联着一个只为上帝而存在的生存体系，在人完全"是"精神之前（"人是精神"的辩证性），生存体系是藏在壳中的果实，唯有借助信仰的眼睛才有可能略知一二。

"在逻辑中，没有任何运动可以被允许去生成；一切逻辑都只停留在存在层面"①，而这正是逻辑的无能。伴随着逻辑向生成的过渡，生存和现实在诚实的辩证法之中出现。这是克尔凯郭尔在《忧惧的概念》引言中对黑格尔逻辑学的指责。在克氏对黑格尔的所有论战中，同样的批驳一次又一次地出现。黑格尔不能把思维和存在统一到人的生存现实。无论黑格尔如何渴望，纯粹的思维在其概念中并不拥有现实的范畴；纯粹思维是对现实的一种抽象。这是因为，在生存中，黑格尔辩证法只有通过无视生存的错误才能启动，也只有通过抽离生存才能保持运动。黑格尔通过无视具体的、坚硬的、异己的现实，把存在和现实作为抽象的概念，并漠视这种错误。客观思想家忘记了最重要的一点：如果没有把自己作为一个具体的个体纳入自己的生存，那么最宏伟的体系又有什么用呢？②这就把我们带到了克尔凯郭尔迄今为止所有反对意见中已经隐含的即穷验问：思维中个体性的经验主体如何把自己变成纯粹思维的主体，以便进入绝对理念的运动？

克尔凯郭尔在自己的生存—内心性的辩证法中所采取的诚实路线自始至终都是由与黑格尔的这种对立决定的。两者有相同的出发点：自我必须反思自我。但是，当有必要更紧密地定义自我，并在自我的身份中区分认识的主体和客体时，他们的观点就立即产生了分歧。与黑格尔不同，克尔凯郭尔不

---

① ［丹］克尔凯郭尔：《畏惧与颤栗 恐惧的概念 致死的疾病》，京不特译，第 153 页，译文有改动。

② 联系《马可福音》（8：35）与（16：26）来看，克尔凯郭尔始终要求一种自我意义上的终极追求，即培育自己的生存，拯救自己的灵魂，用自己的灵魂牢牢抓住荒谬，把自己的灵魂收回到奇迹之上以便构建出至福。没有自我，生命或灵魂就没有了意义。

第六章　生存—内心性的辩证法的实践进度与时代价值

问一般的现实；克氏问的是某一特定存在者（物）的现实，即思维中的个体化的生存者的现实，这正是黑格尔所忽视的现实。按照王齐教授的说法，克尔凯郭尔把"如何使个体在扎根现实性的同时使其有限的生命历程具有意义"[①] 这一问题摆在了黑格尔哲学面前。因为所有关于现实的知识都是可能的；一个生存的个体所参与并建设着的唯一的现实就是他/她自己以及自我意义上的生成或成为，这个现实构成了生存个体的绝对关注。作为主体思想家的个体被思维的对象就是他/她自己的生存，主体思想家必须询问他/她自己生存中的特殊性的现实。然而，主体思想家不能像黑格尔那样借助于脱离了存在的纯粹思维来这样做，比如一个神圣的主体可能会采用的方式。主体思想家只能作为他/她所是的经验主体，用他/她所掌握的知识来这样做；主体思想家既不被强迫也不被允许离开自己的生存境界。主体思想家自己的生存成为他/她这个实际生存着的思想家作为主体必须优先思维的对象。在何种意义上，个体的生存对他/她来说成为自我必须通过思维来解决的问题？这个问题出现在个体不再仅仅不问青红皂白地追随自己的本能、倾向和驱力而生活，而是开始审慎地考虑自我生存的特殊性的时候。一旦个体这样做了，他/她就会变得与众不同，在双重反思之中成为反思自身的主体，与作为客体的经验性存在者（物）决然不同。然而，作为一个关注自身生存的自我，个体在理想性的自我和经验性的自我之间占据了一个中间点，一个现实出现的点，并将它作为形而上学旨趣上的综合因素置于绝对关注中。

主体思想者都在为现实而持续奋斗，主体思想家对自我作为一个生存者的实际性认识不断提高，这种认识为自我与自我的关系和综合提供了现实支撑。诚实是自我的辩证法的唯一主题，自我以不可阻挡的现实性被固定在诚实上，所以在任何思辨的方向上从现实逃脱的行为都是不被允许的。

在生存—内心性中，个体拥有想象、情感和激情。但首先、最后而且总是"有"激情，因为个体不可能在生存中思维自我的生存却又毫无激情。克尔凯郭尔在《人生道路诸阶段》的"酒中箴言"凭借柏拉图式的情欲之爱的表达解释了这种激情的一种诚实定性——唯一。

[①] 王齐：《生命与信仰——克尔凯郭尔假名写作时期基督教哲学思想研究》，"导论"第15页。

"如果'情欲之爱'的表达是：去爱'那最初的'、'那最好的'，那么，一个人无法进一步为自己做解说，这是可以理解的，但既然'情欲之爱'的表达是'去爱唯一的一个、在整个世界里的唯一的一个'，那么，这样一个异常巨大的区分行为似乎在其自身之中必定包容有一种'依据之辩证法'，然而对此我们不得不谢绝；我们不去听这种'依据之辩证法'，不是因为它什么都没有说，而是因为它听上去实在会是太繁复。"①

情欲之爱也是一种生存形式，但如果我们把情欲之爱的依据从"唯一"进一步地提升为"诚实"，那么倒是有将生存化繁为简的可能性。在"给读者的信"中，克氏还提及"这想象试验使得处境对这生存着的人变得尽可能辩证"②。辩证并不与繁复、复杂等同，尽可能地辩证与诚实原则并不冲突。结合《附言》的论断，"生存是无限和有限、永恒与时间—现世所孕育的孩子"③，它总是在努力奋斗，克氏以双重性的张力来揭示生存即奋斗。双重性的生存是一个可怕的矛盾。矛盾在于，一个信仰者的生存道路必须是一个理想主义者的存在，一个极其艰苦的召唤，在信仰者实现理想的生存道路上，信仰者作为单一个体参与了无限，而生存却不断将信仰者限制在其自身的有限性的范围内。只有在罕见的瞬间，个体至上激情的瞬间，信仰者才能在自我的双重性生存中体验到一种有限性与无限性的统一。

生存之中双重性的张力并不意味着思维可以从感觉和意志中分离出来：在辩证过程的每个阶段，这些因素都必须存在，并携手思维一起工作。在这一点上，想象获得了特殊的意义。它不像思维、感觉和意志那样是一种心理上可定义的能力；想象是思维、感觉、意志在理想和现实之间运作的媒介。想象通常是无限的媒介，它不像其他能力那样是一种现实性的能力。想象达

---

① [丹] 克尔凯郭尔：《人生道路诸阶段》，京不特译，商务印书馆2018年11月第1版，第52页。
② [丹] 克尔凯郭尔：《人生道路诸阶段》，京不特译，商务印书馆2018年11月第1版，第766页，译文有改动。
③ [丹] 克尔凯郭尔：《最后的、非科学性的附言》，王齐译，第67页，译文有改动。

到了无限,因此也为辩证性的情欲之爱提供了媒介。克尔凯郭尔甚至把想象和自我省察等同起来,把想象定义为创造无限的反思。这种与自我省察的联系保护了想象不至于在无边无际的思辨中疯狂地致幻自我,进入坏的无限性。相反,想象针对的是被作为自我省察的对象的特定生存现实。在一个人生存的每一瞬间,他/她都必须对感觉和意志进行双重反思,一旦它们被释放出来,就会朝着潜在的无限前进,就像体内的情欲之爱推动着它们一样。

一个人的想象取决于他/她的思维、感觉和意志如何被反映出来。与想象相连的自我省察还不是生存的运动,自我省察只是生存运动的可能性。自我省察本身不能被约束,意志必须在场。如果自我要生存,可能性的自我必须成为现实性的自我,思维的运动必须成为生存的行动。与想象相连的自我省察还不是一种行动,而且自我省察将显明与生存的行动之间的质的区别,直到转换发生。自我省察仍然是一种可能性,但它已经反映了对现实和生存的行动的关注。也许想象的行动和生存的行动之间在内容上没有区别,在形式上却有本质的区别。克尔凯郭尔在这一点上绕过黑格尔的错误——经验主体在纯粹思维的帮助下,要把自我变成理想性的主体。在这一点上,克尔凯郭尔反而引入了自由意志,① 它将想象的行动转变为生存的行动。正如我们在感性—审美阶段向伦理阶段过渡时看到的那样,自我通过有意识的、非想象性的、负责任的生存的行动进入生存。在自由意志与纯粹思维之间,自我选择了自我作为一个现实性的自我而非理想性的自我。我们决不能把这种选择行为看作是一个可以在时间上孤立存在的偶然性的事件。在任何特定瞬间发生的对自我的有意识的尽责,在下一瞬间就会被反思所接受,并转化为可能性,再次被诚实地带向现实。如果我们研究这种选择行为,以便在其中找出思维与存在的关系,也就是说,想象的行动与生存的行动的关系,我们会发现,思维在逻辑上先于存在,因此,在黑格尔辩证法中,存在是以思维为前提的。但这个优先权不是时间向度上的。在这一点上,按克尔凯郭尔理解,思维和存在的时间和逻辑上的优先性问题必须以与忧惧的模棱两可性相同的方式来回答,假名作者约翰尼斯·克利马克斯在《论怀疑者》中拒绝提供唯一的科

---

① [丹]克尔凯郭尔:《哲学片断》,王齐译,第97页。

学性的结论,他提到了泰勒斯对一个人的回答,据说这个人问,白天和夜晚哪个先来。泰勒斯回答:"黑夜要早一个白昼。"①夜,是一天之始。重点是:随着意识的流变,自我发现自我处于一个循环中,在这个循环中,白昼也可以是一夜的开始,思维与存在、知识与意志,都会在生存中汇合;辩证性的个体因素在每一瞬间的汇合,再次使个体在其生存中面临新的诚实的选择。

我们现在可以总结一下所说的内容。显而易见,克尔凯郭尔在发展诚实的辩证法时受到了他与黑格尔的反对意见的强烈影响。两种辩证法都不关注描述一种状态,而总是关注一种运动、一次综合与一个过程,特别是一个事件的过程。在这两种情况下,辩证法视角下的运动所依据的方法决定了一切。两者都把同一性哲学的预设作为出发点。甚至在细节方面,两者都诠释了同样的问题:思维和存在之间的关系问题,运动如何开始的问题,以及从一个论题到下一论题的过渡问题。然而,两者对这些问题给出的解决方案是不可比拟的,因为他们的方式在践行诚实原则时永远地分开了:黑格尔抽象地询问了一般的现实,而克尔凯郭尔则具体地询问了一个个体性的存在者(物)的现实,即经验思维的个体性的现实。黑格尔的答案不是一个生存论的构想,不是一个现实的体系,而是认识主体的思维的实现,尽管有着系统的、思辨的以及理性的逻辑判定,但终究不是一种诚实的辩证法。

尼采在《偶像的黄昏》中反倒是说出了克尔凯郭尔的心声:"我不相信任何体系的构造者,因而回避他们。求体系的意志意味着缺乏诚实。"② 相对于克尔凯郭尔,尼采更为激进地将基督教作为一个体系一并逐出诚实的辩证法。

第四节 哲学治疗的可能性:忧惧的模棱两可性

如果将生存—内心性的辩证法带入哲学治疗的领域,那么此处该有一个引导性的问题,即为什么克尔凯郭尔要在诸多假名著作的副标题中显现心理学的特征,特别是那本在《存在与时间》中为海德格尔所称道的《忧惧的概

---

① [丹]克利马科斯(克尔凯郭尔):《论怀疑者》,陆兴华、翁绍军译,第58页。
② [德]尼采:《偶像的黄昏》,李超杰译,商务印书馆2013年版,第7页。

念》。这本关于忧惧的书的副标题是"一个简单的在心理学意义上定向的审思考虑到关于传承之罪的教义上的问题",反倒显得并非专注于解释"忧惧"一词。这里的忧惧现象与心理学审思有什么关系?很显然,《忧惧的概念》的出发点是生存境界中的个体,同样作为单一个体的假名作者哥本哈根的守夜人宣称"我希望人们最好把我当成一个俗人,一个虽然思考,却远远站在'思辨'之外的俗人"①。克氏/哥本哈根的守夜人首先将自己与思辨哲学(包括思辨辩证法)划清界限,为生存—内心性的辩证法保持一种个体性的、诗性的、非调和的立场。克氏认为黑格尔阻隔了生存的本义,取消了生存就是去成为的可能性。"在逻辑之中没有任何运动是可以被允许'去成为'的;因为逻辑'在',一切符合逻辑的东西只在。"②为了给出一种生存分析式的回应,克氏优先选择了对忧惧展开分析。这里的忧惧现象——在对忧惧情绪的分析中——是如何被带到忧惧概念中的?在克尔凯郭尔对忧惧的分析中,并没有遵循黑格尔《精神现象学》的思路,即从感性确定性着手,将忧惧意识作为一个纯自我,相反,克氏选择忧惧本身的模棱两可性这把钥匙,这个概念紧跟《哲学片断》思想试验中的主体性的瞬间的辩证法,重新开启了主体的信仰问题。"人们在亚伯拉罕的故事中所没有谈及的是忧惧",③ 克氏/假名作者沉默的约翰尼斯此话另有深意,意在让人们看到忧惧分析的哲学潜力与哲学治疗的可能性。

忧惧是由模棱两可性定义的,这一点直接出现在《忧惧的概念》(1844)第一章第五节关于忧惧概念的段落中:"在我们观察忧惧之中的各种辩证定性的时候,就显示出,这些定性恰恰具备了心理学的模棱两可。忧惧是一种同感的反感和一种反感的同感。"④ 这像是对"忧惧是什么"这一问题的回答。但这只是一个初步的客观意义上的定义,它需要更精确的主体意义上的定义来使之成为焦点,即忧惧要被"怎样"带到概念("什么")中。忧惧的现象

---

① [丹]克尔凯郭尔:《畏惧与颤栗 恐惧的概念 致死的疾病》,京不特译,第144页。
② [丹]克尔凯郭尔:《畏惧与颤栗 恐惧的概念 致死的疾病》,京不特译,第153页。
③ [丹]克尔凯郭尔:《畏惧与颤栗 恐惧的概念 致死的疾病》,京不特译,第21页,译文有改动。
④ [丹]克尔凯郭尔:《畏惧与颤栗 恐惧的概念 致死的疾病》,京不特译,第199页,译文有改动。

和忧惧的概念之间的关系在这里已经分别从内心性与思想范畴的向度发挥了作用。

将忧惧定义为同感的反感和反感的同感这一模棱两可性的定义的核心是什么？那就是一个主体被同感与反感共同决定的辩证性的现实。如果单一个体在同感和反感方面有决定性的作用，就会发现自己始终处于同感和反感之间。于是，人们能够同时在忧惧中感受到吸引和排斥这两种辩证性的生存力量。在忧惧的辩证法中，个体遇到了罪的意识出现后的生命与信仰层面断裂的自我。因此，从忧惧的客观确定性中隐约出现的是一个主体，它并不是以合题的方式拥有自己，它只是决定自己，但如果它要决定自己，就已经以论题或反题的方式进入了综合之断裂。个体必须在客观不确定性中确定自己，但实际上个体总是已经在主体性的至上激情中被确定了。简言之，忧惧的模棱两可性是关于主体性的模棱两可性，忧惧则是对于综合之断裂的弥合与罪的后果的治疗。

将忧惧定义为模棱两可性的关键信息可以在《忧惧的概念》第四章的开头找到。首先，我们需要清楚，对忧惧的分析发生在两个不同的层面：恶与善。在第一个层面上，从《忧惧的概念》第一章至第三章，忧惧是由自由的可能性决定的（堕落前的忧惧），准确地说，忧惧"作为可能性的可能性的自由之现实性"[①]。在第二个层面，体现在第四章中，忧惧的个体与他/她自己因罪过赌掉的自由的可能性有关。或者更准确地说，与他/她自己赌掉自由的可能性的主体性或现实性有关（堕落后的忧惧），后来萨特在《存在与虚无》里借鉴了第二个层面的自由赌注。自由的可能性在忧惧的辩证法之中是以罪过的方式确定的，即在自由之中，通过忧惧我们可以使自己变得不自由的可能。

《忧惧的概念》第四章重新联系了生存个体与精神的辩证关系，我们被告知：精神"梦着地"在人之中。[②]有梦就有醒，忧惧的作用在于让精神在人身上再度苏醒。或言之，清醒的忧惧将个体从其自困的自由中释放出来，还给个体在生存层面的自由之"能够的可能性"，即海德格尔式的"能在"。克氏

---

① [丹] 克尔凯郭尔：《畏惧与颤栗 恐惧的概念 致死的疾病》，京不特译，第199页。
② [丹] 克尔凯郭尔：《畏惧与颤栗 恐惧的概念 致死的疾病》，京不特译，第198页。

第六章 生存—内心性的辩证法的实践进度与时代价值

在生存—内心性的辩证法中发现，只要质性的信仰之跳跃已经确定，就应该相信忧惧已经消退。这是为什么？因为现在忧惧的对象是确定的，因为善与恶的区别被定格在具体的事物而非"无"中，忧惧也因此失去了辩证定性下的模棱两可性。忧惧被辩证的模棱两可性所界定。这一点没有得到补救，对忧惧的分析因此在第二个层面上继续进行，这是因为模棱两可性通过选择又回来了——与一个由自己所做的事情决定的现实有关。"精神梦着地投射其现实性，但这一现实性是虚无"①，个体（作为精神）即便在梦的状态下依然触碰到了忧惧现象背后的虚无深渊。

《忧惧的概念》第四章中两种主要的忧惧形式——对恶的忧惧和对善的忧惧——代表了模棱两可性的强化形式。因此，忧惧分析不仅从确定忧惧为模棱两可性开始，而且是伴随着忧惧（复数化的）的模棱两可性越来越强烈的分析而走向高潮，即主体有两个意志，同样也带有模棱两可性，一个是想被揭示的内心性的、自我一无所能的意志，一个是内闭性的、让自我更强大的意志。忧惧的模棱两可性被主体性的模棱两可性生动地还原了，因为主体性可以被用来解释一系列越来越强烈的可能性，走向某一极点，即作为自我决定的自由的选择的那一瞬间。关键是这种自由的复杂性。因为我们在第二个层面上所发现的是能够使自己变得不自由的可能性。

对善的忧惧以一种悖论的形式出现：它是对那将使我们从忧惧（恶）中解放出来的忧惧。对美好事物的忧惧被确定为"那魔性的"："那魔性的"并不是用什么东西把自己封闭在自己身上，而是把自己封闭起来，这就是生存的内闭性，（不）自由或者说自困的自由恰恰使行动的主体成为囚犯。自由总是在发生在"个体"身上，不自由则让"个体"变得越来越内闭，不希望与他者沟通。尽管基督教即生存矛盾、生存沟通，但并不代表在所有生存阶段都可以看到自由。

决定性的是一个行动的主体如何与自我发生关系，这是《致死之疾病》全力打造的生存个体的精神之思。当一个本应决定自己的主体把自己封闭起

---

① ［丹］克尔凯郭尔：《畏惧与颤栗 恐惧的概念 致死的疾病》，京不特译，第199页，译文有改动。

来，使自己成为自己的囚徒时，在这种自困的自由中，个体的自我与自我的关系是什么样子？在这种束缚中存在着自由，这种自由不只是来自外在性。克尔凯郭尔明确谈到"不自由背后的自由"，但这种自我造成的不自由还是令人费解，因为不自由来源于主体的模棱两可性。一个人确实可以决心使自己自由，但不能决心使自己不自由。一个人使自己不自由与决心无关，只是发生在自己身上的事情，绝望亦是如此。一个人不能以使他人不自由或被他人变得不自由的同样方式使自己不自由。这就是生存—内心性的辩证法使忧惧的概念成为个体自由与不自由的分叉的地方。

克尔凯郭尔对忧惧的分析的目的是什么？我们说过，这里关注的是对忧惧的分析的哲学潜力与哲学治疗的可能性。可疑的、产生分叉的、异化的地方是作为一个主体的含义：一个忧惧的主体，一个在自由中变得模棱两可的主体。如果忧惧被确定为同感的反感和反感的同感，那么问题就来了，一个主体，即使调整自我与自我的关系使其达到平衡，是如何将自身定位的（在反感和同感之间，或者更准确地说，既被吸引又被排斥）。对善的忧惧是在这种模棱两可性的基础上确定的，而对自己内闭的人有两种意志，这使我们能够继续讨论以下问题：作为一个能够将自己置于两种意志"之间"的主体意味着什么？在这种情况下，自我关系不是由主体在实践中建立的，而只是被体验到的。

克尔凯郭尔的忧惧分析引发了这样一个问题：不自由——个体有可能使自己不自由——被体验为发生在自己身上的事情，这意味着什么。换句话说，忧惧的分析是关于作为行动的主体性和作为思维的主体性之间的纠葛。借助生存—内心性的辩证法，以忧惧的模棱两可性为钥匙，克尔凯郭尔一反黑格尔促使哲学接近科学形式的做法，让人们走出"科学的厨房"，开始去接触生存的边界，走进自己内心深处的宗教性。在这个意义上，宗教即内心性，彰显一种严肃地关切自身的精神性的、真挚的、内心化的态度。在拉平化让每个人变得不可识别的背景下，克尔凯郭尔又将宗教的生活方式向内界定为内心性态度，跃出理论推理与科学知识推崇的外在性，鼓励个体/生存者勇于面对充满不确定性的未知挑战。

正因为不确定性有违人的本性,所以它也是诱人的。眩晕的辩证法从而在其矛盾,想望人所不愿的,所惧怕的,同时这惧怕也阻止人——诱人。①

忧惧是自由的眩晕。克氏的忧惧分析从简单的存在主义观察开始,指涉一个问题,即生命降临在我们身上之后的自由与不自由的分叉难题。克尔凯郭尔试图通过生存—内心性的辩证法表明人类努力的生存目标和基督教信仰中的价值问题。克氏认为人类是意识到他们的"成为"的存在者,在如何成为自我、成为主体、成为精神的问题上,生存—内心性的辩证法解决的就是存在论意义上的第一哲学的问题。

---

① [丹]尤金姆·加尔夫:《克尔凯郭尔传》,周一云译,第334页。

参考文献

中文著作

邓晓芒：《黑格尔辩证法讲演录》，商务印书馆 2020 年版。

贺来：《辩证法的生存论基础——马克思辩证法的当代阐释》（修订本），北京师范大学出版社 2021 年版。

王齐：《走向绝望的深渊——克尔凯郭尔的美学生活境界》，中国社会科学出版社 2000 年版。

王齐：《生命与信仰——克尔凯郭尔假名写作时期基督教哲学思想研究》，江苏人民出版社 2010 年版。

王树人：《思辨哲学新探》，人民出版社 1985 年版。

叶秀山：《思・史・诗——现象学和存在哲学研究》，人民出版社 1988 年版。

《叶秀山全集》（第 8 卷），江苏人民出版社 2019 年版。

邹诗鹏：《生存论研究》，北京师范大学出版社 2021 年版。

中文译著

［丹］克尔凯郭尔：《爱的作为》，京不特译，中国社会科学出版社 2013 年版。

［丹］克尔凯郭尔：《重复》，京不特译，商务印书馆 2019 年版。

［丹］克尔凯郭尔：《非此即彼》（上下卷），京不特译，中国社会科学出版社 2009 年版。

［丹］克尔凯郭尔：《克尔凯郭尔讲演集（1848 - 1855）》，京不特译，中国社会科学出版社 2020 年版。

［丹］克尔凯郭尔：《克尔凯郭尔日记选（1842 - 1846）》，王齐译，中国社会

科学出版社 2020 年版。

［丹］克尔凯郭尔：《论反讽概念》，汤晨溪译，中国社会科学出版社 2005 年版。

［丹］克尔凯郭尔：《人生道路诸阶段》，京不特译，商务印书馆 2018 年版。

［丹］克尔凯郭尔：《陶冶性的讲演集》，京不特译，中国社会科学出版社 2018 年版。

［丹］克尔凯郭尔：《畏惧与颤栗 恐惧的概念 致死的疾病》，京不特译，中国社会科学出版社 2013 年版。

［丹］克尔凯郭尔：《哲学片断》，王齐译，中国社会科学出版社 2013 年版。

［丹］克尔凯郭尔：《最后的、非科学性的附言》，王齐译，中国社会科学出版社 2017 年版。

［丹］克利马科斯（克尔凯郭尔）：《论怀疑者》，陆兴华、翁绍军译，上海人民出版社 2006 年版。

［丹］索伦·克尔凯郭尔：《重复》，王柏华译，外语教学与研究出版社 2020 年版。

［丹］尤金姆·加尔夫：《克尔凯郭尔传》，周一云译，浙江大学出版社 2019 年版。

［德］阿多诺：《黑格尔三论》，谢永康译，上海人民出版社 2020 年版。

［德］弗里德里希·尼采：《快乐的科学》，孙周兴译，上海人民出版社 2022 年版。

［德］海德格尔：《尼采》（全2卷），孙周兴译，商务印书馆 2015 年版。

［德］海德格尔：《乡间路上的谈话》，孙周兴译，商务印书馆 2018 年版。

［德］黑格尔：《精神现象学》（上、下卷），贺麟、王玖兴译，上海人民出版社 2013 年版。

［德］黑格尔：《逻辑学Ⅰ》，先刚译，人民出版社 2019 年版。

［德］黑格尔：《逻辑学Ⅱ》，先刚译，人民出版社 2021 年版。

［德］黑格尔：《小逻辑》，贺麟译，上海人民出版社 2009 年版。

［德］卡尔·洛维特：《世界历史与救赎历史：历史哲学的神学前提》，李秋零、田薇译，上海人民出版社 2006 年版。

［德］尼采：《偶像的黄昏》，李超杰译，商务印书馆2013年版。

［德］瓦尔特·舒尔茨：《德国观念论的终结——谢林晚期哲学研究》，韩隽译，中国人民大学出版社2019年版。

［德］谢林：《论人类自由的本质及相关对象》，先刚译，北京大学出版社，2019年版。

［法］让-保罗·萨特：《萨特文集》小说卷Ⅰ，沈志明等译，人民文学出版社2019年版。

［法］亚历山大·科耶夫：《黑格尔导读》，姜志辉译，译林出版社2021年版。

［古希腊］柏拉图：《柏拉图全集》（增订版），王晓朝译，人民出版社2018年版。

外文文献

Charlie Cahill, *Rescuing the Individual*: *The Kierkegaard Renaissance in Weimar Germany*, Ph. D. dissertation, University of Wisconsin – Madison, 2016.

Gillian Rose, *The Melancholy Science*: *An Introduction to the Thought of Theodor W. Adorno*, London and Basingstoke: The Macmillan Press, 1978.

Gregor Malantschuk, *Kierkegaard's Thought*, trans. , Hong, H. & Hong, E. , Princeton: Princeton University Press, 1974.

Hermann Diem, *Philosophie und Christentum bei Sören Kierkegaard*, munich: Kaiser, 1929.

Hermann Diem, *Die Existenzdialektik von Sören Kierkegaard*, zollikon-zürich: evangelischer verlag, 1950.

Hermann Diem, *Kierkegaard's Dialectic of Existence*, trans. , Harold Knight, Edinburgh and London: Oliver and Boyd, 1959.

Harald Höffding, *Kierkegaard als Philosoph*, Stuttgart: Fr. Frommanns Verlag（E. Hauff）, 1896.

J. N. Findlay, *Hegel*: *A Re-Examination*, New York: Routledge, 2013.

Karl Marx, *Das Kapital*: *Kritik der politischen Ökonomie*, *Erster Band*, Berlin: Dietz Verlag, 1962.

Martin Heidegger, *Sein und Zeit*, Tübingen: Max Niemeyer Verlag, 2006.

Martin Heidegger, *Zur Sache Des Denkens*, Frankfurt am Main: Vittorio Klostermann, 2007.

Peter Šajda, *Kierkegaardovská Renesancia: Filozofia, Náboženstvo, Politika*, Bratislava: Premedia, 2016.

Robert Denoon Cumming, *Starting Point: An Introduction to The Dialectic of Existence*, Chicago and London: The University of Chicago Press, 1979.

Sören Kierkegaard, *Der Begriff Angst*, hrsg., Hans Rochol, Hamburg: Felix Meiner Verlag, 1984.

Sören Kierkegaard, *Entweder – Oder*, hrsg., Hermann Diem und Walter Rest, München: Deutscher Taschenbuch Verlag, 1975.

Søren Kierkegaard, *Christian Discourses ; The Crisis and Crisis in The Life of An Actress*, ed. and trans., Howard V. Hong and Edna H. Hong, Princeton, New Jersey: Princeton University Press, 1997.

Søren Kierkegaard, *Concluding Unscientific Postscript to the Philosophical Crumbs*, ed. and trans., Alastair Hannay, New York: Cambridge University Press, 2009.

Søren Kierkegaard, *Concluding Unscientific Postscript to Philosophical Fragments*, ed. and trans., Howard V. Hong and Edna H. Hong, Princeton, New Jersey: Princeton University Press, 1992.

Søren Kierkegaard, *Fear and Trembling/Repetition*, ed. and trans., Howard V. Hong and Edna H. Hong, Princeton, New Jersey: Princeton University Press, 1983.

Søren Kierkegaard, *Kierkegaard's Concluding Unscientific Postscript*, ed. and trans., David F. Swenson and Walter Lowrie, Princeton, New Jersey: Princeton University Press, 1941.

Søren Kierkegaard, *Kierkegaard's Journals and Notebooks*, Volume 5, Journals NB6 – 10, ed., Niels Jørgen Cappelørn, Alastair Hannay, David Kangas, Bruce H. Kirmmse, George Pattison, Joel D. S. Rasmussen, Vanessa Rumble, and K. Brian Söderquist, Princeton and Oxford: Princeton University Press, 2011.

Søren Kierkegaard, *Kierkegaard's Journals and Notebooks*, Volume 6, Journals NB11 – 14, ed., Niels Jørgen Cappelørn, Alastair Hannay, Bruce H. Kirmmse, George Pattison, Joel D. S. Rasmussen, Vanessa Rumble, and K. Brian Söderquist, Princeton and Oxford: Princeton University Press, 2012.

Søren Kierkegaard, *Kierkegaard's Journals and Notebooks*, Volume 7, Journals NB15 – 20, ed., Niels Jørgen Cappelørn, Alastair Hannay, Bruce H. Kirmmse, David D. Possen, Joel D. S. Rasmussen, Vanessa Rumble, and K. Brian Söderquist, Princeton and Oxford: Princeton University Press, 2014.

Søren Kierkegaard, *Letters and Documents*, trans., Henrik Rosenmeier, Princeton, New Jersey: Princeton University Press, 1978.

Søren Kierkegaard, *Practice in Christianity*, ed. and trans., Howard V. Hong and Edna H. Hong, Princeton, New Jersey: Princeton University Press, 1991.

Søren Kierkegaard, *Stages on Life's Way*, ed. and trans., Howard V. Hong and Edna H. Hong, Princeton, New Jersey: Princeton University Press, 1988.

Søren Kierkegaard, *The Book on Adler*, ed. and trans., Howard V. Hong and Edna H. Hong, Princeton, New Jersey: Princeton University Press, 1998.

Søren Kierkegaard, *The Concept of Anxiety*, ed. and trans., Alastair Hannay, New York and London: W. W. Norton & Company, 2014.

Søren Kierkegaard, *The Concept of Anxiety*, ed. and trans., Reidar Thomte and Albert B. Anderson, Princeton, New Jersey: Princeton University Press, 1980.

Søren Kierkegaard, *The Moment and Late Writings*, ed. and trans., Howard V. Hong and Edna H. Hong, Princeton, New Jersey: Princeton University Press, 1998.

Søren Kierkegaard, *The Point of View*, ed. and trans., Howard V. Hong and Edna H. Hong, Princeton, New Jersey: Princeton University Press, 1998.

Søren Kierkegaard, *Two Ages*, ed. and trans., Howard V. Hong and Edna H. Hong, Princeton, New Jersey: Princeton University Press, 1978.

Søren Kierkegaard, *Upbuilding Discourses in Various Spirits*, ed. and trans., Howard V. Hong and Edna H. Hong, Princeton, New Jersey: Princeton University Press, 1993.

Stephen Northrup Dunning, *Kierkegaard's Dialectic of Inwardness: A Structural Analysis of the Theory of Stages*, Princeton: Princeton University Press, 1985.

Yong Il Kim, *Existentielle Bewegung und Existentielles Verstehen bei Sören Kierkegaard*, Regensburg: S. Roderer, 1992.

期刊报纸

王齐:《克尔凯郭尔的生存境界论》,《江苏行政学院学报》2005年第3期。

王齐:《惩罚与自由——克尔凯郭尔笔下的威廉法官对〈圣经〉的回应》,《浙江学刊》2008年第3期。

王齐:《面对基督教:克尔凯郭尔和尼采的不同取向——兼论尼采对克尔凯郭尔的批判》,《世界哲学》2012年第2期。

王齐:《〈爱的作为〉中的"现实"和"内心性"——兼论阿多诺对克尔凯郭尔爱的原则的批判》,《世界宗教研究》2022年第10期。

先刚:《黑格尔〈精神现象学〉中的"真相"和"真理"概念》,《云南大学学报》(社会科学版)2016年第6期。

叶秀山:《哲学的三种境界》,《江苏行政学院学报》2004年第1期。

赵汀阳:《深化启蒙:从方法论的个人主义到方法论的关系主义》,《哲学研究》2011年第1期。

[美]斯塔克:《论辩证法的概念》,邵水浩译,《哲学译丛》1981年第1期。

Hermann Diem, "Methode der Kierkegaard Forschung", *Zwischen den Zeiten*, Vol. 6, 1928.

Keisuke Yoshida, "Der Schatten der Kierkegaard – Renaissance. Eine Rezeptionsgeschichtliche Studie über die Dezisionistisch-irrationalistischen Kierkegaard – Interpretationen Zwischen den Weltkriegen in Deutschland", Heiko Schulz, Jon Stewart, Karl Verstrynge, eds., *Kierkegaard Studies Yearbook*, Vol. 20, No. 1, 2015.

Per Lønning, "Kierkegaard as A Christian thinker", N. Thulstrup and M. M. Thulstrup, eds., *Bibliotheca Kierkegaardiana*, Vol. 1, Copenhagen: C. A. Reitzel, 1978.

Rainer Thurnher, "Sören Kierkegaard", Thurnher, R., Röd, W., & Schmidinger, H. eds., *Geschichte der Philosophie Bd. 13*: *Die Philosophie des ausgehenden 19. und des 20. Jahrhunderts 3*: *Lebensphilosophie und Existenzphilosophie*, München: C. H. Beck, 2002.

Sylvia Walsh Utterback, "Kierkegaard's Inverse Dialectic", *Kierkegaardiana*, Vol. 11, 1980.

Wilhelm Anz, "Fragen der Kierkegaardinterpretation I. Kritische Bemerkungen zu dem Buche von Hermann Diem über Die Existenzdialektik von Sören Kierkegaard", *Theologische Rundschau*, Neue Folge, Vol. 20, No. 1, 1952.

Wilhelm Anz, "Philosophie und Glaube bei Soren Kierkegaard. uber die Bedeutung der Existenzdialektik fur die Theologie", *Zeitschrift für Theologie und Kirche*, Vol. 51, No. 1, 1954.

Wilhelm Anz, "Zur Wirkungsgeschichte Kierkegaards in der deutschen Theologie und Philosophie: Dem Gedächtnis Erich Dinklers", *Zeitschrift für Theologie und Kirche*, Vol. 79, No. 4, 1982.

电子文献

Kierkegaard, Søren: "Afsluttende uvidenskabelig Efterskrift", i Kierkegaard, Søren: Søren Kierkegaards Skrifter, Bd. 7, udg. af Niels Jørgen Cappelørn; Joakim Garff; Jette Knudsen; Johnny Kondrup; Alastair McKinnon, Søren Kierkegaard Forskningscenteret 2002, s. I. Onlineudgave fra Søren Kierkegaards Skrifter: https://tekster.kb.dk/text/sksae-txt-root.pdf (tilgået 24. juli 2023).

后　记

　　这本《生存—内心性的辩证法研究》的写作动机萌发于2020年，最初是我在博士论文写作过程中偶遇的思想遗珠。2020年夏我入职山东社会科学院以来，生存—内心性的辩证法之思在思想试验的形式下转化为这本小册子。在克尔凯郭尔诞辰210周年之际，参照他的间接沟通方法，我仅以一个提词人、一个读者或一个无关紧要之人的身份提供一种权威之外的解释。我自知无力为克尔凯郭尔学界提供关于生存—内心性的辩证法的一份完美答卷，但至少本书可以为其制造一些困难。至于书中的误解、不妥与讹误，我为此负责，恳请方家海涵之中不吝指正。

　　本书研究对象是克尔凯郭尔哲学中的一例隐藏瑰宝——生存—内心性的辩证法，或简称生存辩证法，而这一方法论的具体运用散落于他所推崇的生存三阶段/境界之中。在德国观念论盛行的19世纪，科学（知识学）的过度崇拜导致个体的人的拉平、异化与沉沦。克尔凯郭尔发现了同时代人所表现出的生存—内心性的贫乏与信仰的无精神性。究其根源，黑格尔哲学这棵参天大树与基督教世界这个巨大阴影让个体的出场成为虚妄，也让个体的生存与内心性变得黯淡无光。克尔凯郭尔意在通过生存—内心性的辩证法表明他与19世纪主流的哲学与宗教思想的革命性断裂。

　　本书虽然是对于生存—内心性的辩证法的研究，但与国内外克尔凯郭尔学界的对话着墨不多。一方面，化用克尔凯郭尔的多重面孔与复调结构，我将自己带入主体思想家的角色。主体思想家要求拥有想象、情感和带有激情的生存—内心性的辩证法，而关键在于"怎样"理解生存—内心性的辩证法。如果说理解、翻译同构着解释，那么本书更像是我与同为主体思想家的克尔凯郭尔的一次直接思想对话。另一方面，本书即便由我所写，但其"来源"

与"接受"皆受益于学界。回到解释的距离之外的生存，每一个读者都在"以双重反思的疏离感独自阅读"甚至书写着自己的生存状况。本书是我们同时性的生存沟通，生存这本原著亦如是。生存沟通意味着我们置身作为他者的自身与自身的外人之间，问题是我们怎样在邻人关系以及自我与自我的关系之中达到平衡，怎样在自我的永恒有效性之中意识到自我，怎样在双重性生存之中成为精神。

有什么理由把生存与内心性相提并论呢？表面上看，隐秘的内心性不可通约，但它并非超然物外的沉思，对于生存个体而言，反而是一种积极的决心与诚意，是一种本真的决断与承诺，是一种瞬间的行动与投入。在个体生成或成为的意义上，生存就是内心性。生存—内心性的辩证法关键不是方法论的创新，而是世界和个体的人之生命与信仰向度的展开。沿着克尔凯郭尔的思想道路，在存在论与人类学尚未分手之前，海德格尔一度以生存论—存在论描摹着个体/此在的生存画卷。在向将来而在中，在走向我们之时，生存—内心性到达了。我们可能陷入与无面面相觑的生存处境，抑或从一个合题进入"正题"。试问，一个辩证法家自己想要什么？一个辩证法家是不可战胜的引导者吗？一个辩证法家可以指责另一个辩证法家吗？或许，我们能够成为自我与自我关系之平衡中的一位诗人—辩证法家。

本书看似有一个明了的开始与一个未了的迷局，生存—内心性的辩证法仿佛缺乏一个主题鲜明的结论，但克尔凯郭尔式的建设性意义在于热情地意愿承受误解而非消除误解。正因如此，黑格尔式的合题并未在场。对读者而言，本书所呈现的更接近一种个体的出场、开放的决心与内化的省察。克尔凯郭尔在1843年以假名A. F......发表过一篇名为"谁是《非此即彼》的作者"（Hvo er Forfatteren af Enten-eller）的评论，不妨让我们在180年后的当下假借他的方式追问"谁是生存—内心性的辩证法的诠释者与践行者"。真正的意趣也许就在生存—内心性的辩证法的模棱两可性之中，倘若我们自满于对"意义与趣味"的认同，我们就不再区分事实与感觉、真理与非真理以及自由与不自由。本书之所以悬搁于存在论的第一哲学、忧惧，是因为在我的下一本专著中将通过忧惧的模棱两可性给出关于忧惧概念的事实、真理与自由的另一种诠释。

借此机会,衷心感谢导师王齐对我的无私指引,感谢负责本书编辑工作的刘亚楠女士为我提供的热情支持,感谢孙聚友研究员在我工作期间的悉心帮助。高树靡阴,独木不林。本书的完成同样离不开诸位前辈、学友与亲朋的鼓励,愿我们一起在回溯中前行,意气风发,陶然自得。

说明/思索/搜寻(sagen/ sinnen/ suchen)。